ZHISHI CHANQUAN
JINGDIAN PANLI

知识产权经典判例 7

（专利卷）

北京市高级人民法院知识产权庭◎编

知识产权出版社
全国百佳图书出版单位

内容提要

本书汇编了北京法院2009年审结的数千件各类知识产权案件中的典型案例，分为专利，著作权，商标、反不正当竞争三卷出版，全面反映了北京法院知识产权审判的新成果和新进展。

本书对从事知识产权案件审判的法官、行政执法人员、从事知识产权代理事务的律师和代理人、知识产权领域的学者及在校学生具有很强的参考价值。

责任编辑：彭小华　　责任校对：韩秀天

特约编辑：鲁秀敏　　责任出版：卢运霞

执行编辑：李学军

图书在版编目（CIP）数据

知识产权经典判例7（专利卷）/北京市高级人民法院知识产权庭编．—北京：知识产权出版社，2013.1

ISBN 978-7-5130-1568-4

Ⅰ.①知…　Ⅱ.①北…　Ⅲ.①知识产权-审判-案例-中国②专利权法-审判-案例-中国　Ⅳ.①D923.405

中国版本图书馆CIP数据核字（2012）第235739号

知识产权经典判例7（专利卷）

北京市高级人民法院知识产权庭　编

出版发行：知识产权出版社

社　　址：北京市海淀区马甸南村1号　　邮　　编：100088

网　　址：http://www.ipph.cn　　邮　　箱：bjb@cnipr.com

发行电话：010-82000860转8101/8102　　传　　真：010-82005070/82000893

责编电话：010-82000860转8115　　责编邮箱：pengxiaohua@cnipr.com

印　　刷：北京雁林吉兆印刷有限公司　　经　　销：新华书店及相关销售网点

开　　本：720mm×960mm　1/16　　印　　张：16.5

版　　次：2013年1月第1版　　印　　次：2013年1月第1次印刷

字　　数：308千字　　定　　价：48.00元

ISBN 978-7-5130-1568-4/D·1577（4416）

知识产权经典判例 7

主　编：吉罗洪
副主编：陈锦川
编　委：陈　锐　肖　龙　张雪松　崔学锋
张晓津　高　虹　张　卫　曹志刚
宋鱼水　王晓艳　曾　进　孙　敬
林子英　闫　肃　李丕赋
编　辑：刘继祥　张　冰　莎日娜　刘　辉
李燕蓉　岑宏宇　谢甄珂　任忠萍
焦　彦　潘　伟　刘晓军　钟　鸣
马　军　石必胜　周　波　陶　钧
袁相军　刘庆辉　孔庆兵　亓　蕾
戴怡婷

编写说明

2003 年起，北京市高级人民法院从每年全市法院知识产权庭审理的各类知识产权案件中精选部分新类型、疑难复杂和具有广泛社会影响的案件，汇编成《知识产权经典判例》出版发行，至今已经出版六部，受到读者，尤其是知识产权界的广泛关注。

随着国家知识产权战略的实施及知识经济的发展，北京市各级法院每年审理的知识产权案件数量大幅攀升，2009 年，全市法院受理的各类一审知识产权案件达 6 262件，审结 6 115件，均创历史新高，并且新类型、疑难案件不断涌现。为更全面收录北京市法院审理的知识产权案件，准确反映北京市法院审理知识产权案件中的新情况、新问题，北京市高级人民法院决定从 2009 年起，将过去每年出版一本《知识产权经典判例》，改为按照案件类型出版《知识产权经典判例》年度系列丛书。

《知识产权经典判例 7》分为专利，著作权，商标、反不正当竞争三卷，是从北京市法院 2009 年审结的数千件各类知识产权案件中精选出来的，其中专利卷收录了 27 篇涉及发明、实用新型及外观设计的专利授权确权行政案件及专利民事案件；著作权卷收录了 34 篇涉及传统类型的著作权及网络传播作品的著作权案件；商标、反不正当竞争卷收录了 53 篇涉及疑难热点问题的商标授权确权行政案件、商标侵权案件及反不正当竞争、各类合同案件。这些案件均具有一定典型性和代表性。

本书是从事知识产权案件审判的法官、行政执法人员、从事知识产权代理事务的律师、从事知识产权法学研究的学者及在校学生了解北京市法院知识产权审判最新情况的专业书籍，并由于内容精练严谨，要旨明晰，对企业建立和实施知识产权战略亦具有重要借鉴作用。

目 录

1.“防火隔热卷帘用耐火纤维复合卷帘及其应用”发明专利侵权纠纷案

——北京英特莱摩根热陶瓷纺织有限公司诉北京德源快捷门窗厂

原告（被上诉人）：北京英特莱摩根热陶瓷纺织有限公司

被告（上诉人）：北京德源快捷门窗厂

案由：侵犯发明专利权纠纷

一审案号：北京市第二中级人民法院（2009）二中民初字第8543号

一审合议庭成员：张晓津、葛红、张剑

一审结案日期：2009年7月17日

二审案号：北京市高级人民法院（2009）高民终字第4721号

二审合议庭成员：刘辉、岑宏宇、焦彦

二审结案日期：2009年11月6日

判决要旨

被诉侵权技术方案中有一个或者一个以上技术特征与专利权利要求中记载的技术特征相比，从字面上看不相同，但经过分析可以认定两者是相等同的技术特征。

起诉与答辩

原告北京英特莱摩根热陶瓷纺织有限公司（以下简称英特莱摩根公司）起诉称：原告为涉案“防火隔热卷帘用耐火纤维复合卷帘及其应用”发明专利权人，该专利于2000年4月28日申请，于2003年2月12日取得授权，专利号为ZL00107201.3。2009年3月，原告在北京市顺义区枯柳树环岛西侧的第七届中国花卉博览会北京国际花卉物流港项目内发现大量由被告北京德源快捷门窗厂（简称德源门窗厂）生产的防火卷帘。经比对，该防火卷帘覆盖了涉案发明专利的主要技术特征，构成等同侵权。据此，原告已经公证保全了相关证据。原告认为被告的侵权行为给其造成了经济损失，故诉至法院，请求判令被告：（1）停止侵权行为；（2）赔偿原告经济损失150万元及原告因诉讼

支出的合理费用 5 万元；(3) 承担本案诉讼费用。

被告德源门窗厂辩称：第一，涉案专利技术早已成为公知技术，涉案专利与同一申请日的专利号为 ZL00234256.1“全耐火纤维复合防火隔热卷帘”实用新型专利属于同样的发明创造，故涉案专利的授权不符合我国专利法的相关规定，请求法院中止本案审理。第二，防火隔热卷帘属于保障公共场所防火安全的特殊消防产品，根据《防火卷帘》(GB 14102—2005) 国家标准中的强制性和引导性规范，德源门窗厂技术人员在总结公知领域技术基础上研发的新型产品，未落入原告的专利保护范围，不构成侵权。参与上述国家标准制定的单位包括“北京英特莱科技有限公司”，原告自“北京英特莱新材料科技有限责任公司”受让取得涉案专利，而上述两家公司与原告公司的开办人、涉案专利和相关实用新型专利的申请人均为刘学锋，因此原告无权就前权利人已经通过国家标准公开的专利主张权利。第三，原告仅依据权利要求记载的文字作为限定权利保护范围的内容，不合理地扩大了专利保护范围。涉案专利权利要求 1 采用了防火隔热的功能性限定特征，对该权利要求的解释应考虑说明书记载的具体实现方式。根据涉案专利说明书记载，耐火纤维复合卷帘以“背面温升作为耐火极限判定”的功能效果，卷帘材料为耐火纤维制品，如果使用陶瓷纤维纱、布、绳时，须经防火涂层或高温氧化处理，卷帘由耐高温缝纫线或不锈钢丝缝制而成，也可使用耐火纤维线缝制而成，纱线中可以加耐高温不锈钢丝或其他耐高温增强材料。第四，原告从顺义花卉博览会上公证取证的是被告组装的挡烟垂壁，并非防火卷帘。该挡烟垂壁的结构与涉案专利技术特征不相同，除材料构成、功能效果不同外，还多了一层煤矸石纤维毡，未落入涉案专利保护范围。第五，被告的防火卷帘产品与涉案专利技术特征具有本质区别，产品结构、材料均不相同，对此要求确认对原告的专利不构成侵权。第六，被告组装的防火卷帘和挡烟垂壁所用纤维布、纤维毯、石棉线等材料均是从其他公司购进的成品。根据专利法的规定，为生产经营目的，能够证明其产品合法来源的，不应承担赔偿责任，且原告未举证证明其实际损失或被告获利的情况，其主张的赔偿数额不能得到支持。因此，请求法院驳回原告的诉讼请求。

一审查明事实

一审法院查明：2000 年 4 月 28 日，刘学锋向国家知识产权局提出“防火隔热卷帘用耐火纤维复合卷帘及其应用”发明专利申请，2001 年 1 月 17 日公开，2003 年 2 月 12 日取得发明专利授权，专利权人为刘学锋，专利号为 ZL00107201.3，该专利年费已缴纳至 2009 年 3 月 2 日。2006 年 5 月 12 日，涉案专利权转让给北京英特莱新材料科技有限责任公司（以下简称英特莱公司）。2006 年 7 月 14 日，涉案专利权自英特莱公司转让给英特莱摩根公司。

涉案发明专利权利要求书载明："1. 一种防火隔热卷帘耐火纤维复合帘面，其中所说的帘面由多层耐火纤维制品复合缝制而成，其特征在于所说的帘面包括中间植有增强用耐高温的不锈钢丝或不锈钢丝绳的耐火纤维毯夹芯，由耐火纤维纱线织成的用于两面固定该夹芯的耐火纤维布以及位于其中的金属铝箔层。"该专利说明书中记载，1999 年《高层民用建筑设计防火规范》（GB 50045. 95）第 5. 4. 4 款修改后规定，防火卷帘以背面温升作为耐火极限判定条件时，其耐火极限不低于 3. 00 小时。涉案专利克服了现有技术无法达到上述 3. 00 小时的缺陷，耐火极限长达 4. 00 小时，受火 4 小时内，背火面温升低于 140℃。

2009 年 3 月 24 日，北京市方圆公证处出具了（2009）京方圆内经证字第 04278、04279 号证书。上述公证书对英特莱摩根公司委托他人于 2009 年 3 月 23 日在第七届中国花卉博览会主场馆工程施工现场对防火隔热卷帘进行证据保全的过程进行了公证，取得了拍摄的照片、视频资料和自 4#馆现场剪取的证物。其中相关照片显示，第七届中国花卉博览会主场馆工程由北京顺鑫农业股份有限公司投资建设，北京国际花卉物流港（第七届中国花卉博览会主会场）由主展馆、物流中心、交易中心三部分组成，主展馆和物流中心地上 6 层，地下 1 层，交易中心地上 3 层；物流中心总建筑面积 59 710 平方米，主展馆建筑面积 98 609 平方米，交易中心建筑面积 7 894 平方米。公证过程中拍摄的照片还表明，4#馆一层安装的防火隔热卷帘和地面堆放的防火隔热卷帘外表面一面为蓝色，一面为白色，弃置在地上有残破的防火隔热卷帘中包括钢丝绳。自 4#馆弃置在地上有残破的防火隔热卷帘剪取的样本包括蓝色防火纤维布、纤维毡、纤维毯、铝箔层和白色防火纤维布。被告德源门窗厂对上述公证书的内容提出异议，认为所附证物的签字与公证书记载不一致、过程记载前后不一致、所附光盘录像不连续等，故对公证书的真实性不予认可。

2009 年 6 月 11 日，一审法院前往第七届中国花卉博览会主场馆工程施工现场进行了勘验。经勘验，在 4#馆首层，安装有防火卷帘 10 个，均为双轨双帘，规格为宽 11. 3 米高 8 米，安装有挡烟垂壁 8 个，规格为宽 11. 3 米高 4. 5 米。在 4#馆二层，安装有防火卷帘 4 个，挡烟垂壁 16 个，规格同首层。在 4#馆三层至六层，安装有防火卷帘 55 个，均为双轨双帘，规格为宽 5. 8 米高 2. 6 米。其中，安装的防火卷帘双侧为蓝色，防火卷帘中包括金属板；挡烟垂壁包括耐火纤维布、钢丝绳、纤维毯等，其中不包括铝箔。在 3#馆五层，除其中包括金属板的防火卷帘外，还安装有不包括金属板的防火卷帘 4 个，由耐火纤维布、纤维毯、钢丝绳、纤维毡、铝箔层和耐火纤维布组成。英特莱摩根公司主张包括金属板的防火卷帘均系德源门窗厂在该公司公证取证后更换的，3#馆五层不包括金属板的防火卷帘是尚未更换的产品，德源门窗厂对此不予认可。

在本案审理期间，英特莱摩根公司主张以其经公证取证的防火卷帘样本和现场勘验的3#馆五层安装的不包括金属板的防火卷帘为比对对象，被控侵权防火卷帘产品与涉案发明专利的必要技术特征构成等同；对于花卉博览会主场馆工程中涉及的挡烟垂壁产品不主张权利。英特莱摩根公司认为，被控侵权防火卷帘产品的帘面系由多层耐火纤维制品复合缝制而成，其中包括耐火纤维毯、耐火纤维布、金属铝箔层和钢丝绳等涉案发明专利的必要技术特征。虽然被控侵权产品将不锈钢钢丝绳放在耐火纤维毯的一侧，涉案发明专利要求将钢丝绳放在纤维毯的中间，但二者构成等同的技术特征。

德源门窗厂主张英特莱摩根公司经公证取证的产品为挡烟垂壁，而非防火卷帘，并向法院提交了其防火卷帘和挡烟垂壁产品的样本，主张其产品的结构、层数、功能效果等与涉案发明专利技术特征不相同也不等同，其产品使用未经特殊处理的玻璃纤维布或者不含防火氧化涂层的玻璃纤维布不可能得到背火面温升极限条件，未落入涉案发明专利保护范围。德源门窗厂提交的防火卷帘样本包括玻璃纤维布、镀锌钢板、陶瓷纤维毡、金属网、玻璃纤维布五层；挡烟垂壁样本包括玻璃纤维布、陶瓷纤维毯、钢丝绳、陶瓷纤维毡、带有金属箔的玻璃纤维布。在法院组织勘验后，德源门窗厂称其挡烟垂壁由玻璃纤维布、陶瓷纤维毯、钢丝绳、陶瓷纤维毡、玻璃纤维布五层复合而成。

在本案一审审理期间，德源门窗厂提交了2005年4月22日发布的《防火卷帘》（GB 14102—2005）国家标准，以证明其根据该国家标准组装涉案防火卷帘产品。该国家标准系由中华人民共和国公安部消防局提出，由公安部天津消防研究所负责起草，参与起草单位为北京英特莱科技有限公司。该标准涉及钢质防火卷帘、无机纤维复合防火卷帘和特级防火卷帘，其中无机纤维复合防火卷帘是指用无机纤维材料做帘面（内配不锈钢丝或不锈钢丝绳）的符合耐火完整性要求的卷帘，特级防火卷帘是指用钢质材料或无机纤维材料做帘面的符合耐火完整性、隔热性和防烟性能要求的卷帘。该标准提出无机纤维复合帘面应沿帘布纬向每隔一定的间距设置耐高温不锈钢丝（绳），以承载帘面的自重。此外，该标准还对无机纤维复合防火卷帘使用的原材料提出了要求，即应符合健康、环保的有关规定；帘面装饰布或基布应能在 -20℃的条件下不发生脆裂，在 +50℃条件下不应粘连；帘面装饰布的燃烧性能不应低于 GB 8624—1997B1 级（纺织物）的要求，基布的燃烧性能不应低于 GB 8624—1997A 级的要求。该标准还对帘面所使用的各类纺织物常温下的经向和纬向断裂强度要求做了规定。此外，德源门窗厂还提交了《挡烟垂壁》公共安全行业标准。

德源门窗厂主张其组装的涉案防火卷帘产品系在前述国家标准的基础上，总结公知技术研发的新型产品，不构成侵权，并提交了9份在先专利文件。其中专利号为ZL90219671.5的“无机复合防火卷帘”实用新型专利文件载明，帘面采用在双层耐高温的玻璃纤维布之间填充隔热的硅酸铝纤维毡，再用耐高温的玻璃纤维绳（或钢丝）缝合而成；专利号为ZL93243368.5的“耐高温轻型卷帘防火门”实用新型专利文件载明，防火帘由单层或数层含有合金钢丝的硅酸铝纤维布制作，其上纵向均匀间隔敷设钢丝绳用耐高温合金钢丝缝制固定；专利号为ZL87201024的“塑铝复合材料卷帘装置”实用新型专利文件载明，卷帘的帘子采用塑料与铝箔之复合材料制成；专利号为ZL99223683.5的“双轨双帘防火卷帘”实用新型专利文件载明，帘面可采用玻璃纤维布、高硅氧纤维布、硅酸铝纤维毯、石棉纤维布复合而成。德源门窗厂主张其采用上述公知技术，并增加了金属板、金属网和陶瓷纤维毡。

德源门窗厂还向法院提交了其自他处购买陶瓷纤维毯、镀锌板、陶瓷石棉布、镀锌金属网、铝箔布、蓝色装饰布等材料的相关购销合同、收据、发票等，以证明其组装的防火卷帘所用材料具有合法来源，不应承担赔偿责任。

在本案开庭审理过程中，德源门窗厂认可4#馆即物流中心，该展馆使用的防火卷帘和挡烟垂壁系该厂组装，其他展馆也安装有其产品。德源门窗厂还向本院提交了物流中心首层平面图，其中载明建设单位为北京顺鑫农业股份有限公司。在法院组织现场勘验过程中，德源门窗厂否认4#馆以外的其他展馆使用了其防火卷帘产品，并主张4#馆防火卷帘工程相关消防工程公司未与其签订合同，工程量应根据法院现场勘验的相关数据进行统计。

另查，2009年3月27日，北京顺鑫茂峰花卉物流有限公司与北京中卓时代消防工程有限公司就第七届中国花卉博览会主会场1#馆、2#馆消防工程签订《建设工程施工合同》；同日，与北京科华消防工程有限公司就3#馆和交易中心消防工程签订《建设工程施工合同》；与北京市琪舰消防工程有限责任公司就物流中心消防工程签订《建设工程施工合同》。上述合同中约定的工程承包范围包括防火卷帘门系统、挡烟垂帘等。法院经与北京顺鑫农业股份有限公司、北京中卓时代消防工程有限公司、北京科华消防工程有限公司、北京市琪舰消防工程有限责任公司联系，上述四公司称第七届中国花卉博览会主会场四个展馆使用的防火卷帘均系德源门窗厂的产品。

英特莱摩根公司向法院提交了关于其承建北京市科航大厦防火卷帘和挡烟垂壁供应及安装工程项目利润的专项审计报告、其在招投标过程中取得的第七届中国花卉博览会主场馆3#馆各层消防平面图，作为其经济损失赔偿数额的计算依据。其中北京中都会计师事务所出具的专项审计报告载明，英特莱摩根公司提供的项目利润计算表系按照企业会计准则和《企业会计制度》的规定编制，反映了相关工程项目的主要经济指标。该项目利润计算表载明，北京市科航大厦防火卷帘和挡烟垂壁供应及安装工程的单位利润为180.9元/平方米；3#馆消防平面图载明，地下一层使用的无机特级防火卷帘包括规格为宽4.5米高2.5米的防火卷帘2樘；首层使用的无机特级防火卷帘包括规格为宽11.3米高6.3米的防火卷帘7樘，规格为宽9.6米高6.3米的防火卷帘1樘；二层使用的无机特级防火卷帘包括规格为宽7.35米高6.8米的防火卷帘4樘，规格为宽5.6米高6.8米的防火卷帘2樘，规格为宽2.7米高7.2米的防火卷帘6樘，规格为宽5.7米高7.2米的防火卷帘12樘；三层、四层、五层和六层使用的无机特级防火卷帘均包括规格为宽5.7米高3.2米的防火卷帘20樘，规格为宽3.5米高3米的防火卷帘8樘。据此，3#馆防火卷帘的工程量为3 261.71平方米。

另查，2000年4月28日，刘学锋还向国家知识产权局提出“全耐火纤维复合防火隔热卷帘”实用新型专利申请，并于2001年3月14日取得授权。该专利权利要求书载明：“1. 一种全耐火纤维复合防火隔热卷帘，其特征在于包括耐火纤维布、耐火纤维毯、耐高温不锈钢丝、铝箔、连接螺钉和薄钢带，其中，耐火纤维毯夹在二层耐火纤维布中间，在耐火纤维毯中放置耐高温不锈钢丝和铝箔，薄钢带在耐火纤维布的外部，通过连接螺钉将薄钢带、耐火纤维布、耐火纤维毯、耐高温不锈钢丝和铝箔连接在一起。”

另查，英特莱摩根公司因本案诉讼支出律师代理费4万元，公证费4 000元。

上述事实，有涉案发明专利授权文件、专利登记簿副本、保全证据的公证书及封存的涉案产品样本等，防火卷帘国家标准、挡烟垂壁行业标准、在先实用新型专利和发明专利文件9份，“全耐火纤维复合防火隔热卷帘”实用新型专利文件，德源门窗厂自他处购买相关材料的购销合同、收据、发票等材料，专项审计报告、3#馆消防平面图、委托代理协议和律师代理费发票、公证费发票、勘验笔录等证据及双方当事人的陈述在案佐证。

一审审理结果

一审法院认为：本案双方当事人争议的焦点问题是原告英特莱摩根公司就涉案“防火隔热卷帘用耐火纤维复合卷帘及其应用”发明专利是否可以主张权利、被告德源门窗厂是否为第七届中国花卉博览会主场馆工程中安装的涉案防火卷帘产品的生产者、被控侵权防火卷帘产品是否落入涉案发明专利保护范围、被告德源门窗厂是否应就其涉案行为承担相应的法律责任问题。

第一，关于原告英特莱摩根公司就涉案“防火隔热卷帘用耐火纤维复合卷帘及其应用”发明专利是否可以主张权利问题。

原告英特莱摩根公司作为涉案发明专利权人，其所享有的专利权应当受到我国专利法的保护。任何单位或者个人未经原告许可，都不得实施其专利，即不得为生产经营目的制造、使用、许诺销售、销售、进口其专利产品。虽然被告德源门窗厂主张涉案专利技术已成为公知技术，涉案专利与同一申请日的“全耐火纤维复合防火隔热卷帘”实用新型专利属于同样的发明创造，涉案专利的授权不符合我国专利法的相关规定，但其并未就此向国家知识产权局专利复审委员会提出专利无效宣告请求，故本院依据涉案发明专利的现有有效状态进行审理。被告提出中止本案审理的请求，依据不足，本院不予支持。

第二，关于被告德源门窗厂是否为第七届中国花卉博览会主场馆工程中安装的涉案防火卷帘产品的生产者问题。

根据本案查明的事实，被告德源门窗厂在本案开庭审理过程中认可除4#馆外其他展馆也有其产品；第七届中国花卉博览会主场馆的建设单位北京顺鑫农业股份有限公司以及主场馆消防工程的承包单位北京中卓时代消防工程有限公司、北京科华消防工程有限公司、北京市琪舰消防工程有限责任公司亦表明主场馆消防工程中使用的防火卷帘系被告德源门窗厂的产品。因此，综合全案事实，本院认定被告德源门窗厂系第七届中国花卉博览会主场馆工程中安装的涉案防火卷帘产品的生产者。被告德源门窗厂提出其产品仅安装在4#馆，其他展馆安装的防火卷帘与其无关的主张，证据不足，不能成立，本院对此不予采信。

被告德源门窗厂主张原告英特莱摩根公司自4#馆公证取证的产品为挡烟垂壁，而非防火卷帘，并向本院提交了其组装的防火卷帘和挡烟垂壁的样本。经本院现场勘验，4#馆安装的挡烟垂壁与被告提交的挡烟垂壁样本的结构并不相同，其中缺少金属铝箔层；4#馆安装的防火卷帘两面均为蓝色，与公证取证的一面为蓝色一面为白色的防火卷帘不同，且安装的防火卷帘中包括金属板；3#馆五层安装的防火卷帘中不包括金属板。据此，本院认为现有证据不能否认公证取证的产品为防火卷帘，故被告德源门窗厂的上述主张，依据不足，本院不予采信。虽然被告还对公证取证的过程提出异议，但其并未就此充分举证证明，故其现有主张不足以推翻公证书的效力，本院对其上述主张不予采纳。

第三，关于涉案被控侵权防火卷帘产品是否落入涉案发明专利保护范围问题。

根据我国专利法的有关规定，发明专利权的保护范围以其权利要求的内容为准，说明书和附图可以用于解释权利要求。根据涉案发明专利权利要求 1 的记载，涉案专利的必要技术特征包括防火卷帘的帘面由多层耐火纤维制品复合缝制而成，其中包括耐火纤维毯、耐火纤维布、金属铝箔层和钢丝绳，钢丝绳位于耐火纤维毯的中间等。经与公证取证的防火卷帘样本和本院现场勘验的 3#馆中不带金属板的防火卷帘对比，涉案被控侵权防火卷帘产品的帘面基本包括了上述必要技术特征。虽然被控侵权产品将不锈钢钢丝绳放在耐火纤维毯的一侧，与涉案发明专利将钢丝绳放在纤维毯的中间的技术特征不相同，但帘面中加入钢丝绳系起增强作用，其位置的改变不影响其技术效果的实现。因此，被控侵权产品的上述特征属于以基本相同的手段，实现基本相同的功能，达到基本相同的效果，并且本领域的普通技术人员无须经过创造性劳动就能够联想到的与涉案专利所记载的技术特征等同的特征。故被控侵权产品落入涉案专利保护范围，构成侵权。

根据相关规定，对于权利要求中所包含的功能性限定的技术特征，应当理解为覆盖了所有能够实现所述功能的实施方式。对于含有功能性限定的特征的权利要求，应当判断该功能性限定是否得到说明书的支持。虽然涉案发明专利权利要求 1 中包括“防火隔热”、“耐火”、“耐高温”等内容，但其并未使用功能特征来限定涉案发明专利的保护范围，而是采用了相应的结构特征予以描述，因此不应将说明书中的相关内容纳入涉案发明专利保护范围。被告德源门窗厂提出涉案发明专利权利要求 1 采用了防火隔热的功能性限定特征，对该权利要求的解释应考虑说明书记载的具体实现方式，而该门窗厂组装的涉案防火卷帘和挡烟垂壁产品并未采用涉案专利说明书记载的经过处理的卷帘材料，不能实现以“背面温升作为耐火极限判定”的功能效果，不构成侵权的抗辩主张，不能成立，本院不予采纳。

被告德源门窗厂还主张其组装的防火卷帘和挡烟垂壁系在国家标准和公知技术基础上研制而成的，不构成对原告涉案发明专利权的侵犯，并向本院提交了相关国家标准和其综合参考的多份在先专利文献。经查，被告提交的国家标准中并不包括涉案发明专利的全部必要技术特征，且其提交的在先专利文献也并非一项完整的公知技术，其依据多份在先专利文献提出公知技术抗辩的主张不能成立，本院不予采纳。被告德源门窗厂还要求确认其组装的防火卷帘产品不构成对原告涉案发明专利权的侵犯，但该确认不侵权主张与本案原告指控其生产安装的涉案防火卷帘产品的侵权之诉所涉及的产品并不相同，并非同一法律关系，本院对此不予处理。

第四，关于被告德源门窗厂是否应就其涉案行为承担相应的法律责任问题。

本案被告德源门窗厂未经原告许可，制造、销售侵犯涉案发明专利权的防火卷帘产品并在第七届中国花卉博览会主场馆消防工程中安装使用，构成了对原告涉案发明专利权的侵犯，应承担停止侵权、赔偿损失的法律责任。

根据我国专利法的规定，为生产经营目的使用或者销售不知道是未经专利权人许可而制造并售出的专利产品或者依照专利方法直接获得的产品，能证明其产品合法来源的，不承担赔偿责任。本案被告虽提出其组装涉案防火卷帘和挡烟垂壁的材料均系自其他公司购进，具有合法来源，但被告系涉案防火卷帘的生产者，而非使用者或销售商，其据此主张不应承担赔偿责任，缺乏事实和法律依据，本院不予支持。

综上，原告英特莱摩根公司主张被告德源门窗厂的涉案行为侵犯了涉案发明专利权，请求法院判令被告承担停止侵权、赔偿损失和诉讼合理支出的法律责任，理由正当，本院予以支持。关于赔偿经济损失的数额问题，应根据本案的具体情况，综合考虑被告侵权的方式、范围、主观过错程度、侵权行为持续的时间等因素予以确定。原告以其相关工程的单位利润和涉案第七届中国花卉博览会防火卷帘的工程量为基础，所提出的赔偿请求数额具有事实和法律依据，本院予以支持。原告还提出要求被告支付因诉讼支出的律师费和公证费的主张，本院对其中的合理部分亦予以支持。

本院依照《中华人民共和国专利法》第11条第1款、第56条第1款、第57条第1款、第60条，《中华人民共和国民法通则》第134条第（1）项、第（7）项的规定，判决如下：

（1）北京德源快捷门窗厂于本判决生效之日起，停止生产、销售侵犯北京英特莱摩根热陶瓷纺织有限公司“防火隔热卷帘用耐火纤维复合卷帘及其应用”发明专利权的涉案防火卷帘产品；

（2）北京德源快捷门窗厂于本判决生效之日起10日内赔偿北京英特莱摩根热陶瓷纺织有限公司经济损失150万元及因本案诉讼支出的合理费用2万元；

（3）驳回北京英特莱摩根热陶瓷纺织有限公司的其他诉讼请求。

德源门窗厂不服原审判决，提起上诉，请求撤销原审判决，发回原审法院重新审理，或者改判驳回英特莱摩根公司原审诉讼请求。其理由为：（1）英特莱摩根公司公证取证的是德源门窗厂组装的挡烟垂壁，并非防火卷帘，不构成侵权；（2）原审判决没有正确归纳涉案专利技术特征，导致对上诉人的不公平；（3）英特莱摩根公司主张以经公证取证的防火卷帘样本及3#馆五层安装的不包括金属板的防火卷帘为比对对象，但勘察现场表明绝大多数是带金属板的防火卷帘，原审判决 150 万元的赔偿显然没有依据；（4）原审判决没有正确理解涉案专利，被控侵权产品的结构与涉案专利技术特征不相同，除材料构成、功能效果不同外，还多了一层煤矸石纤维毡，未落入涉案专利保护范围；（5）英特莱摩根公司提交的公证书内容前后矛盾，没有记载录像拍摄与拍照具体过程及操作人员，录像中间严重断帧，不应采信；（6）原审判决赔偿标准依据不足，3#馆的工程量所依据的图纸并非原件，也未经出图方核实，审计报告结论存在不真实之处，均不能作为证据。

英特莱摩根公司服从原审判决。

二审查明事实

二审法院查明的事实与一审相同。

二审审理结果

二审法院认为：根据专利法的有关规定，发明专利权的保护范围以其权利要求的内容为准，说明书和附图可以用于解释权利要求。

涉案专利的必要技术特征为：（1）一种防火隔热卷帘耐火纤维复合帘面；（2）帘面由多层耐火纤维制品复合缝制而成；（3）帘面包括中间植有增强用耐高温的不锈钢丝或不锈钢丝绳的耐火纤维毯夹芯；（4）由耐火纤维纱线织成的用于两面固定该夹芯的耐火纤维布；（5）位于固定夹芯的耐火纤维布中的金属铝箔层。经查，英特莱摩根公司自 4#馆公证取得的样本包括蓝色防火纤维布、纤维毡、纤维毯、铝箔层和白色防火纤维布。此外，原审法院在 3#馆五层现场勘验的不包括金属板的防火卷帘由耐火纤维布、纤维毯、钢丝绳、纤维毡、铝箔层和耐火纤维布组成。涉案被控侵权防火卷帘产品的帘面与涉案专利相比，区别技术特征在于被控侵权产品的不锈钢钢丝绳在耐火纤维毯的一侧，而涉案专利的钢丝绳植在耐火纤维毯夹芯中间。但是，帘面中加入钢丝绳系起增强作用，其位置的改变不影响其技术效果的实现。因此，被控侵权产品的上述特征属于以基本相同的手段，实现基本相同的功能，达到基本相同的效果，并且本领域的普通技术人员无须经过创造性劳动就能够联想到的与涉案专利所记载的技术特征等同的特征。故被控侵权产品落入涉案专利保护范围，构成侵权。此外，尽管被控侵权产品比涉案专利权利要求 1 的技术方案多一层纤维毡，但涉案专利权利要求 1 的全部技术特征均体现在被控侵权产品上，故被控侵权产品依然落入涉案专利的保护范围。德源门窗厂关于英特莱摩根公司公证取得的是挡烟垂壁不构成侵权和涉案被控侵权产品没有落入涉案专利权保护范围的上诉主张不能成立，本院不予支持。

最高人民法院《关于民事诉讼证据的若干规定》第9条规定，已为有效公证文书所证明的事实，当事人无须举证证明，但当事人有相反证据足以推翻的除外。英特莱摩根公司以公证的形式取得被控侵权产品作为证据，在德源门窗厂没有提交反证予以推翻的情况下，本院予以认定。上述公证证据表明，在第七届中国花卉博览会4#馆施工现场存在大量德源门窗厂制造、销售的被控侵权产品。此外，原审法院已经查明第七届中国花卉博览会主会场四个展馆使用的防火卷帘均系德源门窗厂的产品。英特莱摩根公司以其相关工程的单位利润和涉案第七届中国花卉博览会防火卷帘的工程量为基础，所提出的赔偿请求数额具有事实和法律依据。原审法院根据上述原则，结合本案的具体情况，综合考虑德源门窗厂侵权的方式、范围、主观过错程度、侵权行为持续的时间等因素确定150万元赔偿数额并无不当，本院予以支持。德源门窗厂关于原审判决确定赔偿数额过高的上诉主张于法无据，本院不予支持。

综上，原审判决认定事实清楚，适用法律正确，应予维持。德源门窗厂的上诉主张不能成立，本院不予支持。依照《中华人民共和国民事诉讼法》第153条第1款第（1）项之规定，本院判决如下：

驳回上诉，维持原判。

一审案件受理费18 750元，由北京英特莱摩根热陶瓷纺织有限公司负担750元，由北京德源快捷门窗厂负担18 000元；二审案件受理费18 480元，由北京德源快捷门窗厂负担。

2. “汽车地桩锁”实用新型专利侵权纠纷案

——沈其衡诉北京天汇万博科技发展有限公司

原告（被上诉人）：沈其衡

被告（上诉人）：北京天汇万博科技发展有限公司

案由：侵犯实用新型专利权纠纷

一审案号：北京市第一中级人民法院（2008）一中民初字第 11766 号

一审合议庭成员：赵静、姜庶伟、熊婷

一审结案日期：2009 年 2 月 27 日

二审案号：北京市高级人民法院（2009）高民终字第 4011 号

二审合议庭成员：刘辉、岑宏宇、焦彦

二审结案日期：2009 年 11 月 10 日

判决要旨

在对专利权的保护范围进行解释时，已有人民法院或国务院专利行政部门作出的生效法律文书对相关技术特征作出明确解释的，应当依照该解释确定专利保护范围。被诉侵权技术方案与涉案专利权利要求相比，虽然缺少某一必要技术特征，但该技术特征系通用部件的，则被告构成侵权。原告主张被告构成许诺销售应当赔偿经济损失，但原告没有证据足以证明被告行为给原告实际造成损失的，一般不需判令被告承担赔偿损失的民事责任。

起诉与答辩

原告沈其衡诉称：原告系 00263355.8 号实用新型专利（简称本专利）的专利权人，本专利现处于有效期内，应受法律保护，他人未经许可不得实施本专利。原告发现被告生产、销售的手动小 A 锁、三角型锁等车位锁产品，落入本专利保护范围，侵犯了原告的专利权，依据《中华人民共和国民法通则》第 118 条，《中华人民共和国专利法》第 11 条第 1 款、第 57 条第 1 款，《关于审理专利纠纷案件适用法律问题的若干规定》第 20 条的规定，被告应当依法承担停止侵权、赔偿损失的民事责任。原告请求法院判令被告：（1）停止侵

权；（2）赔偿原告损失 20 万元（包含原告为本案诉讼所支付的调查取证费、律师费等费用共计 24 004 元）。

被告北京天汇万博科技发展有限公司（简称天汇万博公司）辩称：被告没有生产、销售侵权产品，其销售的是自己拥有专利权的产品；本专利的汽车地桩锁是外翻的，而被控侵权产品是往里折的，二者的技术特征存在区别。

一审查明事实

一审法院查明：本专利的名称为“汽车地桩锁”，申请日为 2000 年 12 月 18 日，授权公告日为 2001 年 11 月 21 日，沈其衡是本专利的专利权人。沈其衡出具了其于 2007 年 12 月 24 日缴纳年费的凭证，本专利现处于有效状态。国家知识产权局于 2003 年 8 月 6 日出具关于本专利的实用新型检索报告，其初步结论为：本专利全部权利要求 1 ~ 4 符合《专利法》第 22 条有关新颖性和创造性的规定。

本专利的权利要求书为：

“1. 一种汽车地桩锁，其特征在于：它由底座（1）、芯轴（2）、活动桩（3）和锁具（4）构成，所述底座（1）固定在地面上，所述活动桩（3）通过芯轴（2）与底座（1）相连，活动桩设有供锁具（4）插入的孔。

2. 根据权利要求 1 所述的汽车地桩锁，其特征在于：所述活动桩（3）为左、右对称排列，一只活动桩的顶端设有一通孔，另一只活动桩的顶端设有一盲孔，当左、右两只活动桩旋转上升，使通孔、盲孔在同一轴线上时，插入一条由锁头（6）与锁栓（7）组成的锁具（4）。

3. 根据权利要求 1 所述的汽车地桩锁，其特征在于：所述底座（1）端面设有一通孔，所述活动桩（3）的底部端面设有一盲孔，插入一条由锁头（6）与锁栓（7）组成的锁具（4）。

4. 根据权利要求 1 所述的汽车地桩锁，其特征在于：所述两只活动桩（3）的顶端各设有一个空心孔，挂锁（9）的锁环（10）穿过两个空心孔。”

应沈其衡的委托代理人的申请，北京市中信公证处对原告在本案中主张的被控侵权行为及其被控侵权产品进行了公证，并于 2008 年 9 月 3 日出具了（2008）京中信内民证字 07162 号公证书（简称 7162 号公证书）。该公证书载明：2008 年 8 月 21 日，北京市中信公证处对网址为 www.y888y.com 网站的相关网页内容进行了公证，在该网站分别进入“产品项目”、“手动 A 型车位锁”、“红黄小 A 锁 2”、“红黄小 A 锁 4”、“红黄小 A 锁 3”、“黑黄小 A 锁”和“红黄小 A 锁 1”页面，实时打印了以上各页面内容。随后，沈其衡的委托代理人和公证员按照该公证书附件第 3 页所载的“北京天汇万博科技发展有限公司”的地址来到“北京市海淀区西北旺镇永丰路甲1号”，向自称为“北京天汇万博科技发展有限公司”的业务经理曾佩购买了黄红A型车位锁一台，价格81元，取得编号为07066359的《北京市商业企业专用发票》一张，该发票上加盖的是“北京天汇卧龙交通设施销售中心”财务专用章（见公证书附件第19页）。购买黄红A型车位锁的当场，沈其衡还取得一份载有www.y888y.com网址的“卧龙遥控车位锁”的产品宣传册，该宣传册中有黄红A型车位锁的型号尺寸及其图片（见公证书附件第20~22页）。在公证员现场监督下，沈其衡对购买的黄红A型车位锁进行拍照，取得照片共10张。

另外，应沈其衡的委托代理人于2008年8月21日的申请，北京市中信公证处对网址为www.y888y.com网站的相关网页内容进行了公证，该网站除了“三角型锁——挂锁”和“三角型锁”页面外，其他页面均与7162号公证书所公证的网站页面相同。对此事实，北京市中信公证处于2008年9月3日出具了（2008）京中信内民证字07163号公证书（简称7163号公证书）。

从7162号公证书所公证的被控侵权产品图片及其所附实物照片可以看出，黄红A型车位锁由底座、芯轴、活动桩和锁具构成，底座可以固定在地面上，活动桩通过芯轴与底座相连，锁具固定在底座上，在底座右端锁具锁起时锁舌插入该孔内，使右杆与底座相连。从7163号公证书所公证的被控侵权产品图片可以看出，三角型锁由底座、芯轴和两个“一”字形活动桩构成，底座可以固定在地面上，两个活动桩一端均通过芯轴与底座相连，并在另一端套合在一起，其中一个活动桩上设有供锁具插入的孔。

一审审理结果

一审法院认为：综合当事人的诉辩主张，本案涉及以下两方面问题：

1. 被告是否实施了销售被控侵权产品的行为

本案中，原告主张被告实施了销售被控侵权产品的行为，被告予以否认。对此，本院认为，虽然原告对该销售行为进行了公证购买，且购买地址为7162号公证书附件第3页所载的“北京天汇万博科技发展有限公司”的工厂地址——“北京市海淀区西北旺镇永丰路甲1号”，但因销售发票上盖的是北京天汇卧龙交通设施销售中心财务专用章，在被告对此销售事实予以否认的情况下，原告应对其主张承担举证责任及其举证不利的后果。原告虽主张北京天汇卧龙交通设施销售中心与被告天汇万博公司系同一主体，但未提交充分的证据予以证明。因此，原告关于天汇万博公司实施了销售被控侵权产品行为的主张，缺乏事实根据，本院对此不予支持。

2. 被告在网站上销售被控侵权产品是否构成专利侵权

7162号公证书和7163号公证书所公证的网站内容属实。7162号公证书公证的在网站上和产品宣传册中许诺销售的黄红A型车位锁产品及7163号公证书公证的在网站上许诺销售的三角型锁产品均包括了以下技术特征：由底座、芯轴、活动桩和锁具构成，底座可以固定在地面上，活动桩通过芯轴与底座相连，活动桩设有供锁具插入的孔。将本专利与上述A型车位锁和三角型锁产品的技术特征进行比对可知，上述被控侵权产品的技术特征已经覆盖了本专利独立权利要求1的全部必要技术特征。

根据《专利法》第56条第1款的规定，发明或者实用新型专利权的保护范围以其权利要求的内容为准，说明书和附图可以用于解释权利要求。根据本专利独立权利要求1的记载，并没有对本专利地桩锁是外翻还是往里折进行限定，故不能作为确定本专利保护范围的必要技术特征予以考虑。因此，被告以“本专利的汽车地桩锁是外翻的，而被控侵权产品是往里折的”为由，认为被控侵权产品与本专利不同的抗辩主张，于法无据，不能成立，本院不予支持。

综上，根据全面覆盖原则，被控侵权产品已经落入本专利的保护范围内，被告未经原告许可，通过网站和产品宣传册的方式许诺销售被控侵权产品，构成对原告专利权的侵犯，依法应承担停止侵权，赔偿损失的法律责任。

关于被告天汇万博公司应当承担的赔偿数额，由于原告对其所主张的赔偿数额既未提供原告所受到损失的证据，也没有提供被告因侵权所获得利益的证据，因此，本院根据最高人民法院《关于审理专利纠纷案件适用法律问题的若干规定》第21条的规定，在综合考虑原告享有的专利权类别、被告侵权的性质和情节等因素，酌情确定赔偿数额。

根据最高人民法院《关于审理专利纠纷案件适用法律问题的若干规定》第22条的规定，人民法院根据权利人的请求和具体案情，可以将权利人因调查、制止侵权所支付的合理费用计算在赔偿数额范围之内。原告因本案诉讼支付的有相关支付凭证佐证的公证费、调查取证费、交通费均系为本案诉讼的合理支出费用，应当由被告天汇万博公司予以赔偿。原告主张的律师费过高，本院不予全额支持。

综上所述，北京市第一中级人民法院依照《中华人民共和国民法通则》第118条、《中华人民共和国专利法》第11条第1款、第56条第1款，最高人民法院《关于审理专利纠纷案件适用法律问题的若干规定》第21条、第22条之规定，判决：

（1）天汇万博公司立即停止在其网站上和产品宣传册中许诺销售涉案的黄红A型车位锁和三角型锁产品；

（2）天汇万博公司赔偿沈其衡经济损失（含本案诉讼合理支出）5 万元。

天汇万博公司不服一审判决，提起上诉，请求撤销原审判决，判令沈其衡承担本案一二审诉讼费用。其主要理由为：北京市高级人民法院（2005）高行终字第 37 号行政判决已经明确“本专利权利要求 1 包含有活动桩设有供锁具插入的孔”，而本专利之所以被维持有效正是基于此，被控侵权产品与本专利权利要求 1 不同，本案应当适用禁止反悔原则。

沈其衡服从一审判决。

二审查明事实

除一审法院查明事实外，二审法院另查明：2004 年 5 月 25 日，国家知识产权局专利复审委员会（简称专利复审委员会）针对上海川阳工程机械制造有限公司（简称川阳机械公司）就本专利提起的无效宣告请求作出第 6101 号无效宣告请求审查决定书（简称第 6101 号决定）。该决定认为：附件 1 中的“冂”型架通过轴与底盘相连，底盘固定在地面上，这与本专利权利要求 1 活动桩、芯轴与底座之间的连接关系相同，附件 1 记载：“当锁 22 固定在‘冂’型架上时”，可见附件 1 中的“冂”型架上也有供锁具插入的孔，因此，附件 1 公开了本专利权利要求 1 的全部技术特征，因此，权利要求 1 不具备《专利法》第 22 条第 2 款规定的新颖性。据此，第 6101 号决定宣告本专利权利要求 1 无效，在权利要求 2、3、4 的基础上维持专利权继续有效。

沈其衡不服该决定，向北京市第一中级人民法院提起行政诉讼。2004 年 11 月 29 日，该院在（2004）一中行初字第 754 号行政判决（简称第 754 号行政判决）中认定：

结合本案事实，本专利权利要求 1 包含有“活动桩设有供锁具插入的孔”这一技术特征，因此，该技术特征所体现的锁具与活动桩的结构位置关系包含两种情况：（1）锁具本体全部嵌入活动桩设定的孔内；（2）锁具本体的一部分嵌入活动桩设定的孔内。而在附件 1 中，锁是固定在“冂”型架或套管上，而不是锁具本体的全部或一部分嵌入“冂”型架或套管，也没有记载在“冂”型架或套管上设有供锁具本体的全部或一部分嵌入的孔，即附件 1 的锁具和与“冂”型架或套管的结构位置关系同本专利的锁具与活动桩的结构位置关系是不同的。因此，本专利权利要求 1 相对于附件 1 具有新颖性。据此，该院判决：（1）撤销被告专利复审委员会作出的第 6101 号无效宣告请求审查决定；（2）专利复审委员会重新就 00263355.8 号“汽车地桩锁”的实用新型专利权作出无效宣告请求审查决定。

专利复审委员会、川阳机械公司均不服该判决，向本院提起上诉。2005

年4月15日，本院在（2005）高行终字第37号行政判决（简称第37号行政判决）中认定：

本专利权利要求1包含有“活动桩设有供锁具插入的孔”这一技术特征。对于锁具，本专利权利要求2、3、4共涉及两种锁具，一种是在权利要求2、3中限定的包含锁头和锁栓的锁具；一种是在权利要求4中限定的包含挂锁和锁环的锁具。上述锁头和锁栓、挂锁和锁环均是一个不可分割的整体。专利复审委员会在第6101号无效决定中认为，附件1中的“冂”型架与本专利的活动桩相对应，但在附件1的“冂”型架上并没有供锁具插入的孔，其锁具是设置在锁板或者套管上的，而锁板上的孔D也不是放锁具的，而是供锁舌插入的，锁舌不等同于锁具。本专利由于采用将锁具插入活动桩设定的孔内，不需要其他的固定件将锁具与活动桩或者底座连接；而附件1公开的车位锁需要有紧固件将其固定在“冂”型架或者套管上。由此可知，附件1的锁具与“冂”型架或套管的结构关系同本专利的锁具与活动桩的结构关系是不同的。因此，“活动桩设有供锁具插入的孔”这一技术特征并未被附件1所公开，本专利权利要求1相对于附件1具有新颖性。据此，本院判决维持原审判决。

2006年3月15日，专利复审委员会重新就本专利作出第8127号无效宣告请求审查决定（简称第8127号决定），维持本专利权全部有效。

2006年9月19日，上海市第一中级人民法院作出（2004）沪一中民五（知）初字第99号民事判决（简称第99号民事判决），就沈其衡诉上海能达建筑装饰工程有限公司侵犯专利权纠纷一案判决对沈其衡的诉讼请求不予支持。

沈其衡不服该判决，提起上诉。2006年12月1日，上海市高级人民法院作出（2006）沪高民三（知）终字第109号民事判决（简称第109号民事判决），认为：“根据沈其衡的权利要求、北京市第一中级人民法院（2004）一中行初字第754号判决、专利复审委员会作出的第8127号无效宣告请求审查决定等文件，以及权利人在相应程序中的陈述，权利要求1中记载的‘活动桩设有供锁具插入的孔’的含义，是指‘锁具不是永久固定在孔中，而是根据使用状态呈现两种连接关系，即锁定时位于活动桩的孔中，打开时，从孔中取出，与活动桩的孔分离’。”而被控侵权产品的锁具是“固定在底座上的，在底座右端锁具锁起时锁舌插入该孔内，使右杆与底座相连。故被控侵权产品的该技术特征与上诉人专利权利要求中记载的“活动桩设有供锁具插入的孔”的技术特征是不相同的”。据此，上海市高级人民法院判决：驳回上诉，维持原判。

二审审理结果

二审法院认为：本案的核心问题在于 7162 号公证书公证的在网站上和产品宣传册中的黄红 A 型车位锁产品和 7163 号公证书公证的在网站上的三角型锁产品是否侵犯了涉案专利权。

我国 2000 年修订的《专利法》第 56 条第 1 款规定，发明或者实用新型专利权的保护范围以其权利要求的内容为准，说明书和附图可以用于解释权利要求。

根据本院第 37 号行政判决和专利复审委员会第 8127 号决定，涉案专利权利要求 1 中"活动桩设有供锁具插入的孔"的含义，是指"锁具不是永久固定在孔中，而是根据使用状态呈现两种连接关系，即锁定时位于活动桩的孔中，打开时，从孔中取出，与活动桩的孔分离"。据此，本专利采用将锁具插入活动桩设定的孔内，不需要其他的固定件将锁具与活动桩或者底座连接，而黄红 A 型车位锁产品锁具紧固于底座。因此，被控侵权产品的该技术特征与涉案专利权利要求中记载的"活动桩设有供锁具插入的孔"的技术特征是不相同的。原审判决认定被控侵权产品的技术特征已经覆盖了本专利独立权利要求 1 的全部必要技术特征是错误的，应予纠正。天汇万博公司关于黄红 A 型车位锁产品不构成侵权的上诉主张成立，本院予以支持。

将本专利权利要求 1 与涉案三角型锁产品相比，区别特征在于本专利权利要求 1 包含锁具而涉案三角型锁具不包含锁具。就地桩锁的使用方式而言，一般消费者在购买了被控侵权的涉案三角型锁产品后，为实现该地桩锁的使用目的，必然会购买锁具配合使用。尽管涉案三角型锁产品未覆盖涉案专利权利要求 1 的全部技术特征，但在一般消费者购买锁具与涉案三角型锁产品配合使用时，即落入涉案专利权利要求 1 的保护范围。因此，天汇万博公司许诺销售涉案三角型锁具的行为构成对涉案专利权的侵犯，应当承担相应的法律责任。

综上，沈其衡主张天汇万博公司许诺销售涉案三角型锁具的行为，侵犯了其享有的涉案专利权，应承担停止侵权的民事责任的诉讼主张，理由正当，本院予以支持。鉴于天汇万博公司实施的系许诺销售的侵权行为，天汇万博公司未通过该行为获得直接的经济利益，该行为亦未给沈其衡造成直接的经济损失，因此，沈其衡主张天汇万博公司应赔偿其因侵权行为造成的经济损失的诉讼主张，缺乏依据，本院不予支持。

根据最高人民法院《关于审理专利纠纷案件适用法律问题的若干规定》第 22 条的规定，人民法院根据权利人的请求和具体案情，可以将权利人因调查、制止侵权所支付的合理费用计算在赔偿数额范围之内。本案中，沈其衡因本案诉讼支付的有相关支付凭证佐证的公证费、调查取证费、交通费均系为本案诉讼的合理支出费用，应当由天汇万博公司予以赔偿。本院将根据本案具体情况确定因诉讼支出的合理费用数额。

综上，原审判决部分事实认定错误，应予撤销。天汇万博公司的部分上诉主张成立，本院予以支持。依照《中华人民共和国民法通则》第118条、《中华人民共和国专利法》第11条第1款、最高人民法院《关于审理专利纠纷案件适用法律问题的若干规定》第22条、《中华人民共和国民事诉讼法》第153条第1款第（3）项之规定，判决：

（1）撤销北京市第一中级人民法院（2008）一中民初字第11766号民事判决；

（2）北京天汇万博科技发展有限公司自本判决生效之日起，立即停止在其网站上许诺销售涉案三角型锁产品；

（3）北京天汇万博科技发展有限公司自本判决生效之日起10日内赔偿沈其衡诉讼合理支出18 042元；

（4）驳回沈其衡的其他诉讼请求。

一审案件受理费4 300元，由沈其衡负担2 000元，由北京天汇万博科技发展有限公司负担2 300元；二审案件受理费1 050元，由北京天汇万博科技发展有限公司负担525元，由沈其衡负担525元。

3. “开关装置触头耗损的测定方法和设备”发明专利权无效行政纠纷案

——施耐德电器工业公司诉国家知识产权局专利复审委员会、正泰集团股份有限公司

原告（上诉人）： 施耐德电器工业公司
被告（被上诉人）： 国家知识产权局专利复审委员会
第三人（原审第三人）： 正泰集团股份有限公司
案由： 发明专利权无效行政纠纷

一审案号： 北京市第一中级人民法院（2008）一中行初字第 01156 号
一审合议庭成员： 刘海旗、周云川、佟姝
一审结案日期： 2008 年 12 月 26 日
二审案号： 北京市高级人民法院（2009）高行终字第 225 号
二审合议庭成员： 刘辉、焦彦、岑宏宇
二审结案日期： 2009 年 6 月 30 日

判决要旨

对于涉及电学领域创造性判断中，不仅应当考虑电路的连接关系，还要考虑电路的工作状态。由于工作状态的不同导致技术思路、技术方案的差别一般会产生不同于现有技术的效果。

起诉与答辩

原告施耐德电器工业公司（简称施耐德公司）提起诉讼称：（1）被告专利复审委员会对对比文件 1 披露的技术内容和本专利所保护的技术方案认定事实错误，导致其作出的决定错误。本专利权利要求 1 与对比文件 1 相比，本专利权利要求 1 “其特征在于”之后的 4 个技术特征均没有被对比文件 1 披露，被告认定二者仅存在两个区别特征是错误的。（2）对比文件 1 没有披露本专利权利要求 1 的技术特征，对比文件 1 和公知常识中也未给出任何技术启示，本领域技术人员相对于对比文件 1 不付出创造性劳动就无法得到本专利权利要

求1中的技术方案，因此本专利权利要求1具有创造性。被告认定权利要求1与对比文件1的区别特征属于本领域常用手段和公知常识，缺乏事实依据。被告对本专利技术效果的分析违背技术常识，没有相应技术效果的认定与事实不符。(3) 与对比文件1相比，本专利权利要求2~17具有创造性。(4) 本案有其他事实可以进一步佐证被告决定的错误和本专利具备创造性。对比文件1已经被本专利说明书引用并且被欧洲专利局作出的国际检索报告所列出，中国、美国、欧洲专利局的审查员均认为对比文件1与本专利无关，本专利获得授权，而被告却以对比文件1结合公知常识宣告本专利无效显然缺乏证据支持。综上所述，原告请求人民法院依法撤销第11364号决定并判令被告重新作出无效宣告请求审查决定。

被告专利复审委员会辩称：(1) 对于本专利权利要求1与对比文件1的区别特征，被告仍坚持其观点，即只存在第11364号决定所认定的两个区别技术特征。原告所称的第2点和第4点区别实际上包含在第11364号决定所认定的第2个区别技术特征当中。(2) 对于区别技术特征1，本专利权利要求1是对电磁铁闭合移动期间的触头耗损间隙行进时间进行测量，而对比文件1是对触头断开行进时间进行测量，过程和方向是相反的，但是其本质是相同的，对于区别技术特征2，原告也已经承认“测量电流/电压是常用的监视电路的方法”，而对开关触头闭合期间或断开期间进行测量，虽然方向和过程相反，可是其原理相同，虽然这并不意味着出于解决特定技术问题、追求特定技术效果的考虑，但是其发明目的是相同的，检测原理也是相同的，采用的检测方式虽然不同，但是只是对开关触头闭合和断开的两个相反过程进行测量，本质上都是对开关触头有无电信号的瞬间进行测量，而对检测标准的不同，如果是对出现电信号的电流/电压大小的定义，也未出现在权利要求请求保护的方案之中。(3) 众所周知，开关触头闭合和断开瞬间都会产生电火花即电弧，例如插座插拔电的时候均有电火花产生，因此，原告认为只有触头断开瞬间才会产生电弧的观点明显是错误的，原告所声称本专利的技术效果不能实现。(4) 不管对比文件1是否在本专利的背景技术中阐述，并不能影响其作为评价本专利权利要求创造性的依据，不能因为在背景技术部分记载过就认为其不足以影响本专利的创造性。对于原告提交的诸多检索报告和中文译文等，需要指出的是，这些检索报告并没有法律约束力，不能作为本专利具有创造性的依据。欧洲专利局、美国专利商标局是否授权并不影响对本案的审查结果。综上，被告认为第11364号决定认定事实清楚、适用法律正确、审查程序合法，请求人民法院予以维持。

第三人正泰集团股份有限公司（简称正泰集团公司）述称：第11364号

决定基于所属领域普通技术人员的知识和能力，没有拘泥于本专利在文字上刻意表达出的与对比文件 1 的不同，清楚和实事求是地认定了对比文件 1 披露的技术内容和本专利所保护的技术方案的实质性内容，事实认定清楚，完全符合创造性评价的规定。至于外国专利行政审批机构基于外国专利法，对同一现有技术的对比文件作出不同的理解和评价，是完全正常的事情，原告认为被告作出与实质审查或外国同行不同的审查结论即为审查结论错误，这种主张缺乏法律依据。第 11364 号决定正确，原告的起诉理由不能成立，请求人民法院驳回原告的诉讼请求，维持第 11364 号决定。

一审查明事实

一审法院查明：本案涉及中华人民共和国国家知识产权局于 2006 年 6 月 28 日授权公告的名称为“开关装置触头耗损的测定方法和设备”的发明专利（简称本专利），其申请日为 2002 年 12 月 17 日，专利号为 ZL02827747.3，专利权人为施耐德公司。本专利授权公告的权利要求书为：

“1. 一种确定开关装置中电极触头（C1、C2、C3）耗损的方法，该开关装置包括装有由控制电磁铁（20）驱动的触头的一个或更多电极，触头在断开位置和闭合位置之间的移动由励磁线圈（21）控制，触头（C1、C2、C3）耗损利用触头耗损间隙行进时间（Tu）确定，其特征在于，在电磁铁闭合移动期间产生该触头耗损间隙行进时间（Tu）是通过：测量至少一个代表至少一个电极（P1、P2、P3）导通或不导通状态的电信号（Ip），测量通过电磁铁（20）线圈（21）的励磁电流（Is），计算由所述电信号（Ip）确定的触头闭合瞬间与所述励磁电流（Is）确定的电磁铁闭合移动终止瞬间之间的时间间隔。

2. 根据权利要求 1 所述的方法，其特征在于，以通过检测所述励磁电流（Is）最小值来确定电磁铁闭合移动的结束瞬间。

3. 根据权利要求 2 所述的方法，其特征在于，以所述电流信号（Ip）的出现来确定触头（C1、C2、C3）闭合瞬间。

4. 根据权利要求 2 所述的方法，其特征在于，以在开关装置的每个电极（P1、P2、P3）上流通的主电流（Ip）的出现来确定每个电极触头（C1、C2、C3）的闭合瞬间。

5. 根据权利要求 2 所述的方法，其特征在于，在触头输出侧由每个电极（P1、P2、P3）与中性点（N）之间相/中性点电压的出现来确定每个电极触头（C1、C2、C3）闭合瞬间。

6. 根据权利要求 2 所述的方法，其特征在于，在触头输出侧由两个电极

（P1、P2、P3）之间相/相电压的出现来确定电极触头（C1、C2、C3）闭合瞬间。

7. 根据权利要求1～6中之一所述的方法，其特征在于，通过利用将所测定的触头耗损间隙行进时间（Tu）与存储在开关装置存储装置（15）中的初始触头耗损间隙行进时间（Ti）进行比较得到的时间变化来确定触头耗损。

8. 根据权利要求1～6中之一所述的方法，其特征在于，通过利用将所测定的触头耗损间隙行进时间（Tu）与开关装置存储装置（15）中的最小可允许触头耗损间隙行进时间（Tmin）进行比较来确定触头耗损。

9. 一种开关装置，包括装有触头（C1、C2、C3）的一个或几个电极（P1、P2、P3），这些触头由励磁线圈（21）控制其移动的控制电磁铁（20）驱动，其特征在于，该开关装置包括：输出代表至少一个电极（P1、P2、P3）导通或不导通状态的至少一个主要信号（31、32、33、31'、32'、33'）的第一测量装置（11、12、13、11'），输出代表电磁铁（20）的线圈（21）中流通的励磁电流（Is）的辅助信号（34）的第二测量装置（14），处理单元（10），主要信号（31、32、33、31'、32'、33'）和辅助信号（34）输入其中，以实现根据所述权利要求之一所述的方法的计算。

10. 权利要求9所述的开关装置，其特征在于，第一测量装置（11、12、13）串联在开关装置电流线（L1、L2、L3）中，以便用来测量流通在电极（P1、P2、P3）中的主电流。

11. 根据权利要求9所述的开关装置，其特征在于，第一测量装置（11）安装在开关装置输出侧电流线（L1、L2、L3）与中性点（N）之间，以便测量电极（P1、P2、P3）相/中性点电压。

12. 根据权利要求10或11所述的开关装置，其特征在于，其包括用于存储初始触头耗损间隙行进时间（Ti）的存储装置（15）。

13. 根据权利要求12所述的开关装置，其特征在于，处理单元（10）计算所测定的触头（C1、C2、C3）耗损间隙行进时间（Tu）及将所述测定时间（Tu）与存储的初始行进时间（Ti）进行比较，以确定有关电极触头耗损的信息。

14. 根据权利要求13所述的开关装置，其特征在于，处理单元（10）及存储装置（15）安装在开关装置集成电路中。

15. 根据权利要求13所述的开关装置，其特征在于，包括通信装置，连接到处理单元（10）以便可以在通信总线（B）上传输电极触头耗损的相关信息。

16. 根据权利要求13所述的开关装置，其特征在于，包括连接到处理单元（10）以显示电极触头耗损相关信息的信号装置（17）。

17. 根据权利要求 13 所述的开关装置，其中处理单元（10）向电磁铁（20）输出指令，其特征在于，处理单元（10）能够随动于控制电磁铁（20）的指令及电极触头耗损的相关信息。”

在本专利说明书中“背景技术”部分载明：文件 EP0878015 及 EP0878016 通过计算触头断开时触头压力的变化来测定触头的剩余寿命。触头压力的改变通过测量开始瞬间与结束瞬间之间的时间来确定，开始瞬间是控制电磁铁衔铁开始移动的时刻；结束瞬间是触头断开瞬间。开始瞬间通过一个辅助回路分析断开相线（phase）时电磁线圈端子上电压来检测，结束瞬间是耗损最严重的切换电极触头断开开始的瞬间，并通过将所有相线连到检测电路，测量作为输出侧电流线人造中性点上电压变化的切换电压来进行检测。不过实际上，这些装置能工作但线路的断开会引起电弧的出现，会干扰在这些电极中进行的电压测量。这些装置还需特别防护已测量的线圈电压，例如必须附加使用一个辅助开关以使辅助回路与线圈电源相隔离，以便在一个放电电阻上测量线圈电压。在“发明内容”部分载明：本发明的目的是尽可能简单地测定开关装置电极触头的耗损而避免这些缺点。

针对本专利，正泰集团公司于 2007 年 7 月 25 日以本专利权利要求 1 ~ 17 不符合《中华人民共和国专利法》（简称《专利法》）第 22 条第 3 款的规定为由，向专利复审委员会提出无效宣告请求，并提交如下证据：

专利号为 ZL97191599.7 的中国发明专利说明书（即对比文件 1），其授权公告日为 2001 年 5 月 2 日。对比文件 1 公开了一种确定开关设备内触点剩余寿命的方法和相应的装置，其方法和装置检测在触点间隙的触点行程作为烧损的等效判据，并将其换算为剩余寿命，其开关装置中包括电枢，该电枢中也包括主触点等多个触点，从图 1 中可以看出其包括开关电极，触点在闭合位置和断开位置之间的移动由电枢中的电磁线圈 6、6’控制，触点的耗损由第一计值模块 101，优先用于检测首先断开的触点断开时刻 tK，第二计值模块 102 计算电枢断开时间 tA，由时间信号 tA 和 tK 通过分析器例如微处理机 105 确定触点行程并由此确定剩余寿命，其电枢断开时间 tA 和触点断开时间 tK 之间的时间间隙是通过测量确定电枢开始运动的时刻 tA 和在各开关极接线柱处的测量接头测量接触电压确定触点断开的识别来进行计算的。

正泰集团公司认为本专利与对比文件 1 的不同之处在于对比文件 1 是对电枢开始运动和触点断开的时候进行测量而实现的，而本专利权利要求 1、9 是对电磁铁和触头闭合移动的时候进行测量而实现的，仅为相应技术措施的等效替换或相同功能的常规手段，而权利要求 2 ~ 8、10 ~ 17 的附加技术特征仅是公知技术手段的变形，因此本专利权利要求1～17相对于对比文件1不具备创造性。

针对上述无效宣告请求，施耐德公司于2007年9月10日提交了意见陈述书，认为本专利权利要求1请求保护的技术方案与对比文件1存在如下区别：（1）本专利权利要求1请求保护的技术方案是对电磁铁和触头闭合移动的时候进行测量的，而对比文件1中是对电枢开始运动和触点断开的时候进行测量的；（2）本专利测量的是电流信号，而对比文件1中测量的是电压信号，因此本专利权利要求1～17具备创造性，符合《专利法》第22条第3款的规定。另外，施耐德公司还指出对比文件1中测量触点断开时间tK是测量电压的中点，比本专利测量电极导通/不导通状态的电信号Ip更为复杂，与本专利完全不同，并且对比文件1中进行断开的时候容易出现电弧，会干扰各种测量波形和测量值。

2007年11月15日，正泰集团公司补充提交了如下公知常识性证据：《常用低压电器及其应用》（修订版）的封面、版权页、序页、第36～37页，机械工业出版社，1999年3月第2版第6次印刷；《电机工程手册》的版权页、第30～137页，机械工业出版社，1982年10月出版，1984年2月第2次印刷。

2007年11月20日，专利复审委员会主持进行了口头审理。

2008年4月17日，专利复审委员会作出第11364号决定，宣告本专利权全部无效。专利复审委员会在第11364号决定中认定：

1. 关于证据

专利号为ZL97191599.7的中国发明专利说明书（简称对比文件1）公开日在本专利的申请日之前，因此予以采信。

2. 关于本专利权利要求1相对于对比文件1和本领域公知常识是否具备创造性

本专利权利要求1与对比文件1的区别技术特征在于：（1）权利要求1中是对电磁铁线圈的励磁电流进行测定，而对比文件1中是对电枢触头处的接触电压进行测定；（2）权利要求1中是对触头闭合时间进行测量，而对比文件1中是对触头断开时间进行测量，不管其触点是由闭合到断开，还是由断开到闭合，对其间隙进行的测量其实就是对触点导通/不导通状态之间的电流/电压变化进行测量。

对于区别技术特征1，无论对电流进行测定，还是对电压进行测定，两者对本领域普通技术人员而言都不需要付出创造性劳动，并且很容易实现，测量电流/电压是常用的监视电路的方法。在本专利和对比文件1中，励磁电流和接触电压均是与感应电流和电压有关的，在本专利和对比文件 1 中励磁电流和接触电压的变化也均是由于感应电流和电压的变化而引起的。具体而言，在可动电枢/电磁铁与固定电枢/电磁铁之间位移发生变化时，其中的磁阻必然会发生变化，由于磁阻发生变化，其上的感应电流和电压也必然会相关联地发生变化，因此测量励磁电流和接触电压对于本领域的普通技术人员来说均是常用的手段。对于区别技术特征 2，虽然两者是对相反的动作进行时间测量，但是由于本专利与对比文件 1 均是由于线圈中的电信号（断开/闭合开关）发生变化而导致感应磁通发生变化、磁力发生变化，进而导致触头发生移动，在移动过程中由于间距变化必然导致磁阻变化，进而导致电磁感应电流/电压的进一步变化，本专利和对比文件 1 都是对开关触头在电信号有无变化瞬间进行的测量，因此对本领域普通技术人员而言具有技术启示。由此可见，对比文件 1 已经公开了本专利权利要求 1 的大部分技术特征，而其区别对于本领域普通技术人员而言不需要创造性劳动即可实现，因此权利要求 1 相对于对比文件 1 结合本领域普通技术知识不具备创造性。

对于施耐德公司指出的本专利是在闭合期间进行测量，断开期间进行测量时会产生电弧，而本专利避免了对比文件 1 中的技术缺陷。专利复审委员会认为，电弧的产生是因为电极之间瞬间电压的变化而产生的，不管瞬间断开还是闭合，电弧都不可避免，并且在本专利的授权公告文本中也没有记载能够有效避免电弧的产生和专门针对该问题采用的相应措施，因此施耐德公司声称的本专利相对于对比文件 1 而言能避免产生电弧的技术效果不能成立。

3. 关于其他权利要求

权利要求 2 在权利要求 1 的基础上进一步限定了其中是“以通过检测所述励磁电流（Is）最小值来确定电磁铁闭合移动的结束瞬间”。权利要求 2 的附加技术特征中，Is 最小值是可动衔铁由运动到停止的瞬间线圈的电流状态，对比文件 1 中已经公开了通过测量开关两相间电压（即电压的出现）来确定其电枢断开移动的开始瞬间，其是从电枢由不动到开始移动的瞬间，本专利和对比文件 1 均是检测电枢/电磁铁运动状态的变化，而测量电压和电流对本领域普通技术人员而言都是常用的监视电路的方法，并且对于本领域普通技术人员来说根据 Is 的最小值确定电磁铁移动结束也是很显然的，其是可通过有限次实验观察得到的结论，而且对比文件 1 中的图 2a、2c 中也对电流进行了测量，因此在对比文件 1 公开的技术方案的基础上，不需要付出创造性劳动即可想到使用权利要求 2 的附加技术特征，因此在其引用的权利要求 1 不具备创造性的前提下，权利要求 2 也不具备创造性。

权利要求 3 ~ 8 相对于对比文件 1 也不具有创造性。

权利要求 9 请求保护一种开关装置，其与对比文件 1 中技术方案的区别仅在于：权利要求 9 中是对电磁铁线圈的励磁电流进行测定，而对比文件 1 中是对电枢触头处的接触电压进行测定。如前对权利要求 1 区别技术特征 1 的评述，权利要求 9 与对比文件 1 的区别技术特征对本领域普通技术人员来说是显而易见的，因此权利要求 9 不具备创造性。

权利要求 10～17 相对于对比文件 1 也不具有创造性。

基于上述理由，专利复审委员会作出第 11364 号决定，宣告本专利权全部无效。

原告施耐德公司不服，向本院提起行政诉讼。在本案诉讼中，施耐德公司还提交了 EP0878015 号专利文本及其中文译文、本专利的 PCT 国际申请文本及其中文译文、本专利在美国的对应专利授权文本及其中文译文，证明 EP0878015 号专利是对比文件 1 的同族专利，对比文件 1 已经被本专利所引用并且被欧洲专利局作出的 PCT 国际申请的国际检索报告列出，美国专利商标局和欧洲专利局的审查员均认为对比文件 1 与本专利无关，进而证明本专利具有创造性。在本案庭审中，专利复审委员会承认对比文件 1 是本专利背景技术所提到的 EP0878015 和 EP0878016 的同族专利，但认为这并不能证明本专利相对于对比文件 1 具有创造性。施耐德公司明确表示，如果本专利权利要求 1 和权利要求 2 没有创造性，则其从属权利要求 3～8 也没有创造性；如果本专利权利要求 9 没有创造性，则其从属权利要求 10～17 也没有创造性。

上述事实有本专利授权公告说明书、第 11364 号决定、对比文件 1、施耐德公司提交的证据和当事人陈述等证据在案佐证。

一审审理结果

一审法院认为：根据查明的事实和各方当事人的诉辩主张，本案的争议焦点在于本专利是否具有创造性。《专利法》第 22 条第 3 款规定：创造性，是指同申请日以前已有的技术相比，该发明有突出的实质性特点和显著的进步。判断发明是否具有突出的实质性特点，就是要判断对本领域的技术人员来说，要求保护的发明相对于现有技术是否显而易见。如果是显而易见的，则不具有突出的实质性特点。

1. 关于本专利权利要求 1 的创造性

对比文件 1 是专利文献，公开时间早于本专利的申请日，因此其公开的内容可以作为评价本专利创造性的现有技术。

根据查明的事实可知，对比文件 1 公开了一种确定开关设备内触点剩余寿命的方法，它通过确定电枢断开时间点和触头断开时间点，并通过两者之间的时间间隙计算剩余寿命。与本专利权利要求1确定开关装置中电极触头耗损的方法相同的是，对比文件1中也有相当于本专利电磁铁的电枢，两者都有由电磁铁驱动的触头的一个或更多电极，触头在断开位置和闭合位置之间的移动由励磁线圈控制。与对比文件1不同的是，本专利权利要求1是以触头闭合时间点与电磁铁闭合移动终止时间点间的时间间隙来确定触头耗损，其中触头闭合时间是通过测量代表电极导通或不导通的电信号确定，而电磁铁闭合移动终止瞬间是通过测量通过电磁铁线圈的励磁电流确定。虽然对比文件1测定的是剩余寿命，而本专利权利要求1确定的是触头耗损，但二者实质上是相同的。因此，本专利权利要求1与对比文件1的区别仅在于：（1）本专利权利要求1中是对电磁铁线圈的励磁电流进行测定，而对比文件1中是对电枢触头处的接触电压进行测定；（2）本专利权利要求1中是对触头闭合时间进行测量从而确定触头耗损，而对比文件1中是对触头断开时间进行测量从而确定触头剩余寿命。原告主张本专利权利要求1与对比文件1相比，权利要求1中特征部分的4个技术特征均没有被对比文件1公开。但不管是对比文件1的方式，即其触点是由闭合到断开，还是本专利权利要求1的方式，即由断开到闭合，对其间隙进行的测量其实就是对触点导通/不导通状态之间的电流/电压变化进行测量。本专利权利要求1与对比文件1两者的实质区别就是体现在上述两个区别特征中。因此原告的上述主张不能成立，本院不予支持。

虽然本专利和对比文件1是对相反的动作进行时间测量，但是由于线圈中的电信号（断开/闭合开关）发生变化而导致感应磁通发生变化、磁力发生变化，进而导致触头发生移动，在移动过程中由于间距变化必然导致磁阻变化，进而导致电磁感应电流/电压的进一步变化是本领域公知常识，因此对本领域普通技术人员而言，在对比文件1给出通过测定触头断开时间从而计算触头剩余寿命的技术方案的基础上，容易想到对相反的动作，即触头闭合的时间进行测量，从而确定触头耗损。对比文件1给出了上述技术启示。而对于区别技术特征1，测量电流/电压是常用的监视电路的方法，无论是对电流进行测定，还是对电压进行测定，两者对本领域普通技术人员而言都不需要付出创造性劳动，并且很容易实现。在本专利和对比文件1中，励磁电流和接触电压均是与感应电流和电压有关的，在本专利和对比文件1中励磁电流和接触电压的变化也均是由于感应电流和电压的变化而引起的。具体而言，在可动电枢/电磁铁与固定电枢/电磁铁之间位移发生变化时，其中的磁阻必然会发生变化，由于磁阻发生变化，其上的感应电流和电压也必然会相关联地发生变化，因此测量励磁电流和接触电压对于本领域的普通技术人员来说均是常用的手段。因此相对于对比文件1，本专利权利要求1的技术方案是容易想到的，不具有突出的实质性特点。

对于原告所称对比文件1对电压的测量装置比较复杂，且容易产生电弧，而本专利采用了另一种方式，克服了上述缺点，且取得比对比文件1更好的技术效果，因此应具有创造性的主张，本院认为，本专利权利要求1保护的是一种确定触头耗损的方法，并没有对如何进行励磁电流测定及所使用的装置进行限定。而电弧的产生是因为电极之间瞬间电压的变化而产生的，不管瞬间断开还是闭合，电弧都不可避免，并且在本专利的授权公告文本中也没有记载能够有效避免电弧的产生及专门针对该问题采用的相应措施。虽然本专利采用了与对比文件1不同的方式测定触头耗损，但由于对比文件1已经给出相应的技术启示，本专利权利要求1的技术方案相对于对比文件1是显而易见的，且没有取得意想不到的技术效果，因此本专利权利要求1相对于对比文件1不具有创造性。原告的上述主张没有事实和法律依据，本院不予支持。

至于原告关于对比文件1已经被本专利所引用并且被欧洲专利局作出的PCT国际申请的国际检索报告列出，美国和欧洲专利局的审查员均认为对比文件1与本专利无关，进而证明本专利具有创造性的主张，本院认为，即使对比文件1的同族专利被本专利列为背景技术，且欧洲专利局和美国的审查员均认为对比文件1与本专利无关，但在进行创造性判断时，应当采用我国法律所规定的标准，上述事实并不能推翻前述本专利权利要求1相对于对比文件1不具有创造性的认定，故对于原告的这一主张本院不予支持。

2. 关于权利要求2～8的创造性

本专利权利要求2从属于权利要求1，其进一步限定“以通过检测所述励磁电流（Is）最小值来确定电磁铁闭合移动的结束瞬间”，正如第11364号决定所认定的，对于本领域普通技术人员来说，根据Is的最小值确定电磁铁移动结束是很显然的，是可通过有限次实验观察得到的结论，而且对比文件1中也对电流进行了测量，因此在对比文件1公开的技术方案的基础上，不需要付出创造性劳动即可想到权利要求2的附加技术特征，因此在其引用的权利要求1不具备创造性的前提下，权利要求2也不具备创造性。

由于原告表示如果本专利权利要求1和2不具有创造性，则权利要求3～8不具有创造性，故本院对于第11364号决定中关于本专利权利要求3～8不具有创造性的认定不再进行评述。

3. 关于权利要求9～17的创造性

本专利权利要求9保护一种开关装置，包括装有触头的一个或几个电极，这些触头由励磁线圈控制其移动的控制电磁铁驱动，该开关装置包括输出代表至少一个电极导通或不导通状态的至少一个主要信号的第一测量装置、输出代表电磁铁的线圈中流通的励磁电流（Is）的辅助信号的第二测量装置、主要信号和辅助信号输入其中以实现根据所述权利要求之一所述的方法的计算的处理单元。对比文件 1 中也公开了一种开关装置，该开关装置也包括有几个触头的几个电极，并且包括一个第一计值模块，用于检测首先断开的主触点断开时刻 tK 或按另一种方案用于检测每个主触点的触点断开时刻；一个第二计值模块，用于检测电枢断开时刻 tA 的电枢开始运动时刻；一个分析器例如微处理器利用时间信号 tA 和 tK 确定触点行程并由此确定剩余寿命。由此可见，权利要求 9 请求保护的技术方案与对比文件 1 中技术方案的区别仅在于：权利要求 1 中是对电磁铁线圈的励磁电流进行测定，而对比文件 1 中是对电枢触头处的接触电压进行测定。如同之前对权利要求 1 区别技术特征 1 的评述，权利要求 9 与对比文件 1 的区别技术特征对本领域普通技术人员来说是显而易见的，因此权利要求 9 不具备创造性。

由于原告表示如果本专利权利要求 9 不具有创造性，则权利要求 10 ~ 17 不具有创造性，故本院对于第 11364 号决定中关于本专利权利要求 10 ~ 17 不具有创造性的认定不再进行评述。

综上，被告作出的第 11364 号决定审查程序合法，认定事实清楚，适用法律正确，本院予以维持。原告请求撤销该决定的理由不能成立，本院不予支持。依照《中华人民共和国行政诉讼法》第 54 条第（1）项之规定，本院判决如下：

维持被告中华人民共和国国家知识产权局专利复审委员会作出的第 11364 号无效宣告请求审查决定。

施耐德公司不服一审判决，提起上诉，请求撤销一审判决，撤销第 11364 号决定。其理由为：（1）原审判决对对比文件 1 披露的技术内容及本专利所保护的技术方案认定事实错误，导致其作出的决定错误。本专利权利要求 1 与对比文件 1 相比，本专利权利要求 1“其特征在于”之后的 4 个技术特征均没有被对比文件 1 披露。（2）对比文件 1 没有披露本专利权利要求 1 的技术特征，对比文件 1 和公知常识中也未给出任何技术启示，本领域技术人员相对于对比文件 1 不付出创造性劳动就无法得到本专利权利要求 1 中的技术方案，因此本专利权利要求 1 具有创造性。（3）与对比文件 1 相比，本专利权利要求 2 ~ 17 具有创造性。

专利复审委员会、正泰集团公司服从一审判决。

二审查明事实

二审查明的事实与一审相同。

二审审理结果

二审法院认为：发明的创造性，是指同申请日以前已有的技术相比，该发明有突出的实质性特点和显著的进步。发明是否具有突出的实质性特点，应当是对本领域的技术人员来说，要求保护的发明相对于现有技术是否显而易见。在评价发明是否具有显著的进步时，主要应当考虑发明是否具有有益的技术效果。如果发明提供了一种技术构思不同的技术方案，其技术效果能够基本上达到现有技术的水平，通常应当认为发明具有有益的技术效果。对于涉及电学领域创造性判断中，不仅应当考虑电路的连接关系，还要考虑电路的工作状态。由于工作状态的不同导致技术思路、技术方案的差别一般会产生不同于现有技术的效果。

本专利描述了一种测定开关装置电极触头耗损的方法和设备，该开关装置包括一个或几个装有由控制电磁铁驱动的触头的电极；触头在断开位置与闭合位置之间的移动由励磁线圈控制，触头的耗损由电磁铁做闭合移动时的触头耗损间隙行进时间来测定。对比文件1公开了一种确定开关设备内触点剩余寿命的方法和相应的设备，它通过确定电枢断开时间点和触头断开时间点，并通过两者之间的时间间隙计算剩余寿命。

与本专利权利要求1确定开关装置中电极触头耗损的方法相同的是，对比文件1中也有相当于本专利电磁铁的电枢，两者都有由电磁铁驱动的触头的一个或更多电极，触头在断开位置和闭合位置之间的移动由励磁线圈控制。两者测定方法均为选取两个点值进行计算。虽然对比文件1测定的是剩余寿命，而本专利权利要求1确定的是触头耗损，但二者实质上是相同的。由此可见，本专利与对比文件1的发明主题相同。

本院注意到，本专利引用了EP0878015和EP0878016两篇欧洲专利局公开的专利申请作为本专利的背景技术。而对比文件1与EP0878015均要求了德国的专利申请DE19603319.5作为优先权日。由此可知，对比文件1与EP0878015属于同族专利。专利权人显然已经明确地知晓对比文件1的技术方案，且本专利正是针对EP0878015等现有技术存在的问题进行的改进。

本专利权利要求1与对比文件1的区别在于：（1）本专利是在电磁铁闭合移动期间进行测定，而对比文件1是在电磁铁断开过程中测定，两者的不同导致测定的时间点存在不同；（2）本专利测定的一个点值是在闭合过程中测量电极导通或不导通的电信号（Ip），而对比文件1中触头断开的识别是通过在各开关极接线柱处测量接触电压确定时间信号tK；（3）本专利另一个点值是测量通过电磁铁线圈的励磁电流（Is），而对比文件1是通过第二计值模块102测量电枢断开时间信号tA；（4）本专利是计算由所述电信号（Ip）确定的触头闭合瞬间与所述励磁电流（Is）确定的电磁铁闭合移动终止瞬间之间的时间间隔，而对比文件 1 是根据由监控模块提供的电枢断开的时间信号 tA 和触点断开的时间信号 tK 之间的时间间隔。

由上述区别技术特征，本领域普通技术人员可知，对比文件 1 中测量的其中一个点值是在切断对通过电磁线圈 6 上的励磁电流的供应后电磁线圈 6 上由于磁通的变化出现的感应电信号，而不是本专利中是测量在工作中经电磁线圈的励磁电流 Is。而对比文件 1 中测量的另外一个点值是测量在触头断开时电线输出端的人造中点处的电压变化来测量触头断开时刻 tK 的结束瞬间，而本专利是测量通过电磁铁线圈的励磁电流。因此，上述区别反映出两个技术方案是处于不同的工作状态，两者测定方法的不同导致两个技术方案进行测量的时机不同，所选取的数值存在明显区别。换言之，本专利采用了与对比文件 1 完全不同的方法解决测定开关装置触头耗损的技术问题，本专利提供了一种技术构思不同的技术方案，取得了比现有技术更好的技术效果，具有创造性。

原审法院和专利复审委员会均认为本专利与对比文件 1 存在以下两点区别技术特征：（1）本专利权利要求 1 中是对电磁铁线圈的励磁电流进行测定，而对比文件 1 中是对电枢触头处的接触电压进行测定；（2）本专利权利要求 1 中是对触头闭合时间进行测量从而确定触头耗损，而对比文件 1 中是对触头断开时间进行测量从而确定触头剩余寿命。在上述区别技术特征的基础上，原审法院和专利复审委员会进而认定本专利相对于对比文件 1 不具有创造性。然而，原审法院和专利复审委员会并未注意到两个技术方案的工作状态、测定方法导致的测定数值的差异。原审判决和第 11364 号决定关于本专利不具有创造性的事实认定错误，应予纠正。

本专利权利要求 9 保护一种开关装置，包括装有触头的一个或几个电极，这些触头由励磁线圈控制其移动的控制电磁铁驱动，该开关装置包括输出代表至少一个电极导通或不导通状态的至少一个主要信号的第一测量装置、输出代表电磁铁的线圈中流通的励磁电流（Is）的辅助信号的第二测量装置、主要信号和辅助信号输入到其中以实现根据所述权利要求之一所述的方法的计算的处理单元。对比文件 1 中也公开了一种开关装置，该开关装置也包括有几个触头的几个电极，并且包括一个第一计值模块，用于检测首先断开的主触点断开时刻 tK 或按另一种方案用于检测每个主触点的触点断开时刻；一个第二计值模块，用于检测电枢断开时刻 tA 的电枢开始运动时刻；一个分析器例如微处理器利用时间信号 tA 和 tK 确定触点行程并由此确定剩余寿命。基于上述相同的理由，本专利权利要求 9 相对于对比文件 1 也具备创造性。

综上所述，施耐德公司的上诉主张有事实和法律依据，本院予以支持。原审判决和第11364号决定认定事实不清，适用法律错误，应予撤销。依据《中华人民共和国行政诉讼法》第61条第（3）项之规定，判决如下：

（1）撤销北京市第一中级人民法院（2008）一中行初字第1156号行政判决；

（2）撤销国家知识产权局专利复审委员会第11364号无效宣告请求审查决定；

（3）国家知识产权局专利复审委员会重新就名称为“开关装置触头耗损的测定方法和设备”、专利号为ZL02827747.3的发明专利权作出无效宣告请求审查决定。

一审案件受理费100元，由国家知识产权局专利复审委员会负担；二审案件受理费100元，由国家知识产权局专利复审委员会负担。

4. “墨盒”发明专利权无效行政纠纷案

——精工爱普生株式会社诉国家知识产权局专利复审委员会、郑亚俐、佛山凯德利办公用品有限公司、深圳市易彩实业发展有限公司

原告（上诉人）：精工爱普生株式会社

被告（被上诉人）：国家知识产权局专利复审委员会

第三人（原审第三人）：郑亚俐

第三人（原审第三人）：佛山凯德利办公用品有限公司

第三人（原审第三人）：深圳市易彩实业发展有限公司

案由：发明专利权无效行政纠纷

一审案号：北京市第一中级人民法院（2008）一中行初字第 1030 号

一审合议庭成员：任进、邢军、郝建欣

一审结案日期：2008 年 12 月 20 日

二审案号：北京市高级人民法院（2009）高行终字第 327 号

二审合议庭成员：刘辉、焦彦、岑宏宇

二审结案日期：2009 年 10 月 13 日

判决要旨

根据《专利法》和《专利法实施细则》的相关规定，确定修改是否超范围的标准在于该修改是否“超出原说明书和权利要求书记载的范围”以及是否“超出原申请公开的范围”，即本领域普通技术人员在阅读了原说明书和权利要求书后，是否能够从该文件记载的内容中毫无疑义地确定所修改的内容。在判断修改是否超范围时，还要关注修改后的技术方案是否构成新的技术方案。此外，申请人在专利授权过程中的意见陈述可以作为其修改是否超范围的参考，但不能作为修改是否超范围唯一的判断依据。

起诉与答辩

原告精工爱普生株式会社（简称精工爱普生）诉称：（1）第 11291 号决

定违反正当程序：被告专利复审委员会实质上仅使用郑亚俐的无效理由来审查佛山凯德利办公用品有限公司（简称凯德利公司）和深圳市易彩实业发展有限公司（简称易彩公司）提出的无效宣告请求，决定中的无效宣告请求人只有郑亚俐。且第 11291 号决定中认定的权利要求 4、34、8 的无效事实理由属于郑亚俐在口头审理中新增加的，被告对所述新增加的事实和理由应当不予考虑。(2) 第11291 号决定中相关认定背离客观事实：原告在实质审查阶段答复第一次审查意见通知书时已经将“存储装置”解释为“图 7（b）所示的‘半导体存储装置 61’”，将“记忆装置”解释为“指说明书及附图中记载的电路板及设置在其上的半导体存储装置”。(3) 第11291 号决定对“存储装置”的解释与北京市高级人民法院相关判例中对功能性限定特征的解释标准相违背。(4) 从属权利要求 4、34 中相关附加技术特征在原说明书附图 6（a）、附图 26 等图中均有反映，并未超出原始公开的范围。对于权利要求 8 的技术方案，原告在答复第一次审查意见通知书中指出“该权利要求涉及附图 6 和 7”，而不应当解释为涵盖了两种不同的墨盒，即使如此理解，本领域技术人员在附图 6、7 所示墨盒的基础上，也能够显而易见地得出后一种结构的墨盒，属于等同替代方式或明显变形方式，未超出原说明书公开的范围。因此，专利复审委员会第 11291 号决定在审查程序和认定事实上存在严重错误，请求人民法院依法予以撤销。

被告专利复审委员会辩称：（1）关于审查程序：本案的审查程序符合《审查指南》第 4 部分第 3 章 4.5 节关于案件合并审理的规定。(2) 关于《专利法》第 33 条：①应当以“原说明书和权利要求书记载的范围”作为认定申请人的修改是否符合《专利法》第 33 条规定的基础，申请人在意见陈述书中对权利要求所作的解释不能作为认定的事实依据；②《审查指南》第 2 部分第 2 章 3.2.1 节明确规定，“对于权利要求中所包含的功能性限定的技术特征，应当理解为覆盖了所有能够实现所述功能的实施方式”；③关于有关权利要求的具体意见，坚持决定中的相关意见。综上，第 11291 号决定认定事实清楚，适用法律法规正确，审理程序合法，请求人民法院维持该决定。

第三人郑亚俐述称：（1）第 11291 号决定审查程序没有错误。（2）第 11291 号决定没有实体错误，本专利将“半导体存储装置”改为“存储装置”和“记忆装置”是不允许的修改，且“存储装置”是“半导体存储装置”的上位概念，与“功能性限定特征”有区别，所述修改不符合《专利法》第 33 条的规定，故请求人民法院维持第 11291 号决定。

第三人凯德利公司述称：（1）第 11291 号决定审查程序并无不当，对权利要求 4、34、8 修改超范围的认定并无不当。(2)《意见陈述书》等中间文件记载的内容不能作为修改是否超范围的依据。(3) 原告列举的案例解决的是原始申请要求保护的范围如何界定的问题，而本案争议的是修改是否超出原始申请范围的问题，两案并无可比性。据此，请求人民法院维持第 11291 号决定。

一审查明事实

一审法院查明：

本案涉及中华人民共和国国家知识产权局于 2004 年 6 月 23 日授权公告的、名称为“墨盒”的 00131800.4 号发明专利（简称本专利），本专利是 99800780.3 号发明专利申请的分案申请，其申请日为 1999 年 5 月 18 日，最早的优先权日为 1998 年 5 月 18 日，专利权人为精工爱普生株式会社。本专利授权公告的权利要求书包括 42 项权利要求。

针对上述专利权，凯德利公司于 2006 年 1 月 17 日向专利复审委员会提出了无效宣告请求，其理由是本专利不符合《专利法》第 22 条第 2 款、第 3 款的规定，请求宣告本专利全部无效，并提交相关证据。

针对上述无效宣告请求，专利权人于 2006 年 3 月 1 日和 20 日两次提交了内容相同的意见陈述书，并对本专利权利要求书进行了修改，修改后的权利要求书如下：

“1. 一种装于喷墨打印设备的托架上的墨盒，用于通过一供墨针向喷墨打印设备的打印头供应墨水，该墨盒包括：

多个外壁；

一供墨口，用于接纳所述供墨针，形成于多个壁的第一个上；

一存储装置，由所述墨盒支撑，存储关于墨水的信息；

一电路板，安装在与所述多个壁中的第一壁交叉的所述第二壁上，所述电路板位于所述供墨口的中线上；和多个接触点，形成在所述电路板的外露表面上，用于将所述存储装置连接到喷墨打印设备，所述触点形成多个列。

2. 根据权利要求 1 的墨盒，其中所述电路板位于所述供墨口附近设置于所述壳体的所述第二壁上。

3. 根据权利要求 1 的墨盒，其中所述电路板设置于与所述壳体的所述第一壁垂直的所述第二壁上。

4. 根据权利要求 1 的墨盒，其中所述电路板基本上为矩形，且所述电路板设置于基本上垂直于所述第一壁的所述第二壁上，所述第二壁的宽度比所述壳体的其他壁窄。

5. 根据权利要求 1 的墨盒，其中所述电路板设置成基本平行于垂直于所述壳体的所述第一壁的所述第二壁。

6. 根据权利要求 1 的墨盒，其中所述触点位于墨盒装于打印设备上或从其上拆下时的支点的相对位置。

7. 根据权利要求 1 的墨盒，其中所述电路板基本上为矩形并沿垂直方向对准。

8. 一种装于喷墨打印设备的托架上的墨盒，用于通过一供墨针向喷墨打印设备的打印头供应墨水，该墨盒包括：

多个外壁；

一供墨口，用于接纳所述供墨针，形成于多个壁的其中一个上；

一记忆装置，由所述墨盒支撑，存储关于墨水的信息；

多个触点，用于将所述记忆装置连接到喷墨打印设备，所述触点形成多个列，所述列的其中之一比另外的列更靠近所述供墨口，最靠近所述供墨口的触点列比离所述供墨口最远的触点列长。

9. 根据权利要求 8 的墨盒，其中所述记忆设置于所述壳体上并位于所述供墨口的中线上。

10. 根据权利要求 8 的墨盒，其中所述记忆装置设置于其上的所述壁位于所述供墨口的附近。

11. 根据权利要求 10 的墨盒，其中所述记忆装置位于所述记忆装置设于其上的所述壳体的所述壁的中线上。

12. 一种具有一打印头的喷墨打印设备的墨盒，将墨水滴喷射于记录介质上，该墨盒包括；

一含墨水的壳体；

一供墨口，形成在所述壳体的一个壁上，用于将所述壳体内的墨水导向打印头；

一设置于所述壳体上的记忆装置，存储墨水的信息；

多个设于所述壳体上的端子，当墨盒安装于打印设备上时，至少其中之一个端子将所述记忆装置电连接到所述喷墨打印设备并且其中之一个端子电连接到打印设备的两个触点元件上；

其中所述接触打印设备的两触点元件的端子是表示安装在打印设备上的墨盒的存在的检测端子，且其中所述接触打印设备的两触点元件的端子位于所述供墨口的中线。

13. 根据权利要求 12 的墨盒，其中所述记忆装置包括一个基片，在所述基片的一个表面上设置有一个存储装置，在所述基片的另外面上设置有多个端子。

14. 根据权利要求12的墨盒，其中所述记忆装置包括一个基片，在所述基片的一个面上设置有一个存储装置，在与所述存储装置所在的面相同的面上设置所述多个端子。

15. 根据权利要求12的墨盒，其中所述存储装置由抗墨水材料模铸而成。

16. 根据权利要求12的墨盒，其中所述多个端子分组成至少第一组和第二组。

17. 根据权利要求12的墨盒，其中所述接触打印设备的至少两触点元件的端子基本上位于墨盒宽度方向的中央。

18. 根据权利要求12的墨盒，其中所述接触打印设备的两触点元件的端子具有比其他端子大的面积。

19. 根据权利要求12的墨盒，其中所述接触打印设备的两触点元件的端子是接地电极。

20. 根据权利要求12的墨盒，其中当墨盒安装在打印设备上时所述多个端子以一个时间间隔与外部控制装置形成接合。

21. 根据权利要求16的墨盒，其中所述第一组和第二组端子沿墨盒装在打印设备上的方向以一个间隔设置。

22. 根据权利要求16的墨盒，其中所述第一组和第二组端子相对墨盒装在打印设备上的方向具有不同的高度。

23. 根据权利要求12的墨盒，其中所属记忆装置包括各具有不同功能的六个端子。

24. 根据权利要求16的墨盒，其中所述记忆装置还包括当墨水穿过两组端子附着时将所述第一组端子连接到第二组端子的导体元件。

25. 根据权利要求12的墨盒，其中所述多个端子的至少其中之一沿墨盒装在打印设备上的方向是垂直地呈矩形。

26. 根据权利要求12的墨盒，其中所述记忆装置包括一个接地垫元件，用于检查所述记忆装置的内容。

27. 根据权利要求12的墨盒，其中所述多个端子与所述记忆装置的边缘隔开。

28. 根据权利要求12的墨盒，其中所述记忆装置包括至少一个物理接触打印设备的一接触元件的端子。

29. 一种具有一打印头的喷墨打印设备的墨盒，该打印头向一记录介质上喷射墨水滴，该打印头具有一供墨针，并装在一活动托架上，该墨盒包括：

一壳体，其内含有墨水并构造成可拆下地装于打印头上，所述壳体具有一第一壁和一第二壁，该第二壁具有一第一上角和一第二上角；

一供墨口，形成在所述第一壁上用于接纳打印头的供墨针并从所述壳体向该打印头供应墨水；

一记忆装置，设置在所述壳体的一个壁上，存储墨水信息；

至少两个电触点，用于将记忆装置连接到喷墨打印设备上，各电触点距离供墨口一预定距离；

至少一个悬垂件，延伸超过所述记忆装置设置于那里的所述壳体的壁的一个平面，悬垂件位于第一上角和第二上角之间。

30. 根据权利要求 29 的墨盒，其中所述记忆装置设置于其上的所述壁垂直于所述供墨口形成于那里的所述壳体的一个壁。

31. 根据权利要求 29 的墨盒，其中所述记忆装置位于供墨口的中线上。

32. 根据权利要求 29 的墨盒，其中所述记忆装置基本上在沿所述壁的宽度的一个中央位置设置在所述供墨口附近的一个壁上。

33. 根据权利要求 29 的墨盒，其中所述记忆装置设置于所述壳体的一个侧壁上。

34. 根据权利要求 29 的墨盒，其中所述壳体基本上为矩形，所述记忆装置设置于所述壳体的一个侧壁上，该侧壁的宽度比所述壳体的其他侧壁窄。

35. 根据权利要求 29 的墨盒，其中所述记忆装置位于墨盒装于打印设备上或从其上拆下时的支点的相对位置上。

36. 根据权利要求 29 的墨盒，其中所述悬垂件形成在所述记忆装置的上部位置。

37. 根据权利要求 29 的墨盒，其中所述悬垂件沿垂直于所述记忆装置的一个平面的方向延伸超过壳体。

38. 根据权利要求 29 的墨盒，其中所述记忆装置、所述供墨口和所述悬垂件位于墨盒的同侧。

39. 根据权利要求 29 的墨盒，其中所述壳体的内部分成至少两个分开的室，所述悬垂件包括两个分开的凸起，该两凸起延伸超过沿所述记忆装置设置于其上的所述壁的宽度方向的两端部。

40. 一种装于喷墨打印设备的托架上的墨盒，用于通过一供墨针向喷墨打印设备的打印头供应墨水，该墨盒包括：

多个外壁；

一供墨口，用于接纳所述供墨针，形成于多个壁的第一个上；

一存储装置，由所述墨盒支撑，存储关于墨水的信息；

多个触点，形成在与所述多个壁中的第一壁交叉的所述多个壁的第二壁上，用于将所述存储装置连接到喷墨打印设备，所述触点形成多个列，并且位于所述多个列之一的中心的所述触点中的一个触点（60－2）位于供墨口的中线上。”

专利复审委员会于 2006 年 4 月 27 日针对上述无效宣告请求举行了口头审理。

针对本专利，郑亚俐于 2007 年 6 月 15 日向专利复审委员会提出了无效宣告请求，其理由是本专利不符合《专利法》第 33 条和第 26 条第 4 款的规定，请求宣告本专利全部无效，并提交了本专利的分案原申请 99800780.3 的公开说明书作为证据。2007 年 7 月 3 日，郑亚俐向专利复审委员会提交了意见陈述书，认为本专利授权权利要求不具备《专利法》第 22 条第 2、3 款规定的新颖性和创造性，同时提交相关证据。

针对上述无效宣告请求，专利权人于 2007 年 9 月 18 日提交了意见陈述书和权利要求书修改替换页，上述修改的权利要求书与专利权人于 2006 年 3 月 1 日提交的权利要求书内容相同，同时还提交了在本专利实质审查阶段答复第一次审查意见通知书时所提交的意见陈述书，以证明本专利在实质审查阶段所作的修改未超出原始公开的范围符合《专利法》第 33 条的规定。

针对本专利，易彩公司于 2007 年 10 月 31 日以与凯德利公司完全相同的理由和证据向专利复审委员会提出了无效宣告请求。

针对上述无效宣告请求，专利权人于 2008 年 1 月 3 日提交了意见陈述书，并于 2008 年 2 月 2 日提交了权利要求书修改替换页，该修改替换页与专利权人之前提交的权利要求书修改替换页内容相同。

2008 年 3 月 25 日，专利复审委员会举行了口头审理。专利权人、凯德利公司、郑亚俐和易彩公司均参加了口头审理。

2008 年 4 月 15 日，专利复审委员会作出第 11291 号决定。该决定书表格中无效请求人仅列有郑亚俐一人，正文中列有凯德利公司、郑亚俐和易彩公司三个无效请求人。专利复审委员会在该决定中认定：1. 本专利权利要求 1 和 40 中的“存储装置”以及权利要求 8、12 和 29 中的“记忆装置”均由实质审查阶段修改而来。在申请日提交的 PCT/JP99/02579 号国际申请文件及 99800780.3 号发明专利申请的说明书和权利要求书中并没有“存储装置”和“记忆装置”的文字记载，而仅有“半导体存储装置”的文字记载。“存储装置”是用于保存信息数据的装置，除半导体存储装置外，其还包括磁泡存储装置、铁电存储装置等多种不同的类型。本专利原说明书和权利要求书中针对的是半导体存储装置，不涉及其他类型的存储装置，也不能直接且毫无疑义地得出墨盒装有其他类型的存储装置。因此，本领域技术人员并不能从原说明书和权利要求书记载的“半导体存储装置”直接且毫无疑义地确定出“存储装置”。同理，“记忆装置”也不能从原说明书和权利要求书记载的“半导体存储装置”直接且毫无疑义地确定，致使独立权利要求1、8、12、29和40及相应的从属权利要求不符合《专利法》第33条的规定。专利权人认为：原说明书背景技术部分记载有“这是因为，打印设备必须带到厂家，并且记录控制数据的存储装置必须更换”及“其中在一个墨盒上设置了半导体存储装置和连接到存储装置的一个电极”。因此，原始申请文件文字明确记载有“存储装置”，从上述内容可以直接并毫无疑义地确定，本专利的“存储装置”就是指“半导体存储装置”。专利复审委员会认为：上述两部分内容均记载在背景技术部分中，且“这是因为，打印设备必须带到厂家，并且记录控制数据的存储装置必须更换”针对的是现有技术中的打印设备，“其中在一个墨盒上设置了半导体存储装置和连接到存储装置的一个电极”中的“存储装置”应当是“半导体存储装置”的简称，并非是指另外的技术特征。本专利是针对安装有半导体存储装置的墨盒作出的改进，针对的是“半导体存储装置”，而非“存储装置”和除“半导体存储装置”以外的其他存储装置。此外，专利权人还认为：相关权利要求中描述的“记忆装置”指原说明书中描述的“半导体存储装置”与“电路板”的组合。专利复审委员会认为：“记忆装置”本身并无此含义，而且，根据本专利的权利要求书13和14对“记忆装置”所作的限定可知，“记忆装置”并非像专利权人所声称的那样是指“‘半导体存储装置’与‘电路板’的组合”。2. 从属权利要求4的附加技术特征“所述第二壁的宽度比所述壳体的其他壁窄”和从属权利要求34的附加技术特征“该侧壁的宽度比所述壳体的其他侧壁窄”既没有记载在原说明书和权利要求书中，也不能从原说明书和权利要求书中直接且毫无疑义地确定，也超出了原说明书和权利要求书记载的范围。3. 包含技术特征“最靠近所述供墨口的触点列比离所述供墨口最远的触点列长”的权利要求8的整体技术方案同样也未记载在原说明书和权利要求书中。附图6和7所示的实施例针对的是电路板设置在与供墨口所在底壁相垂直的侧壁上的墨盒，而权利要求8还包括电路板、触点与供墨口位于同一壁等情况的墨盒，但后者并未记载在原说明书和权利要求书中，也不能从原说明书和权利要求书中直接且毫无疑义地确定。因此，权利要求8的修改也超出了原说明书和权利要求书记载的范围。4. 鉴于本专利已不符合《专利法》第33条之规定，故对其他的无效理由和证据不再进行评述。据此，专利复审委员会作出第11291号决定，宣告本专利全部无效。

第11291号决定作出后，原告精工爱普生不服，向本院提起行政诉讼。原告精工爱普生于诉讼期间提交第6990号无效宣告请求审查决定书、（2005）一中行初字第607号判决书、（2006）高行终字第179号判决书用于证明权利要求中的功能性限定特征不应当解释为覆盖了能够实现该功能的任何方式。

本院庭审当中，精工爱普生提出专利复审委员会仅审理郑亚俐一人的无效请求，未审理另外两方的无效请求。经本院询问对其权利行使有何妨碍，精工爱普生表示并不妨碍其权利的行使。

以上事实有第 99800780.3 号发明专利公开说明书、实质审查阶段意见陈述书、第 6990 号无效宣告请求审查决定书、(2005) 一中行初字第 607 号判决书、(2006) 高行终字第 179 号判决书、第 11291 号决定以及当事人陈述等证据在案佐证。

一审审理结果

一审法院认为：关于程序问题，原告精工爱普生认为本案共有三个无效请求人，第 11291 号决定仅对郑亚俐的无效理由和证据进行了审理，审查决定书也仅载明郑亚俐为无效请求人，违反正当程序。另外，从属权利要求 4、34、8 的附加技术特征超范围是郑亚俐在口头审理中新增加的理由，在无效请求书中没有提及，被告专利复审委员会不应予以考虑。对此本院认为，第 11291 号决定符合合案审理的规定，无效宣告请求审查决定书表格虽仅列出郑亚俐为无效请求人，但决定正文中已列明三个无效宣告请求人，并且原告当庭也认可其权利的行使未受到妨碍。关于权利要求 4、34、8 的无效理由，在无效请求书中已包括上述权利要求不符合《专利法》第 33 条的理由，对于导致其不符合《专利法》第 33 条的具体理由行政过程中原告亦发表了意见，其权利未受到妨碍。因此对于原告主张第 11291 号决定违反正当程序的主张本院不予支持。

《专利法》第 33 条规定，申请人可以对其专利申请文件进行修改，但是，对发明和实用新型专利申请文件的修改不得超出原说明书和权利要求书记载的范围，对外观设计专利申请文件的修改不得超出原图片或者照片表示的范围。

本案中，本专利权利要求 1、40 中"存储装置"和权利要求 8、12、29 中"记忆装置"均由实质审查阶段修改而来，原告认为，原告已在实质审查阶段答复通知书的意见陈述书中对"存储装置"和"记忆装置"作出明确限定，即对于"存储装置"，意见陈述书记载"申请人解释，'存储装置'是指图 7 (b) 所示的'半导体存储装置 61'"，且原说明书第 1 页倒数第 2 段记载"其中在一个墨盒上设置了半导体存储装置和连接到存储装置的一个电极"，表明"存储装置"为"半导体存储装置"的简称；对于"记忆装置"，意见陈述书记载"申请人首先希望解释，该权利要求及其后的权利要求中所述的'记忆装置'是指说明书及附图中记载的电路板及设置在其上的半导体存储装置"。对此本院认为，本专利权利要求中修改而来的"存储装置"和"记忆装置"

是清楚的术语，本领域技术人员公知“存储装置”不限于“半导体存储装置”，“记忆装置”也不等同于“电路板及设置在其上的半导体存储装置”，实质审查阶段将“半导体存储装置”修改为“存储装置”将保护范围扩大到所有类型的存储装置，“记忆装置”在原说明书和权利要求书并未记载，本领域技术人员不能从原说明书和权利要求书中直接明确认定“记忆装置”为“电路板及设置在其上的半导体存储装置”。故第 11291 号决定认定权利要求 1、8、12、29、40 不符合《专利法》第 33 条的规定并无不当。实质审查阶段申请人在答复审查意见通知书的意见陈述书中的陈述，仅是对技术特征含义的解释，原告主张这种解释对权利要求具有限定作用。根据《专利法》第 56 条的规定，发明或者实用新型的保护范围以其权利要求的内容为准，说明书及附图可以用于解释权利要求，原告上述主张于法无据，本院不予支持。

原告还认为，第 11291 号决定对“存储装置”这项修改特征的观点违反北京市高级人民法院相关判例中确定的对功能性限定特征的解释标准，即权利要求书中功能性限定特征的解释应当受专利说明书中记载的实现该功能的具体方式的限制，不应当解释为覆盖了能够实现该功能的任何方式，本案中说明书仅公开了半导体存储装置，故权利要求书中的“存储装置”应解释为“半导体存储装置”。本院认为，本案涉及的是《专利法》第 33 条对于修改是否超范围的判断，其判断原则为修改后的特征是否能够从原说明书和权利要求书记载的范围直接地、毫无疑义地确定，不能直接地、毫无疑义地确定的修改即不符合《专利法》第 33 条，原告引用的高级人民法院判决对功能性限定特征的解释不能说明第 11291 号决定对《专利法》第 33 条判断有误，对原告主张本院不予支持。

关于权利要求 4、34 中“所述第二壁的宽度比所述壳体的其他壁窄”、“该侧壁的宽度比所述壳体的其他侧壁窄”及权利要求 8 中“最靠近所述供墨口的触点列比离所述供墨口最远的触点列长”是否超范围的问题，原告主张权利要求 4、34 的附加技术特征在原说明书附图 6（a）、附图 26 中有反映，权利要求 8 的附加技术特征在意见陈述书中指出其涉及附图 6 和 7，虽然附图 6、7 中电路板、触电与供墨口位于不同壁，但电路板、触点和供墨口位于同一壁的结构的墨盒是其等同替代方式或明显变形方式。本院认为，对于权利要求 4、34，附图 6、26 并不能直接地、毫无疑义地确定设置电路板、半导体存储装置的侧壁比其他壁都窄；对于权利要求 8，意见陈述书的解释用以限定权利要求于法无据，且附图 6、7 仅反映电路板、触电与供墨口位于不同壁的情形，对于电路板、触点和供墨口位于同一壁的墨盒并没有体现，也不能直接地、毫无疑义地确定这种结构的墨盒其触点列的长短布置。故第 11291 号决定对权利要求 4、34、8 不符合《专利法》第 33 条的规定的认定并无不当，本院予以支持。

综上，专利复审委员会作出的第 11291 号决定认定事实清楚，适用法律正确，审查程序合法，应予维持。依照《中华人民共和国行政诉讼法》第 54 条第（1）项之规定，本院判决如下：

维持被告中华人民共和国国家知识产权局专利复审委员会作出的第 11291 号无效宣告请求审查决定。

精工爱普生不服一审判决，提起上诉，请求撤销一审判决，撤销第 11291 号决定，其理由为：（1）根据专利权利要求解释中公认的“禁止反悔原则”，本案应当根据上诉人在实质审查阶段中为了获得授权而对技术术语的解释来确定其含义，即“存储装置”解释为“图 7（b）所示的‘半导体存储装置 61’”，将“记忆装置”解释为“指说明书及附图中记载的电路板及设置在其上的半导体存储装置”。（2）第 11291 号决定对“存储装置”的解释观点与北京市高级人民法院相关判例中对功能性限定特征的解释标准相违背。（3）从属权利要求 4、34 中相关附加技术特征在原说明书附图 6（a）、附图 26 等图中均有反映，并未超出原始公开的范围。对于权利要求 8 的技术方案，上诉人在答复第一次审查意见通知书时也进行了解释。因此，本专利符合《专利法》第 33 条的规定。

专利复审委员会、郑亚俐、凯德利公司、易彩公司服从一审判决。

二审查明事实

除一审法院已查明的事实外，二审法院另查明：

2002 年 11 月 8 日，国家知识产权局就本专利申请发出《第一次审查意见通知书》。针对该通知书，精工爱普生于 2003 年 5 月 9 日提交《意见陈述书》，对原权利要求作出修改，将原权利要求 23 修改为新权利要求 1。针对审查员提出的“修改超范围”问题，精工爱普生在《意见陈述书》中第 2.2 项指出：“权利要求 23 涉及附图 6 和附图 7，申请人解释，‘存储装置’是指图 7（b）所示的‘半导体存储装置 61’”；在《意见陈述书》第 3.1 项指出：“申请人首先希望解释，该权利要求及其后的权利要求中所述的‘记忆装置’是指说明书及附图中记载的电路板及设置在其上的半导体存储装置”。

以上事实有第 99800780.3 号发明专利公开说明书、实质审查阶段意见陈述书、第 6990 号无效宣告请求审查决定书、（2005）一中行初字第 607 号判决书、（2006）高行终字第 179 号判决书、第 11291 号决定以及当事人陈述等证据在案佐证。

二审审理结果

二审法院认为，《专利法》第 33 条规定：“申请人可以对其专利申请文件进行修改，但是，对发明和实用新型专利申请文件的修改不得超出原说明书和权利要求书记载的范围……”《专利法实施细则》第 42 条第 1 款规定：“一件专利申请包括两项以上发明、实用新型或者外观设计的，申请人可以向国务院专利行政部门提出分案申请……”《专利法实施细则》第 43 条第 1 款规定：“依照本细则第 42 条规定提出的分案申请……但是不得超出原申请公开的范围。”根据上述规定，确定修改是否超范围的标准在于该修改是否“超出原说明书和权利要求书记载的范围”以及是否“超出原申请公开的范围”，即本领域普通技术人员在阅读了原说明书和权利要求书后，是否能够从该文件记载的内容中毫无疑义地确定所修改的内容。在判断修改是否超范围时，还要关注修改后的技术方案是否构成新的技术方案。此外，申请人在专利授权过程中的意见陈述可以作为其修改是否超范围的参考，但该意见陈述不能作为修改是否超范围唯一的判断依据。

1. 本专利权利要求 1、40 中“存储装置”的修改是否违反《专利法》第 33 条规定的问题

技术术语和特征的理解应当以本领域技术人员的角度，考虑该技术术语或特征所使用的特定语境。本案中，本专利权利要求 1、40 中“存储装置”和权利要求 8、12、29 中“记忆装置”均由实质审查阶段修改而来。本专利原始公开文本中相关权利要求记载有“半导体存储装置”和“存储装置”的内容。本专利原说明书已经载明本专利所解决的技术问题在于“打印设备必须带到厂家，并且记录控制数据的存储装置必须更换”，而且背景技术也记载了“其中在一个墨盒上设置了半导体存储装置和连接到存储装置的一个电极”。此外，原说明书其他部分均使用“半导体存储装置”。本领域技术人员通过阅读原权利要求书和说明书是可以毫无疑义地确定本专利申请人在说明书中是在“半导体存储装置”意义上使用“存储装置”的。另外，无论修改前还是修改后的技术方案，“存储装置”实际上是在“半导体存储装置”意义上使用，并未形成新的技术方案，本领域技术人员也不会将其理解为新的技术方案。本专利权利人在实质审查阶段答复通知书的意见陈述书中对“存储装置”作出明确限定，即对于“存储装置”，意见陈述书记载“申请人解释，‘存储装置’是指图 7（b）所示的‘半导体存储装置 61’”，且原说明书第 1 页倒数第 2 段记载“其中在一个墨盒上设置了半导体存储装置和连接到存储装置的一个电板”，表明“存储装置”为“半导体存储装置”的简称。

原审判决和第 11291 号决定认为本领域技术人员公知“存储装置”不限

于“半导体存储装置”，故本专利权利人将“半导体存储装置”修改为“存储装置”不符合《专利法》第 33 条的规定，本院不同意这种观点。判断修改是否超范围的主体是本领域技术人员，他应当是具备专业知识背景的普通技术人员，能够理解所属领域的技术内容。“存储装置”虽然有其普遍的含义，不仅包括半导体存储装置，还包括磁泡存储装置、铁电存储装置等多种不同类型，但在本专利所属特定的打印机墨盒领域，在背景技术中已经明确其所指的为“半导体存储装置”的前提下，本领域技术人员不会将其理解为作为上位概念的“存储装置”。原审判决和第 11291 号决定关于“存储装置”的理解有误，本院予以纠正。精工爱普生关于“存储装置”的修改符合《专利法》第 33 条的规定的上诉主张有事实和法律依据，应予支持，专利复审委员会应当就此重新作出审查决定。

2. 关于本专利权利要求 8、12、29 中“记忆装置”的修改是否违反《专利法》第 33 条规定的问题

本专利“记忆装置”的修改虽然也是由实质审查阶段修改而来，但其不同于“存储装置”的修改。本专利原权利要求书和说明书中从未有“记忆装置”的记载，该术语属于本专利申请人新增加的内容。没有记载而新增加的内容不符合《专利法》第 33 条的规定。此外，虽然专利申请人在实质审查阶段答复通知书的意见陈述书中对“记忆装置”作出明确限定，但如本院上述认定，仅仅在意见陈述中作出说明不能作为允许修改的依据。

据此，原审判决和第 11291 号决定关于“记忆装置”在原说明书和权利要求书并未记载，本领域技术人员不能从原说明书和权利要求书中明确认定“记忆装置”为“电路板及设置在其上的半导体存储装置”的认定正确。精工爱普生关于“记忆装置”的修改符合《专利法》第 33 条的上诉主张不能成立，本院予以驳回。

鉴于本院认定本专利权利要求 8、12、29 不符合《专利法》第 33 条的规定，上述权利要求所从属的权利要求也未克服上述缺陷，故本专利权利要求 8、12、29 和上述权利要求所从属的权利要求均不符合《专利法》第 33 条之规定。专利复审委员会第 11291 号决定关于本专利权利要求 8、12、29 均不符合《专利法》第 33 条规定的认定是正确的，应予维持。

3. 关于本专利权利要求 4 中“所述第二壁的宽度比所述壳体的其他壁窄”是否符合《专利法》第 33 条规定的问题

本专利权利要求 4 中“所述第二壁的宽度比所述壳体的其他壁窄”，既没有记载在原权利要求书和说明书中，也不能由原权利要求书和说明书毫无疑义地得出，不符合《专利法》第 33 条的规定。说明书附图用于表示产品的形

状、结构和位置关系，对于其他技术领域，说明书附图可以是电路图、化学结构式或反映方法过程的流程图。本案中，本专利说明书附图并非标准的机械制图，其所体现的仅仅是本专利技术方案的结构和位置关系，该附图并不能毫无疑义地确定“所述第二壁的宽度比所述壳体的其他壁窄”。专利复审委员会第11291号决定中关于本专利权利要求4不符合《专利法》第33条规定的认定是正确的。故精工爱普生关于本专利说明书附图6能够反映本专利权利要求4中“所述第二壁的宽度比所述壳体的其他壁窄”的技术特征符合《专利法》第33条规定的上诉主张不能成立，本院不予支持。

综上，原审判决和第11291号决定部分事实认定错误，适用法律不当，应予撤销。精工爱普生的上诉主张部分成立。依据《中华人民共和国行政诉讼法》第61条第（3）项之规定，判决如下：

（1）撤销中华人民共和国北京市第一中级人民法院（2008）一中行初字第1030号行政判决；

（2）撤销中华人民共和国国家知识产权局专利复审委员会第11291号无效宣告请求审查决定；

（3）中华人民共和国国家知识产权局专利复审委员会重新就名称为“墨盒”、专利号为00131800.4的发明专利权作出无效宣告请求审查决定。

一审案件受理费100元，由中华人民共和国国家知识产权局专利复审委员会负担；二审案件受理费100元，由中华人民共和国国家知识产权局专利复审委员会负担。

5.“汽车”外观设计专利权无效行政纠纷案

——丰田自动车株式会社诉国家知识产权局专利复审委员会、长城汽车股份有限公司

原告（上诉人）：丰田自动车株式会社
被告（被上诉人）：国家知识产权局专利复审委员会
第三人（原审第三人）：长城汽车股份有限公司
案由：外观设计专利权无效行政纠纷

一审案号：北京市第一中级人民法院（2008）一中行初字第 1276 号
一审合议庭成员：仪军、王晫、郝建欣
一审结案日期：2008 年 12 月 29 日
二审案号：北京市高级人民法院（2009）高行终字第 00533 号
二审合议庭成员：刘辉、谢甄珂、焦彦
二审结案日期：2009 年 6 月 1 日

判决要旨

判断两项外观设计相同或相近似的基础在于整体外观是否相同或者相近似。当两项外观设计整体造型基本相同，各组成部件的设计、基本形状及其比例基本相同，由此形成的整体视觉效果相近时，二者属于相近似的外观设计。

起诉与答辩

原告丰田自动车株式会社提起诉讼称：（1）专利复审委员会认定事实错误。本专利与在先设计相比较，在机盖、前保险杠、前组合灯、后侧窗和 C 柱以及前侧窗、车后部组合灯、后保险杠、后备厢盖和后车窗（后挡风）、车身线条、门的数目、轮廓（外形）等方面均存在显著差别，并且不同点众多，第 11144 号决定中或者错误地认定这些不同，或者对这些不同不加区分，统统认定为“明显局部细微差别”不符合《审查指南》的有关规定，认定事实有误。（2）第11144 号决定没有正确地适用整体观察、综合判断的判断方式，片面地将两外观的不同之处统统认定为局部细微差别，由此得出了两者的差异对

整体设计的影响是较小的错误结论。①本专利是汽车的外观设计，汽车是立体产品，因此对其外观设计的判断不应仅仅针对各个平面图中所示的某些部件的部分外观孤立和单独地进行对比判断，也不应只停留在对专利公报中各个平面图的对比判断上，而是最终应从本专利的各个平面图形归结出一个完整的立体的汽车形象，并以此作为判断的根据。②两外观设计的不同之处对整体视觉效果影响是显著的。综上所述，丰田自动车株式会社认为，该无效决定认定事实错误，适用法律不当，请求法院判决撤销第11144号决定。

被告专利复审委员会辩称：《审查指南》规定，在判断外观设计相同或者相近似时，应当从一般消费者的角度对在先设计与被比设计进行整体观察、综合判断。所谓整体观察、综合判断是指由被比设计的整体来确定是否与在先设计相同或者相近似，而不从被比设计的局部出发得出与在先设计是否相同或者相近似的结论。第11144号决定通过对本专利与在先设计的整体外观设计进行详细对比，从而得出“本专利与在先设计汽车整体造型基本相同，各组成部件的设计及其比例、位置关系基本相同，由此形成的整体视觉效果相近似”的结论，符合《专利法》和《审查指南》的规定。综上，专利复审委员会认为其在第11144号决定中认定事实清楚，适用法律正确，程序合法，请求法院维持该决定。

第三人长城汽车股份有限公司（简称长城汽车公司）述称：（1）丰田自动车株式会社没有站在“一般消费者”的角度来判断本专利与在先设计的相近似性问题，其判断方式错误，导致了其完全错误的结论。（2）从本专利与在先设计的整体来看，整体形状近似，二者整体造型基本相同，整体视觉效果近似，设计风格相同，各组成部件的设计及其比例、位置关系基本相同，二者相比属于近似的外观设计。（3）本专利与在先设计相比，不但整体形状近似，而且二者的机盖、前保险杠、各面视窗、前格栅、前组合灯、C柱、车把、后厢盖、后保险杠、后组合灯、车体线条、整车外形等均是相同或相近似的。综上，长城汽车公司认为专利复审委员会在第11144号决定中认定事实清楚，适用法律正确，审理程序合法，结论正确，丰田自动车株式会社的起诉理由不成立，请求法院维持第11144号决定。

一审查明事实

一审法院查明：名称为“汽车”的外观设计专利（简称本专利），由丰田自动车株式会社于2005年7月28日向中华人民共和国国家知识产权局提出申请，于2006年7月26日授权公告，专利号为ZL200530116583.6。本专利外观设计专利公报上载有主视图、后视图、俯视图、右视图、立体图1和立体图2

（见附图一和附图二），并在简要说明中记载左视图与右视图对称，省略左视图和仰视图。

2007 年 9 月 6 日长城汽车公司以本专利不符合《中华人民共和国专利法实施细则》第 13 条第 1 款及《专利法》第 23 条的规定为由向专利复审委员会提出无效宣告请求。并提交了相关证据，其中附件 4 为第 00336466.6 号中国外观设计专利（简称在先设计）网络打印件（见附图二）共 1 页，其申请日为 2000 年 9 月 25 日，授权公告日为 2001 年 6 月 20 日，专利权人为丰田自动车株式会社。

专利复审委员会于 2008 年 1 月 31 日进行了口头审理，并于 2008 年 3 月 6 日作出第 11144 号决定。该决定认为：

长城汽车公司提交的附件 4 为第 00336466.6 号中国外观设计专利网络打印件共 1 页，其内容真实，授权公告日为 2001 年 6 月 20 日，早于本专利的申请日，因此属于《专利法》第 23 条规定的公开出版物，适用于本案。

将本专利与在先设计相比较，二者所示汽车外观设计不同之处主要在于：机盖上的凹陷深度不同；前后保险杠的细节设计不同，本专利的前保险杠上的雾灯两侧没有延伸出来的横梁，而且后保险杠的凹槽设计也有不同；后侧窗形状不同；二者车灯的形状有所不同；车轮毂的辐条形状有所差异；车门的数量和车门上的把手也有所不同。除此之外，二者所示汽车的整体造型、各组成部分设计及其比例、位置关系基本相同。专利复审委员会认为：本专利与在先设计存在的上述区别明显属于整体车体的局部细微差别，单双门的设计差别也是汽车行业内惯常的功能性设计变化，对于汽车这种立体产品而言，在视觉效果上，上述设计差异对汽车整体设计的影响是较小的，因此，根据整体观察、综合判断的原则，本专利与在先设计汽车整体造型基本相同，各组成部件的设计及其比例、位置关系基本相同，由此形成的整体视觉效果相近似，二者应属于相近似的外观设计，本专利不符合《专利法》第 23 条的规定。

鉴于上述已经得出本专利不符合《专利法》所规定的授权条件的结论，专利复审委员会对于长城汽车公司提出的其他无效宣告理由和证据不再评述。

据此，专利复审委员会依据《专利法》第 23 条的规定作出第 11144 号决定，宣告本专利权无效。

在本案审理过程中，丰田自动车株式会社主张本专利相对于在先设计更具现代感、运动感和流线感。

以上事实有本专利公报、附件 4、第 11144 号决定、当事人陈述等证据在案佐证。

丰田自动车株式会社不服第 11144 号决定，向本院提起行政诉讼。

一审审理结果

一审法院认为：在判断外观设计相同或者相近似时，应当从一般消费者的角度对在先设计与被比设计进行整体观察、综合判断。所谓整体观察、综合判断的方式是指由被比设计的整体来确定是否与在先设计相同或者相近似，而不是从被比设计的局部出发得出与在先设计是否相同或者相近似的结论。本案中，本专利为“汽车”的外观专利，因此，判断本专利与在先设计相同或相近似的基础在于车的整体外观是否相同或者相近似。将本专利与在先设计相比较，汽车整体造型基本相同，各组成部件的设计、基本形状及其比例基本相同，由此形成的整体视觉效果相近，二者属于相近似的外观设计。

虽然本专利与在先设计在机盖、保险杠、组合灯、车窗和 C 柱、后备厢盖等方面存在一些差异，但对二者进行整体观察，且施以一般注意力情况下，上述差异均属于局部细微差别；此外，丰田自动车株式会社主张的单双门的设计差别也是汽车行业内惯常的功能性设计变化。因此，对于汽车产品而言，在视觉效果上，上述设计差异对汽车整体设计不具有显著影响。丰田自动车株式会社的主张缺乏事实和法律依据，本院不予支持。

另外，对于外观设计相同或者相近似的对比，应当从产品的形状、图案、色彩或者其结合出发进行判断。现代感、运动感和流线感等系主观印象，应在上述对比因素的基础上，通过整体观察才能得出，故根据前述理由丰田自动车株式会社主张本专利相对于在先设计更具现代感、运动感和流线感，从而主张本专利与在先设计存在显著区别缺乏事实和法律依据，本院不予支持。

综上，专利复审委员会作出的第 11144 号决定认定事实清楚，适用法律正确，程序合法，应予维持。丰田自动车株式会社请求撤销该决定的理由不能成立，本院不予支持。依照《中华人民共和国行政诉讼法》第 54 条第（1）项之规定，本院判决如下：

维持被告中华人民共和国国家知识产权局专利复审委员会作出的第 11144 号无效宣告请求审查决定。

丰田自动车株式会社不服一审判决，提起上诉，请求撤销原审判决和第 11144 号决定。其理由为：第一，本专利与在先设计相比较，在机盖、前保险杠、前组合灯、后侧窗和 C 柱以及前侧窗、车后部组合灯、后保险杠、后备厢盖和后车窗（后挡风）、车身线条、门的数目、轮廓（外形）等方面均存在显著差别，并且不同点众多。原审判决将上述区别认定为“明显局部细微差别”属于认定事实有误。第二，原审判决没有正确地适用整体观察、综合判断的判断方式，片面地将两外观的不同之处统统认定为局部细微差别，由此得出了两者的差异对整体设计的影响是较小的错误结论。

专利复审委员会、长城汽车公司服从原审判决。

二审查明事实

二审法院查明的事实与一审相同。

二审审理结果

二审法院认为：《专利法》第 23 条规定，授予专利权的外观设计，应当同申请日以前在国内外出版物上公开发表过的外观设计不相同和不相近似。

首先，在判断外观设计相同或者相近似时，应当从一般消费者的角度对在先设计与被比设计进行整体观察、综合判断。本案中，本专利为"汽车"的外观设计专利，因此，判断本专利与在先设计相同或相近似的基础在于车的整体外观是否相同或者相近似。将本专利与在先设计相比较，汽车整体造型基本相同，各组成部件的设计、基本形状及其比例基本相同，由此形成的整体视觉效果相近，二者属于相近似的外观设计，故本专利不符合《专利法》第 23 条的规定。

其次，将本专利与在先设计相比较，二者所示汽车外观设计不同之处主要在于：机盖上的凹陷深度不同；前后保险杠的细节设计不同，本专利的前保险杠上的雾灯两侧没有延伸出来的横梁，而且后保险杠的凹槽设计也有不同；后侧窗形状不同；二者车灯的形状有所不同；车轮毂的辐条形状有所差异；车门的数量和车门上的把手也有所不同。虽然本专利与在先设计存在上述差异，但一般消费者对二者进行整体观察，且施以一般注意力情况下，上述差异均属于局部细微差别。此外，丰田自动车株式会社主张的单双门的设计差别也是汽车行业内惯常的功能性设计变化。因此，对于汽车产品而言，在视觉效果上，上述设计差异对汽车整体设计不具有显著影响，不能使一般消费者产生不同的视觉效果。丰田自动车株式会社关于在先设计与本专利差异明显的上诉主张缺乏事实和法律依据，本院不予支持。

综上，原审判决认定事实清楚，适用法律正确。丰田自动车株式会社的上诉理由不能成立。依照《中华人民共和国行政诉讼法》第 61 条第（1）项之规定，判决如下：

驳回上诉，维持原判。

一审案件受理费 100 元，由丰田自动车株式会社负担；二审案件受理费 100 元，由丰田自动车株式会社负担。

立体图 1

立体图 2

右视图

主视图

附图一

主视图

俯视图

右视图

后视图

附图二

6．“一种计算机汉字输入专用键盘及其汉字输入方法”发明专利权无效行政纠纷案

——唐亚伟诉国家知识产权局专利复审委员会、刘永森

原告（上诉人）：唐亚伟

被告（被上诉人）：国家知识产权局专利复审委员会

第三人（原审第三人）：刘永森

案由：发明专利权无效行政纠纷

一审案号：北京市第一中级人民法院（2008）一中行初字第 1591 号

一审合议庭成员：彭文毅、芮松艳、高伟

一审结案日期：2009 年 7 月 13 日

二审案号：北京市高级人民法院（2009）高行终字第 1192 号

二审合议庭成员：刘辉、焦彦、岑宏宇

二审结案日期：2009 年 11 月 12 日

判决要旨

申请人对其专利申请文件进行了修改，如果申请当事人主张修改的内容对于所属领域技术人员属于公知常识，应当举证证明。

在专利实质审查阶段审查员出具的《会晤记录》记载了审查员与申请人进行沟通的内容，但修改申请文件的权利系申请人所享有，其法律后果也由申请人承担。

起诉与答辩

原告唐亚伟提起诉讼称：（1）第 11855 号决定适用法律错误。第 11855 号决定中所适用的是 2006 年实施的《审查指南》，但该《审查指南》是在本专利授权后实施的，所以不能用来对本专利进行评价。（2）本专利的权利要求 1 符合《专利法》第 33 条的规定。①权利要求 1 的特征（6）、（7）在原始申请文本中已有记载。原始说明书第 2 页第 1 段描述了键盘键数、各键的定义，从该描述中看出其他键均指定了声母或韵母，但键“W”和“X”没有指定为相

应的声母或韵母，而指定为标志键，对于本领域的技术人员来说，功能键也叫标志键是公知常识。汉字输入的键盘所使用的功能也不外乎是空格、省略、删除等基本功能。对于本案来说，12 个键的其他键都定义为声母或韵母，那么剩余的标志键也就是功能键只能定义为空格、省略或删除了。所以这剩余的“W”和“X”键作为功能键是可以从原始说明书中毫无疑义地导出的内容。②权利要求 1 特征（9）在原始申请文件中已有记载。原始申请文件虽然没有明确表明第一排与第二排键之间的距离小于等于 2mm 这一特征。但对于键盘来讲，各排键之间距离不能过大，现有速记键盘和计算机键盘排键之间的距离都没有超过 2mm 的，这是键盘领域的公知常识。且从原始申请文件的附图中亦可以看出，据此，这种修改从申请文件中的技术内容可以直接、毫无疑义地导出。③权利要求 1 特征（10）在原始申请文件中亦有记载。在原说明书中有多次出现“多键并击”的表述，从多键并击的实现方法来看，虽然特征（10）的文字内容与多键并击的描述表面上不同，但实质相同。也就是说，从多键并击的概念可以毫无疑义地导出特征（10）的结论。（3）权利要求 2～4 的附加技术特征在原始申请文件的附图中均可以看出，因此权利要求 2～4 亦符合《专利法》第 33 条的规定。（4）权利要求 5 亦符合《专利法》第 33 条的规定。即便权利要求 1 被宣告无效，但权利要求 1 的键盘仍然存在。所以说权利要求 5 仍然是对一种新键盘作出的编码规则，所以权利要求 1 的无效不能自然导致权利要求 5 无效。（5）权利要求 6 亦符合《专利法》第 33 条的规定。权利要求 1 的无效不能自然导致权利要求 6 无效。综上，被告作出的第 11855 号决定认定事实和适用法律错误，请求人民法院予以撤销。

被告专利复审委员会辩称：坚持第 11855 号决定中所认定的意见，并认为其依据 2006 年的《审查指南》对本案予以审查符合该《审查指南》中有关“实行修订后审查指南的过渡办法”中的规定，不存在适用法律错误的问题。综上，请求法院维持第 11855 号决定。

刘永森同意被告专利复审委员会的意见，请求法院维持第 11855 号决定。

一审查明事实

一审法院查明：本专利是名称为“一种计算机汉字输入专用键盘及其汉字输入方法”的发明专利权，其申请日为 1993 年 9 月 11 日，授权公告日为 2000 年 7 月 12 日，申请号是 93117018.4，专利权人是唐亚伟。本专利授权公告的权利要求如下：

“1. 一种计算机汉字输入专用键盘，其特征是：所述键盘共有 24 键，分左右两区、三排对称排列；

第一排键位定义是：A、N、I、G、D、D、G、I、N、A；

第二排键位定义是：O、E、U、W、Z、Z、W、U、E、O，其中W键为‘删除’和‘省略’功能；

第三排键位定义是：B、X、X、B，X键同时也做‘空格’和‘省略’功能；

所述第一排和第二排键的相应键垂直对齐，第一排和第二排键之间的距离小于/等于2mm；

其中：所有键位开关分别都是在释放时导通，且当多个键位被同时按压时，只有当被按压的所有键位开关都被释放时，其键位开关才导通。

2. 根据权利要求1所述的键盘，其特征是所述第一和第二排键的距离是小于/等于1mm。

3. 根据权利要求1所述的键盘，其特征是第一排和第二排键高度相等，第三排键的高度低于第一和第二排键。

4. 根据权利要求1所述的键盘，其特征是第三排键与上排键内中间的四个键相互对齐。

5. 一种专用于权利要求1所述键盘的汉字输入方法，其特征在于使用11个字母及其组合表示《汉语拼音方案》中的声母和韵母，全部代码均可单独使用，代表汉语中的音节：

代码Z对应于声母zh，所代表的音节为zhi；

代码ZB对应于声母ch，所代表的音节为chi；

代码ZX对应于声母sh，所代表的音节为shi；

代码ZXB对应于声母r，所代表的音节为ri；

代码ZD对应于声母z，所代表的音节为zi；

代码ZDB对应于声母c，所代表的音节为ci；

代码ZDX对应于声母s，所代表的音节为si；

代码D对应于声母d，所代表的音节为de；

代码DB对应于声母t，所代表的音节为te；

代码DXB对应于声母n，所代表的音节为ne；

代码DX对应于声母l，所代表的音节为le；

代码G对应于声母g，所代表的音节为ge；

代码GXB对应于声母k，所代表的音节为ke；

代码GX对应于声母h，所代表的音节为he；

代码B对应于声母b，所代表的音节为bu；

代码BG对应于声母p，所代表的音节为pu；

代码 BX 对应于声母 m，所代表的音节为 mu；

代码 BXU 对应于声母 f，所代表的音节为 fu；

代码 GI 对应于声母 j，所代表的音节为 ji；

代码 XGI 对应于声母 q，所代表的音节为 qi；

代码 Xl 对应于声母 x 及其所代表的音节；

代码 A 对应于韵母 a 及其所代表的音节；

代码 O 对应于韵母 o 和 uo 及其所代表的音节；

代码 E 对应于韵母 e 和 ei 及其所代表的音节；

代码 IO 对应于韵母 ai 及其所代表的音节；

代码 AO 对应于韵母 ao 及其所代表的音节；

代码 EO 对应于韵母 ou 及其所代表的音节；

代码 AN 对应于韵母 an 及其所代表的音节；

代码 N 对应于韵母 en 及其所代表的音节；

代码 NO 对应于韵母 ang 及其所代表的音节；

代码 NE 对应于韵母 eng 及其所代表的音节；

代码 UEO 对应于韵母 ong 和 ueng 及其所代表的音节；

代码 EX 对应于韵母 er 及其所代表的音节；

代码 I 对应于韵母 i 及其所代表的音节；

代码 U 对应于韵母 u 及其所代表的音节；

代码 IU 对应于韵母 ü 及其所代表的音节；

其他韵母及其所代表的音节均由 I、U、UI 与相应的代码组合表示；

代码 EA 所代表的音节为 yo；

代码 BXIU 所代表的音节为 mei；

代码 ZXEI 所代表的音节为 shei；

代码 ZDEI 所代表的音节为 zei；

代码 ZEI 所代表的音节为 zhei；

代码中字母的个数代表输入时并击的键数。

6. 根据权利要求 5 所属的汉字输入方法，其特征在于，击打任意一个音节代码必须用该键盘左右对称的两部分中的任何一部分独立完成，且应该在一次击键过程中完成。”

针对本专利，刘永森于 2007 年 12 月 3 日向专利复审委员会提出无效宣告请求，认为：本专利权利要求 1 ~4 不符合《专利法》第 33 条和《专利法》第 26 条第 3、4 款的规定，权利要求 5、6 属于《专利法》第 25 条第 1 款第（2）项所规定的不能授予专利权的范围。其同时提交了相应证据，其中：

证据 1：唐亚伟于 1993 年 9 月 11 日向国家知识产权局专利局提交的本专利的原始申请文件；

证据 5：本专利的授权公告文本。

专利复审委员会受理该无效请求后，于 2008 年 6 月 4 日举行了口头审理。

在口头审理中，双方当事人均认可本专利权利要求 1 包括如下技术特征：

（1）键盘共有 24 键，

（2）分左右两区、三排对称排列；

（3）第一排键位定义是：A、N、I、G、D、D、G、I、N、A；

（4）第二排键位定义是：O、E、U、W、Z、Z、W、U、E、O；

（5）第三排键位定义是：B、X、X、B；

（6）其中“W”键为“删除”和“省略”功能；

（7）“X”键同时也做“空格”和“省略”功能；

（8）所述第一排和第二排键的相应键垂直对齐；

（9）第一排和第二排键之间的距离小于等于 2mm；

（10）所有键位开关分别都是在释放时导通，且当多个键位被同时按压时，只有当被按压的所有键位开关都被释放时，其键位开关才导通。

专利复审委员会当庭告知双方当事人，其依职权审查权利要求 5、6 是否符合《专利法》第 33 条的问题，双方当事人当庭就上述权利要求是否符合上述条款这一问题发表了意见。

在此基础上，专利复审委员会作出第 11855 号决定，宣告本专利权全部无效。被告专利复审委员会在该决定中认定：

1. 关于权利要求 1

本专利权利要求 1 请求保护一种计算机汉字输入专用键盘，包括如下技术特征：

（1）键盘共有 24 键；

（2）分左右两区、三排对称排列；

（3）第一排键位定义是：A、N、I、G、D、D、G、I、N、A；

（4）第二排键位定义是：O、E、U、W、Z、Z、W、U、E、O；

（5）第三排键位定义是：B、X、X、B；

（6）其中“W”键为“删除”和“省略”功能；

（7）“X”键同时也做“空格”和“省略”功能；

（8）所述第一排和第二排键的相应键垂直对齐；

（9）第一排和第二排键之间的距离小于/等于 2mm；

（10）所有键位开关分别都是在释放时导通，且当多个键位被同时按压时，只有当被按压的所有键位开关都被释放时，其键位开关才导通。

权利要求1中的特征（6）、（7）、（9）、（10）在本专利原始申请文本中均没有记载。本专利原始申请文本中所记载的内容为："设置一种具有24个键的键盘，左、右手分别控制12个键，在布置上，键盘是左、右对称的。此外，对键位进行的代码指定也是左、右对称的，运用12个键的相互组合表示汉语拼音中的21个声母和34个韵母，这些声、韵母相拼表示汉语的400多个音节，用一只手多键并击就可打出一个音节，用两手同时多键并击就可打出一组双音节词"、"6个韵母键和2个标志键（以后描述），其中一个标志键"X"兼做声母键"、"原字母键'D、Z、G、I、U……'如果带有标志键'W'，均代表括弧中的数字，表示数目。'X'在此也作标志键，当只有一个数字键时，加'X'表示此数字重复，如'X、G、W'表示'33'，'X、W、N'表示'77'，当有两个数字键时，表示此两个数字互换位置，如'X、D、Z、W'表示'21'。在使用笔画数标志键时，如果右手打'Z、N、O'音节，当左手打'W、B'（8）时就输出'张'字，如果左手打'X、D、W'（11）时就输出'章'字。键盘上的键位左手码是从右向左读，但在笔画数编码的码表上仍是由左向右，如下所示：（码表略）"以及"如上所述，本发明的汉字输入方法使用的键盘键数少，可以一次击键输入一个汉字音节（汉字），在两手同时并击时甚至一次击键可输出两个音节，即一组双音节词，显然，其输入速度比已有技术中的多次击键输入一个汉字高得多。另外，由于其键盘的左、右对称设置和很少的键数，双手可以灵活地控制键盘，因此，除了可应用于一般的计算机的汉字输入领域外，还可设计以本发明为基础的中文速记机"。这些内容均没有记载权利要求1中的特征（6）、（7）、（9）、（10），并且从上述内容也不能直接地、毫无疑义地确定得到上述特征，因此，权利要求1的修改超出了原始申请文件记载的范围，不符合《专利法》第33条的有关规定。

2. 关于权利要求2～4

权利要求2、3的附加技术特征分别为"所述第一和第二排键的距离是小于/等于1mm"和"第一排和第二排键高度相等，第三排键的高度低于第一和第二排键"，上述技术特征在本专利原始申请文本中没有记载，同时，从专利权人所指出的内容并不能直接地、毫无疑义地确定得到上述特征。此外，权利要求2、3引用权利要求1，也存在与权利要求1相同的缺陷，因此，权利要求2、3的修改超出了原始申请文件记载的范围，不符合《专利法》第33条的有关规定。此外，权利要求4引用权利要求1，其没有克服权利要求1所存在的不符合《专利法》第33条的缺陷，因此权利要求4也不符合《专利法》

第 33 条的有关规定。

3. 关于权利要求 5、6

权利要求 5 即为《审查指南》中所规定的"引用另一权利要求的独立权利要求"，其引用权利要求 1，则根据《审查指南》上述规定，权利要求 5 的保护范围包括权利要求 1 所包含的特征，在此前提下并基于上文对权利要求 1 的评述，权利要求 5 也不符合《专利法》第 33 条的有关规定。此外，权利要求 6 引用权利要求 5，其没有克服权利要求 5 所存在的不符合《专利法》第 33 条的缺陷，因此权利要求 6 也不符合《专利法》第 33 条的有关规定。

鉴于本专利权利要求 1 ~ 6 不符合《专利法》第 33 条的规定，专利复审委员会对刘永森提出的其他无效理由和证据不再予以评述。

在此基础上，被告专利复审委员会作出第 11855 号决定，宣告本发明专利权全部无效。

原告唐亚伟不服第 11855 号决定，于法定期限内向本院提起诉讼。

一审庭审中，唐亚伟主张其原始申请文件中的如下内容记载了本专利权利要求中的相应技术特征，其中：

（1）与权利要求 1 中的特征（6）、（7）相对应的内容为：

"设置一种具有 24 个键的键盘，左、右手分别控制 12 个键，在布置上，键盘是左、右对称的。此外，对键位进行的代码指定也是左、右对称的，运用 12 个键的相互组合表示汉语拼音中的 21 个声母和 34 个韵母，这些声、韵母相拼表示汉语的 400 多个音节，用一只手多键并击就可打出一个音节，用两手同时多键并击就可打出一组双音节词"、"6 个韵母键和 2 个标志键（以后描述），其中一个标志键"X"兼做声母键"、 "原字母键'D、Z、G、I、U……'如果带有标志键'W'，均代表括弧中的数字，表示数目。'X'在此也作标志键，当只有一个数字键时，加'X'表示此数字重复，如'X、G、W'表示'33'，'X、W、N'表示'77'，当有两个数字键时，表示此两个数字互换位置，如'X、D、Z、W'表示'21'。在使用笔画数标志键时，如果右手打'Z、N、O'音节，当左手打'W、B'（8）时就输出'张'字，如果左手打'X、D、W'（11）时就输出'章'字。键盘上的键位左手码是从右向左读，但在笔画数编码的码表上仍是由左向右，如下所示……"（码表略）

（2）与权利要求 1 中的特征（9）相对应的内容是原始申请文件中的附图，并无文字记载。从原告所指称的附图可以看出，相应为示意图，在第一、二行键之间仅用一条横线作为两行键的分界线，二者之间并无间隙。

（3）与权利要求 1 中的特征（10）相对应的内容是：

“如上所述，本发明的汉字输入方法使用的键盘键数少，可以一次击键输入一个汉字音节（汉字），在两手同时并击时甚至一次击键可输出两个音节，即一组双音节词，显然，其输入速度比已有技术中的多次击键输入一个汉字高得多。此外，由于其键盘的左、右对称设置和很少的键数，双手可以灵活地控制键盘，因此，除了可应用于一般的计算机的汉字输入领域外，还可设计以本发明为基础的中文速记机”。

（4）与本专利权利要求2、3的附加技术特征“所述第一和第二排键的距离是小于/等于1mm”和“第一排和第二排键高度相等，第三排键的高度低于第一和第二排键”对应的亦为原始申请文件中的附图，并无文字记载。从原告所指称的附图可以看出，相应为示意图，在第一、二行键之间仅用一条横线作为两行键的分界线，二者之间并无间隙。此外，对于每排键的高度亦未标注。

以上事实有本专利授权公告文本、原始申请文件、第11855号决定和庭审笔录在案佐证。

一审审理结果

一审法院认为：

1. 被告专利复审委员会适用2006年修订的《审查指南》对本专利是否符合《专利法》第33条进行审查，是否属于法律适用错误

鉴于本专利申请和授权时间均早于现行《审查指南》的施行时间2006年，故本案涉及新旧《审查指南》的适用问题。鉴于2006年《审查指南》中规定了《施行修订后审查指南的过渡办法》，该办法中对于2006年7月1日之前授权的专利应适用哪一版本《审查指南》作出了明确的规定，且《审查指南》向公众公开发行，故本院认为如被告专利复审委员会依据该办法确定本案所应适用的《审查指南》，则不应认定其适用法律错误。鉴于由该办法可知，对于2006年7月1日之前授权的专利，如果请求人以《专利法》第33条为理由提出无效宣告请求，对该无效请求的审理应适用2006年施行的《审查指南》，故本案中被告专利复审委员会依据2006年施行的《审查指南》对于本案进行审理，法律适用正确。据此，原告唐亚伟的该诉讼理由不能成立，本院不予支持。

2. 本专利权利要求1是否符合《专利法》第33条的规定

对于特征（6）、（7），其在本专利权利要求1中所限定的内容为“X”键同时也做“空格”和“省略”功能，“W”键为“删除”和“省略”功能。原告指出原始申请文件中的相应内容可以直接导出特征（6）、（7）。对此，本

院认为，原始申请文件中的相应内容中并无“X”与“W”键为“功能键”的表述，而仅是将其表述为“标志键”，并进一步指出“W”有表示数目的作用，“X”有表示数字互换位置和数字重复等作用，但均未指出其有“删除”、“空格”和“省略”的功能。故本院认为从上述文字表述中不能当然地确定“X”与“W”键为“功能键”，且有“删除”、“空格”和“省略”的功能这一结论。虽然原告主张功能键也叫标志键是公知常识，且汉字输入的键盘所使用的功能不外乎是空格、省略、删除等基本功能。但鉴于现有证据并不能证明功能键也叫标志键是公知常识，且汉字输入的键盘所使用的功能亦不仅仅包括空格、省略、删除，因此，原告的该主张不能成立，本院不予支持。综上，本院认为，特征（6）、（7）在本专利原始申请文本中并无记载，亦不可从原始申请文本中直接地、毫无疑义地予以确定。

对于特征（9），其限定的特征是第一排和第二排键之间的距离小于/等于2mm，原告指出原始申请文件中的附图可以看出该特征。对此，本院认为，原始申请文件中有关键盘的附图均为示意图，其第一排与第二排键之间未标明有任何间隙，因此，在无相应文字记载的情况下，从附图中无法确定特征（9）。在此基础上，鉴于本案现有证据无法证明该数值范围为公知常识，且原告在本专利权利要求2所附加的唯一一个技术特征，即是对该距离限定了一个与此不同的数值范围“小于/等于1mm”，故本院认为该数值范围的不同选择会实现不同的技术效果，其并非公知常识。据此，本院认为，特征（9）在本专利原始申请文本中并无记载，亦不可从原始申请文本中直接地、毫无疑义地予以确定。

对于特征（10），原告所指出的原始文件中的相应内容仅说明本专利的优点在于可以双手同时并击，输入速度快，且不仅可以用于普通电脑，亦可以用于中文速记机。但对于特征（10）“所有键位开关分别都是在释放时导通，且当多个键位被同时按压时，只有当被按压的所有键位开关都被释放时，其键位开关才导通”这一功能性限定技术特征并未涉及。因此，特征（10）在本专利原始申请文本中并无记载，亦不可从原始申请文本中直接地、毫无疑义地予以确定。

综上，鉴于特征（6）、（7）、（9）、（10）均无法从原始申请文本中直接地、毫无疑义地予以确定，故本专利权利要求1不符合《专利法》第33条的规定。

3. 本专利权利要求2～6是否符合《专利法》第33条的规定

权利要求2、3附加技术特征分别为“所述第一和第二排键的距离是小于/等于1mm”和“第一排和第二排键高度相等，第三排键的高度低于第一和第二排键”，原告主张从原始申请文件附图中可以看出上述技术特征。对此，本院认为，原始申请文件中有关键盘的附图均为示意图，在无相应文字记载的情况下，无法看出第一和第二排键的距离，以及各排键的高度，据此，上述特征在本专利原始申请文本中并无记载，且无法从原始申请文本中直接地、毫无疑义地予以确定。同时，鉴于权利要求 2、3 以权利要求 1 为基础，因权利要求 1 不符合《专利法》第 33 条的规定，故即便前述附加技术特征可以从原始申请文件中确定，权利要求 2、3 亦不符合《专利法》第 33 条的规定。

对于权利要求 4，因其以权利要求 1 为基础，而权利要求 1 不符合《专利法》第 33 条的规定，故权利要求 4 亦不符合《专利法》第 33 条的规定。

对于权利要求 5、6，虽然权利要求 5 是独立权利要求，但鉴于其是专用于权利要求 1 所述键盘的汉字输入方法，故权利要求 5 亦应包括权利要求 1 中的技术特征。在此情况下，鉴于权利要求 1 并不符合《专利法》第 33 条的规定，权利要求 5 当然亦不符合《专利法》第 33 条的规定。在此基础上，鉴于权利要求 6 是权利要求 5 的从属权利要求，在权利要求 5 不符合《专利法》第 33 条规定的情况下，权利要求 6 当然亦不符合《专利法》第 33 条的规定。

综上，本院认为本专利权利要求 1 ~ 6 均不符合《专利法》第 33 条的规定，原告的起诉理由均不能成立，本院不予支持。被告专利复审委员会作出的第 11855 号决定认定事实清楚，适用法律正确，本院予以维持。依照《中华人民共和国行政诉讼法》第 54 条第（1）项之规定，本院判决如下：

维持国家知识产权局专利复审委员会作出的第 11855 号无效宣告请求审查决定。

上诉人唐亚伟不服一审判决，提起上诉，请求撤销一审判决和第 11855 号决定，本案诉讼费用由专利复审委员会承担。其理由为：（1）原审法院认定本案应适用 2006 年 7 月 1 日实施的《审查指南》，明显适用法律错误。（2）本专利权利要求 1 符合《专利法》第 33 条的规定。①本专利权利要求 1 的特征（6）、（7）在原始申请文本中已有记载。原始说明书第 2 页第 1 段描述了键盘键数、各键的定义，指定为标志键，对于本领域的技术人员来说，把功能键也叫标志键是公知常识。②本专利权利要求 1 特征（9）在原始申请文件中已有记载。对于键盘来讲，各排键之间距离不能过大，现有速记键盘和计算机键盘排键之间的距离都没有超过 2mm 的，这是键盘领域的公知常识。且从原始申请文件的附图中亦可以看出。③本专利权利要求 1 特征（10）在原始申请文件中亦有记载。在原说明书中有多次出现“多键并击”的表述，从多键并击的实现方法来看，虽然特征（10）的文字内容与多键并击的描述表面上不同，但实质相同。（3）本专利权利要求 2 ~ 3 的附加技术特征在原始申请文件中毫无疑义地导出，符合《专利法》第 33 条的规定。(4) 本专利权利要求 5、6 亦符合《专利法》第 33 条的规定。

专利复审委员会、刘永森服从原审判决。

二审查明事实

二审法院查明的事实与一审相同。在二审庭审中，唐亚伟主张一审开庭未进行质证和辩论程序。经查，一审开庭笔录中明确记载法庭调查和法庭辩论程序，并且记载了原审法院向唐亚伟询问有无其他事实和法律意见的内容。

二审法院另查明如下事实：在本案一审审理期间，唐亚伟提交了一份《会晤记录》复印件，共两页，该《会晤记录》第 1 页载明：

"1. 申请人于 1999.6.29 与审查员约定于 1999.6.30 上午会晤讨论申请文件、特别是权利要求书的撰写问题；

2. 申请人和审查员于 1999.6.30 在专利局 417 房间进行了会晤，讨论了上述相关问题，并就下述问题达成一致意见：

1) 关于说明书，申请人同意回去按照专利法实施细则第 18 条重新撰写（不超出原申请文件公开的范围）；

2) 关于权利要求书，按照双方同意并打印成文的权利要求书撰写，申请人同意不再改动；

3) 不改变原来规定的回复日期！"

该《会晤记录》第 1 页落款有申请人唐亚伟的签名和审查员葛宝成的印章，日期为 1999.6.30。该《会晤记录》第 2 页没有标题，也没有签名落款和日期，所记载的内容包括：

"3. 关于权利要求书：

1) 一种计算机汉字输入专用键盘，其特征是：所述键盘共有 24 键，分左右两区、三排对称排列；

2) 第一排键位定义是（从左到右）……

第二排键位定义是……

第三排键位定义是……

所述第一和第二排键的相应键垂直对齐，第一排和第二排键之间的距离小于/等于 2mm。

其中：所有键位开关分别都是在释放时导通。且当多个键位被同时按压时，只有当被按压的所有键位开关都被释放时，其键位开关才导通。"

唐亚伟主张其是按照审查员要求进行的修改，故其修改符合《专利法》第 33 条之规定。但专利复审委员会认为该《会晤记录》并未存档，故其真实性无法得到认定。

二审审理结果

二审法院认为：

1. 专利复审委员会适用2006年修订的《审查指南》对本专利是否符合《专利法》第33条进行审查，是否属于法律适用错误

鉴于2006年《审查指南》中规定了《施行修订后审查指南的过渡办法》（简称《过渡办法》）。根据《过渡办法》，对于2006年7月1日之前授权的专利，如果请求人以《专利法》第33条为理由提出无效宣告请求，对该无效请求的审理应适用2006年施行的《审查指南》，故本案中专利复审委员会依据2006年施行的《审查指南》对本案进行审理并无不当。此外，新旧《审查指南》所依据的《专利法》第33条的法律规定并无变化。因此，唐亚伟关于专利复审委员会适用法律错误的上诉主张不能成立，本院不予支持。

2. 本专利权利要求1是否符合《专利法》第33条的规定

《专利法》第33条规定，申请人可以对其专利申请文件进行修改，但是，对发明和实用新型专利申请文件的修改不得超出原说明书和权利要求书记载的范围。

本案中，对于本专利权利要求1特征（6）、（7），其所限定的内容为“X”键同时也做“空格”和“省略”功能，“W”键为“删除”和“省略”功能。但是，原始申请文件中的相应内容中并无“X”与“W”键为“功能键”的表述，而仅是将其表述为“标志键”，并进一步指出“W”有表示数目的作用，“X”有表示数字互换位置和数字重复等作用，但均未指出其有“删除”、“空格”和“省略”的功能。故从上述文字表述中不能当然地确定“X”与“W”键为“功能键”，且有“删除”、“空格”和“省略”的功能这一结论。因此，特征（6）、（7）在本专利原始申请文本中并无记载，亦不可从原始申请文本中直接地、毫无疑义地予以确定。虽然唐亚伟主张功能键即标志键系公知常识，且汉字输入的键盘所使用的功能不外乎是空格、省略、删除等基本功能，但其未提交证据证明，且汉字输入的键盘所使用的功能亦不仅仅包括空格、省略、删除，因此，唐亚伟的该主张不能成立。

对于本专利权利要求1特征（9），其限定的特征是第一排和第二排键之间的距离小于/等于2mm。对此，原始申请文件中并没有相关的记载，有关键盘的附图均为示意图，其第一排与第二排键之间未标明有任何间隙，因此，在无相应文字记载的情况下，从附图中无法确定特征（9）。唐亚伟也未提交任何证据证明该数值范围为公知常识。据此，特征（9）在本专利原始申请文本

中并无记载，亦不能从原始申请文本中直接地、毫无疑义地予以确定。

对于本专利权利要求 1 特征（10），其限定的是“所有键位开关分别都是在释放时导通，且当多个键位被同时按压时，只有当被按压的所有键位开关都被释放时，其键位开关才导通”。该特征在本专利原始申请文本中并无记载，亦不可从原始申请文本中直接地、毫无疑义地予以确定。唐亚伟认为本专利原说明书记载的“用一只手多键并击就可打出一个音节，用两手同时多键并击就可打出一组双音节词”即可证明原说明书中已经明确记载了该技术特征。但是，键盘设计者完全可以根据需要定义键位的导通状态，并非必然在释放时导通。唐亚伟提交的证据并不能证明本领域技术人员在阅读了原说明书中“多键并击”的内容后能够毫无疑义地确定本专利权利要求 1 中特征（10）。据此，特征（10）在本专利原始申请文本中并无记载，亦不能从原始申请文本中直接地、毫无疑义地予以确定。

综上，鉴于特征（6）、（7）、（9）、（10）均无法从原始申请文本中直接地、毫无疑义地予以确定，故本专利权利要求 1 不符合《专利法》第 33 条的规定。唐亚伟关于本专利权利要求 1 符合《专利法》第 33 条规定的上诉主张不能成立，本院不予支持。

3. 本专利权利要求 2 ~ 6 是否符合《专利法》第 33 条的规定

权利要求 2、3 附加技术特征分别为“所述第一和第二排键的距离是小于/等于 1mm”和“第一排和第二排键高度相等，第三排键的高度低于第一和第二排键”，原始申请文件中有关键盘的附图均为示意图，在无相应文字记载的情况下，并无法看出第一和第二排键的距离，以及各排键的高度，据此，上述特征在本专利原始申请文本中并无记载，且无法从原始申请文本中直接地、毫无疑义地予以确定。同时，鉴于权利要求 2、3 以权利要求 1 为基础，因本专利权利要求 1 不符合《专利法》第 33 条的规定，故即便前述附加技术特征可以从原始申请文件中确定，本专利权利要求 2、3 亦不符合《专利法》第 33 条的规定。对于本专利权利要求 4，因其以权利要求 1 为基础，而权利要求 1 不符合《专利法》第 33 条的规定，故本专利权利要求 4 亦不符合《专利法》第 33 条的规定。对于本专利权利要求 5、6，虽然权利要求 5 是独立权利要求，但鉴于其是专用于权利要求 1 所述键盘的汉字输入方法，故权利要求 5 亦应包括权利要求 1 中的技术特征。在此情况下，鉴于本专利权利要求 1 并不符合《专利法》第 33 条的规定，权利要求 5 当然亦不符合《专利法》第 33 条的规定。在此基础上，鉴于权利要求 6 是权利要求 5 的从属权利要求，在权利要求 5 并不符合《专利法》第 33 条规定的情况下，权利要求 6 当然亦不符合《专利法》第 33 条的规定。唐亚伟关于本专利权利要求2~6符合《专利法》第33条规定的上诉主张不能成立，本院不予支持。

4. 关于《会晤记录》应如何认定

本案中，唐亚伟向法院提交了一份《会晤记录》，其上盖有审查员的名章。对此，专利复审委员会以未存档为由，对其真实性不予认可。本院认为，无论该《会晤记录》是否真实，但修改申请文件的权利系申请人唐亚伟所享有，其法律后果也由唐亚伟承担，况且，唐亚伟并未按照该《会晤记录》所记载的权利要求1进行修改，其授权文本所增加的技术特征（6）、（7）并未在该《会晤记录》上记载。故唐亚伟主张其按照审查员指导进行修改故不违反《专利法》第33条规定不能成立。

此外，根据一审开庭笔录的记载，可以认定原审法院开庭时将法庭调查和法庭辩论合并进行，因此，不能认定原审法院违反法定程序。

综上所述，原审判决认定事实清楚，适用法律正确。唐亚伟的上诉主张于法无据，本院不予支持。依照《中华人民共和国行政诉讼法》第61条第（1）项之规定，判决如下：

驳回上诉，维持原判。

一审案件受理费100元，由唐亚伟负担；二审案件受理费100元，由唐亚伟负担。

7. “用于喷墨记录装置的墨盒”发明专利权无效行政纠纷案

——广州麦普科技有限公司诉国家知识产权局专利复审委员会、精工爱普生株式会社

原告（上诉人）：广州麦普科技有限公司
被告（被上诉人）：国家知识产权局专利复审委员会
第三人（原审第三人）：精工爱普生株式会社
案由：发明专利权无效行政纠纷

一审案号：北京市第一中级人民法院（2008）一中行初字第 857 号
一审合议庭成员：赵静、姜庶伟、唐晓君
一审结案日期：2009 年 6 月 30 日
二审案号：北京市高级人民法院（2009）高行终字第 1155 号
二审合议庭成员：刘辉、焦彦、岑宏宇
二审结案日期：2009 年 11 月 27 日

判决要旨

如果对比文件中相应技术特征所解决的技术问题与区别技术特征在专利技术方案中解决的技术问题不同，则不能认为对比文件有技术启示。

起诉与答辩

原告广州麦普科技有限公司（简称广州麦普公司）诉称：（1）被告片面地对证据 2－3 作出了解释，证据 2－3 第［0034］段给出了其方案具有油墨受阻缺陷的一个方面，对于墨盒内部负压值相对减小的结果，证据 2－3 在第［0041］段中则给出了油墨泄漏的说明，也就是说，墨盒内部负压相对外界过大（打不出墨）、过小（墨泄漏）都有可能发生，这是采用油墨吸收体作为负压发生机构的一大弊端，正因如此，才导致墨盒内的负压发生机构由油墨吸收体改向差压阀的技术进步，从时间上看，证据 2－3 技术方案的不足，导致了证据 2－1 给出的采用差压阀来作为负压控制件，参见证据 2－1 第［0092］段的说明“本发明的喷墨记录装置中，油墨供应部件是由

包括螺旋弹簧的差压阀机构和一在螺旋弹簧作用下可与阀座弹性接触的可活动的膜构成。由于供应到喷墨记录头的油墨在螺旋弹簧的作用下保持在负压状态，由滑架的运动引起可活动膜的振动可被螺旋弹簧限制。因此，在保持负压的状态下，油墨能稳定地供应到记录头上”。这一事实还能通过本专利说明书第 1 页第 13 ~ 29 行记载内容的印证。这明示了在本专利最早优先权日之前采用差压阀替代油墨吸收体的做法，是本领域早在本专利最早优先权日之前就已客观存在的设计潮流，即本领域公知技术手段的重要启示。(2) 被告没有正确理解证据2 - 3 给出的信息，事实上，证据 2 - 3 第 [0033] 段给出了“第 3 项来自打印头面的油墨的水头压力和高度差 h2 稳定为一定值的话，油墨静压就稳定”的启示，根据这个启示和前述的启示，将差压阀设置在证据 2 - 3 给出方案的油墨室（上墨腔）与供墨口的通道中，并取消油墨吸收体，对本领域普通技术人员来说是极易思及的。对于本专利权利要求 1 给出技术方案的技术效果，是通过仅增加墨盒高度来增大墨盒的墨容量，由于供墨口通常是设置在墨腔底部，随之产生的问题是墨盒初始使用时，供墨口处的水头压力相对过高，墨盒使用到墨液将尽时，供墨口处的水头压力相对较小，通过上下腔的设置方案，可以使供墨口处的上述两种状态压差值相对减小，在这一点上，其与证据 2 - 3 给出的解决方案完全相同，唯一不同的只是负压发生机构的设计不同，而证据 2 - 1 则给出了在墨腔与供墨口之间设置差压阀，来解决负压问题的启示，而且，证据 2 - 1、2 - 3 均属国际专利分类 B41J2/175，本领域技术人员考虑本专利权利要求 1 技术方案时，考虑并结合证据 2 - 1 和 2 - 3 是在情理之中，这都说明证据 2 - 1、2 - 3 对本领域的技术人员来说，可以显而易见地结合，进而得出本专利权利要求 1 技术解决方案的事实。因此，本专利权利要求 1 相对证据 2 - 1 和 2 - 3 的结合不具备《专利法》第 22 条第 3 款规定的创造性，进一步，从属权利要求 2 ~ 3、5 ~ 17、22、23、25 ~ 32、34、36 ~ 39、41 ~ 43、48、51、52 同样不具备创造性。综上所述，原告广州麦普公司认为第 11113 号决定事实认定不清，适用法律错误，请求法院撤销第 11113 号决定。

被告专利复审委员会辩称：证据 2 - 1 公开了一种容纳差压阀的墨盒，证据 2 - 3 所涉及的墨盒是利用容纳在墨盒中的多孔部件来产生打印头处的负压，并且就证据 2 - 3 的发明目的而言，即墨盒以非正常状态的各种姿态被摆放时能防止油墨的泄漏，由此油墨吸收体、毛细力形成部分和油墨引导柱三者都是必须的，不可缺少的。在此墨盒基础上，在打印头上的负压已经被很好地维持的情况下，再结合证据 2 - 1 中的差压阀，势必导致打印头上的负压的增加。而证据 2 - 3 中也曾指出：在打印头上的负压值过高时，油墨的供应会受到阻碍，从喷嘴喷出的油墨量减少，引起打印画质变差。因此，本领域技术人员不会在证据 2－3 的墨盒上增加任何会增大供墨口处的负压的装置，因为这种改动会明显降低产品质量，并增加产品的零部件和生产成本。因此对本领域技术人员而言不存在任何技术启示将证据 2－1 的差压阀设置于证据 2－3 的墨盒中，本专利权利要求 1 的技术方案具有创造性。综上所述，专利复审委员会作出的第 11113 号决定认定事实清楚，适用法律正确，审理程序合法，原告的诉讼理由不能成立，请求法院驳回原告诉讼请求，维持第 11113 号决定。

第三人精工爱普生株式会社述称：广州麦普公司认为证据 2－3 第［0041］段教导油墨吸收体 3 不良且存在应当被证据 2－1 的差压阀替换的技术启示。但是，事实上证据 2－3 的发明核心在于设置油墨移动体 11，由此即使在墨盒未安装在打印机上而呈异常姿态放置时也可维持墨盒中的负压。原告指出的第［0041］段仅仅是在描述未设置油墨移动体 11 的较差的比较实施例，而并非如原告所称在描述油墨吸收体 3 如何不好。此外，原告称证据 2－3 的油墨吸收体 3 会面对与负压产生机构相同的问题。但是，事实上证据 2－3 的墨盒通过与油墨吸收体 3 一起进一步设置毛细力形成部分 4 和油墨引导柱 9 而很好地解决了上述问题。换言之，证据 2－3 通过设置油墨吸收体 3、毛细力产生部分 4、油墨引导柱 9 和油墨移动体 11，自身已经足以解决原告在起诉状中所称的“采用油墨吸收体 3 作为负压产生机构的严重问题”，因此，根本没有任何技术启示可以利用证据 2－1 的部件对证据 2－3 进行增加或替换。对于证据 2－3 而言，在墨腔中的负压可被确保的墨盒中，如果进一步增加额外的负压发生装置，则打印头处的负压就会增大，如果打印头处的负压过高，则会导致难以供墨并减小从喷嘴喷出的油墨量，从而打印品质会恶化。因此，根据本领域的公知常识或者证据 2－3 第［0034］段的教导，本领域的技术人员绝不会在证据 2－3 的墨盒中额外增加任何会导致打印头处的负压进一步增大的装置，否则会导致打印品质恶化并无谓地增加墨盒的部件和成本。此外，油墨吸收体 3 是不能被去除的关键性部件，否则一旦去除，墨盒便不能正常工作。将差压阀设置在管 7 中来替代油墨吸收体仅是原告在看到了本专利之后才有的想法，是《审查指南》中所指的典型的“事后诸葛亮”的表现。因此，对于本领域的技术人员而言，根本不存在将证据 2－1 的差压阀与证据 2－3 的墨盒进行结合的任何技术启示。证据 2－1 和证据 2－3 均未揭示具有上部油墨腔与下部油墨腔的墨盒，其中上部油墨腔通过油墨流动通道与供墨口相连，而下部油墨腔通过通气口与大气相通并且通过油墨抽吸通道连接至上部油墨腔，并且相对于油墨流动通过油墨抽吸通道的方向，下部油墨腔处于上部油墨腔的上游。利用本专利权利要求 1 中界定的其中差压阀被布置在油墨流动通道中以使上部油墨腔与供墨口连通的墨盒，可以根据下部油墨腔的水头压力的改变而将使差压阀保持关闭状态的压力设定为相对较小的压力。因此，能够通过增加墨盒的高度（而不增加底面积）来增加存储的油墨量，并且同时保持极高的打印品质而不会增加剩余油墨量。另外，本发明在并未设置多孔构件的情况下，实现了通过增加墨盒的高度（而未增加底面积）而增大存储的油墨量，同时保持极高打印品质（而未增加剩余油墨）的技术效果。因此本专利权利要求1具备创造性，其从属权利要求也具备创造性。综上所述，原告的诉讼理由不能成立，第11113号决定事实认定清楚，适用法律正确，请求法院驳回原告的诉讼请求，维持第11113号决定。

一审查明事实

一审法院查明：

本专利是名称为“用于喷墨记录装置的墨盒”的第01143328.0号发明专利，其申请日为2001年10月20日，优先权日为2000年10月20日、2001年2月9日、2001年5月17日和2001年5月18日，授权公告日为2005年4月27日，专利权人为精工爱普生株式会社。其授权公告的权利要求共59项，有一项独立权利要求。

针对本专利，广州麦普公司于2007年7月11日向专利复审委员会提出了无效宣告请求，请求宣告本专利部分无效，其理由是本专利权利要求10、44、58不符合《专利法》第26条第3、4款；权利要求10、14、36、38~39不符合《专利法实施细则》第20条第1款的规定；权利要求1~4、6~9、11~13、15~20、25、26、28~35、37、39~42、45~47、52、55、56相对于证据2-1、2-2的结合或证据2-1、2-2、2-3的结合不具备《专利法》第22条第3款规定的创造性。提交的3份证据如下：

证据2-1：公开号为EP1016533A1的欧洲专利申请公开说明书（复印件，共34页）和中文译文，公开日为2000年7月5日；证据2-1公开了一种容纳有一个差压阀在其中的墨盒，整个墨盒被分为油墨储存腔36和阀腔37；油墨储存腔36上部通过连通孔42与外界空气连通；差压阀机构50的一侧通过凹槽43和油墨流入口39与油墨储存腔36连通，另一侧通过凹槽44与供墨口23相连通。

证据2-2：专利号为US5889543A的美国专利说明书（复印件，共7页）和相关部分的中文译文，公开日为1999年3月30日。

证据2-3：公开号为特开平7-52403A的日本公开特许公报（复印件，共12页）和相关部分的中文译文，公开日为1995年2月28日；证据2-3公开了一种墨盒，所述墨盒包括油墨室 2 和油墨吸收体室 1，油墨室 2 一端通过集合管 7 与打印头 6 相连通，另一端通过由比油墨吸收体密度更高的材料构成的油墨引导柱 9 和与其紧密连接的毛细力形成部分 4 与油墨吸收体室相连通，在油墨吸收体室 1 内存有油墨期间，以油墨吸收体 3 的毛细张力吸附油墨，使供应至打印头处的油墨维持负压，在油墨吸收体室内油墨减少时以及在油墨室 2 内的油墨消耗过程中，通过大气连通孔 10（相当于本专利中的空气交换部分），利用毛细力形成部 4 将空气变成细小的气泡，来维持向打印头供应的油墨的负压状态。

经形式审查合格后，专利复审委员会受理了上述无效宣告请求，并依法成立合议组对本案进行审查。

精工爱普生于 2007 年 8 月 24 日提交了意见陈述书，并对权利要求书做了修改，将原从属权利要求 2 修改为新的独立权利要求 1，并删除原权利要求 10、14、44、58、59，更正了原权利要求 47 ~ 49 中的打字错误，并对其他权利要求重新标号。精工爱普生认为修改后的权利要求具备创造性。

针对精工爱普生修改后的权利要求书，广州麦普公司于 2007 年 10 月 31 日再次提交意见陈述，认为修改后的权利要求 1 ~ 3、5 ~ 17、22、23、25 ~ 32、34、36 ~ 39、41 ~ 43、48、51、52 相对于证据 2 - 1、2 - 2 的结合或者 2 - 1、2 - 3 的结合仍不具备《专利法》第 22 条第 3 款规定的创造性；权利要求 19 ~ 21、33、35 ~ 53 的含义不清楚，不符合《专利法实施细则》第 20 条第 1 款的规定。

口头审理于 2007 年 11 月 29 日举行，双方当事人均参加此次口头审理。专利权人当庭重新提交了修改后的权利要求书，此次提交的权利要求书如下：

“1. 一种用于有记录头的喷墨记录装置的墨盒，包括：

一容器，该容器包含：

一下部油墨室；

一上部油墨室；

一用来供应油墨到该记录头的油墨供给口；

一将该下部油墨室与该上部油墨室连通起来的油墨抽吸通道，与油墨流经该油墨抽吸通道的方向相关地，该下部油墨室位于该上部油墨室的上游；

一连通该上部油墨室和该油墨供给口的油墨流动通道；

一与该下部油墨室和大气相通的空气交换部分；

一设置在该容器内并布置在该油墨流动通道内的负压发生机构，该负压发生机构包括具有一薄膜的差压阀。

2. 如权利要求 1 所述的墨盒，其特征在于，该上部油墨室和该下部油墨室被该容器的基本上水平延伸的壁分隔开。

3. 如权利要求1所述的墨盒，其特征在于，该上部油墨室被至少一个在其下部具有交换口的壁分成多个室区域。

4. 如权利要求3所述的墨盒，其特征在于，一个第一斜面形成在所述壁的交换口的流出侧上。

5. 如权利要求1所述的墨盒，其特征在于，一个斜面部分形成在该油墨室内，当该墨盒装到一滑架上时，该斜面部分沿该记录装置的该滑架的移动方向取向。

6. 如权利要求1所述的墨盒，还包括：一设置在所述流动通道内的过滤器，位于该上部油墨室的下游并且位于该负压发生机构的上游。

7. 如权利要求1所述的墨盒，其特征在于，该油墨抽吸通道的流入口具有这样一种横截面，即能通过毛细作用力帮助保持油墨。

8. 如权利要求1所述的墨盒，其特征在于，该油墨抽吸通道是部分由形成在该容器中的凹入部分确定的并且部分由一片设置在该凹入部分处的薄膜确定。

9. 如权利要求3所述的墨盒，其特征在于，最下游的那个室区域通过一基本上垂直延伸的流动通道与所述负压发生机构相通。

10. 如权利要求9所述的墨盒，其特征在于，所述流动通道是部分由在所述容器中形成的一个槽确定的并且部分由一片设置在该槽处的薄膜确定。

11. 如权利要求1所述的墨盒，还包括一框架，该框架具有第一侧面和第二侧面，所述框架部分限定处该上部油墨室的外周边并且部分确定一空气交换空间，该空气交换空间与该下部油墨室在一个接近该框架的第一侧面和第二侧面的位置上连通。

12. 如权利要求1所述的墨盒，其特征在于，许多个表面室形成在所述容器的一表面附近，这些表面室被一个具有空气渗透性和排斥油墨性的薄膜分开，并且所述下部油墨室与这些表面室中的第一表面室连通。

13. 如权利要求12所述的墨盒，其特征在于，这些表面室中的第二表面室通过一个形成在所述容器表面上的表面通道与大气相通。

14. 如权利要求1所述的墨盒，其特征在于，所述下部油墨室通过一流动通道与大气相通，该流动通道从该下部油墨室的上面部分附近延伸到在该上部油墨室上方的位置处。

15. 如权利要求14所述的墨盒，其特征在于，所述容器包括一箱状容器主体和一盖元件，该容器主体有一开口和一底部，所述盖元件密封该容器主体的开口。

16. 如权利要求 15 所述的墨盒，其特征在于，该上部油墨室是部分通过一片设置在该容器主体的开口附近的薄膜而限定出的。

17. 如权利要求 15 所述的墨盒，其特征在于，该容器主体的内部被一框架分隔开，该上部油墨室的一部分通过一设置在该框架的开口附近的薄膜来限定。

18. 如权利要求 17 所述的墨盒，其特征在于，所述框架距所述容器主体的外壁有一定间隙。

19. 如权利要求 18 所述的墨盒，其特征在于，所述下部油墨室通过该所述间隙与大气连通。

20. 如权利要求 18 所述的墨盒，其特征在于，在靠近该间隙的区域中形成有一凹部。

21. 如权利要求 20 所述的墨盒，其特征在于，所述凹部形成在所述容器主体的表面上。

22. 如权利要求 17 所述的墨盒，其特征在于，所述框架的内部由至少一个具有交换口的壁分成多个室区域，这些室区域是水平设置的。

23. 如权利要求 17 所述的墨盒，其特征在于，所述负压发生机构设置在一个区域的附近，该上部油墨室在该区域中由所述框架来限定。

24. 如权利要求 1 所述的墨盒，其特征在于，一个喷墨口位于所述油墨抽吸通道的附近。

25. 如权利要求 1 所述的墨盒，还包括：一个过滤器，在该油墨流动通道中，该过滤器在一个位于所述负压发生机构的上游且位于该上部油墨室的下游的位置上被设置在过滤器安放部上。

26. 如权利要求 25 所述的墨盒，其特征在于，所述过滤器设置在一个与所述负压发生机构相对的区域内。

27. 如权利要求 25 所述的墨盒，其特征在于，所述油墨流动通道的一部分是具有迂回形状并且安置在一个基本垂直的平面内并且位于该过滤器的附近。

28. 如权利要求 27 所述的墨盒，其特征在于，所述迂回部分被部分扩大来形成气泡捕集区域。

29. 如权利要求 25 所述的墨盒，其特征在于，所述过滤器安装在一个形成在所述容器内的通孔中，其中，该通孔就是所述的过滤器安放部。

30. 如权利要求 25 所述的墨盒，其特征在于，所述过滤器被设置在一个位于所述负压发生机构的上游的凹部内。

31. 如权利要求 1 所述的墨盒，其特征在于，该油墨抽吸通道将该下部油墨室的底部区域与该上部油墨室连通起来，该负压发生机构包括一个设置在靠近该上部油墨室的区域内的差压阀。

32. 如权利要求 31 所述的墨盒，其特征在于，一过滤器室和一差压阀贮存室形成在该上部油墨室内，该过滤器室位于上游侧而该差压阀贮存室位于下游侧，并且该过滤器室和该差压阀贮存室被一道共用壁分隔开。

33. 如权利要求 31 所述的墨盒，其特征在于，所述过滤器室的上部区域通过一个流动通道与该下部油墨室连通，该流通通道的一部分具有迂回形状并且限定在一个基本垂直的平面中。

34. 如权利要求 31 所述的墨盒，其特征在于，所述上部油墨室包括两个通过一流动通道相互连通的油墨贮存部分。

35. 如权利要求 34 所述的墨盒，其特征在于，每个所述油墨室具有位于所述油墨室的底部附近的一油墨流出口和一油墨流入口。

36. 如权利要求 1 所述的墨盒，其特征在于，该容器具有一个油墨供给口；在该容器中分隔出至少两个油墨室，第一油墨室基本上设置在该容器的上部，第二油墨室基本上设置在该容器的下部，该油墨抽吸通道将该下部油墨室的底部区域与该上部油墨室的底部区域连通起来。

37. 如权利要求 36 所述的墨盒，其特征在于，该上部油墨室通过至少一个壁被分隔成多个区域，这些区域通过在每个区域的底部附近的交换口相互连通。

38. 如权利要求 36 所述的墨盒，其特征在于，一过滤器设置在一个将该上部油墨室连通到该负压发生机构上的流动通道内。

39. 如权利要求 36 所述的墨盒，其特征在于，该油墨抽吸通道的流入口具有这样的横截面，即能通过毛细作用力帮助保持油墨。

40. 如权利要求 39 所述的墨盒，其特征在于，所述油墨抽吸通道是部分通过一个形成在该容器里的凹部并部分通过一个安置在该凹部处的薄膜限定出的。

41. 如权利要求 37 所述的墨盒，其特征在于，这些区域中的最下游的区域最靠近所述负压发生机构并且这个最下游的区域通过一个基本上垂直延伸的流动通道与所述负压发生机构相通。

42. 如权利要求 41 所述的墨盒，其特征在于，该基本垂直延伸的流动通道是部分通过一个形成于该容器的内部的槽状通道并部分通过一个安置在所述槽状通道处的薄膜限定出的。

43. 如权利要求 36 所述的墨盒，其特征在于，该上部油墨室具有第一侧面和第二侧面，一个空气交换通道设置在该上部油墨室的外周上，该空气交换通道与该下部油墨室在靠近该第一侧面和第二侧面的位置行连通。

44. 如权利要求 43 所述的墨盒，其特征在于，所述空气交换通道部分通过一个框状壁来限定，该框状壁的一部分将该容器分层上部和下部。

45. 如权利要求 36 所述的墨盒，其特征在于，一个凹部形成在该容器的表面上，该凹部通过一个薄膜被分层许多个表面室，该薄膜由透空气的且斥油墨的材料构成，该下部油墨室与这些表面室中的第一表面室连通。

46. 如权利要求 45 所述的墨盒，其特征在于，这些表面室中的第二表面室通过一个形成在所述容器主体表面上的通道与大气相通。

47. 如权利要求 36 所述的墨盒，其特征在于，一个喷墨口位于所述油墨抽吸通道的附近。

48. 如权利要求 36 所述的墨盒，其特征在于，所述容器包括具有一开口和一底部的容器主体以及一个封闭该开口的盖元件，所述上部油墨室部分通过一个形成在所述容器主体内的壁并部分通过一个薄膜来限定，并且所述负压发生机构设置在形成于所述容器主体的表面上的安放凹部内。

49. 如权利要求 36 所述的墨盒，其特征在于，该下部油墨室通过一个延伸到所述容器的上部区域的流动通道与大气相通。

50. 如权利要求 36 所述的墨盒，其特征在于，所述上部油墨室由一壁分隔，在该壁的底部和上部有交换口。

51. 如权利要求 48 所述的墨盒，其特征在于，所述安放凹部具有一个通孔，与所述安放凹部相对的油墨室侧被一个室封闭薄膜密封，并且所述安放凹部通过一过滤器与所述上部油墨室相通。

52. 如权利要求 48 所述的墨盒，其特征在于，在该安放凹部内设有一个薄膜阀和一个薄膜阀支持板，所述薄膜阀支持板具有一个限定出与该油墨供给口相通的流动通道的凹部，该安放凹部由黏接到所述容器主体表面上的薄膜密封。

53. 如权利要求 36 所述的墨盒，还包括：一个与所述下部油墨室和大气连通的空气交换阀，所述空气交换阀通常保持阀闭合状态，并且当将所述墨盒装到所述记录装置上时，该空气交换阀被打开。”

广州麦普公司对该权利要求书修改文本的修改方式无异议，明确其无效理由为：（1）修改后的权利要求 33、35～53 的含义不清楚，不符合《专利法实施细则》第 20 条第 1 款的规定；（2）修改后的权利要求 1 相对于证据 2－1、2－2 的结合或者 2－1、2－3 的结合仍不具有创造性；（3）修改后的权利要求 3、5、6、8～13、15～17、22、23、25～32、34、37、38、41、42、48、51～52 的附加技术特征已被证据 2－1 所披露；修改后的权利要求 2、7、39 的附加技术特征已被证据 2－2 所披露；修改后的权利要求 2、7、31、39 的附加技术特征已被证据 2－3 所披露；权利要求 36、43 相对于证据 2－1、2－2 的结合或者 2－1、2－3 的结合不具有创造性；权利要求 14 相对于证据 2－1、2－3 的结合不具有创造性。

专利复审委员会于 2008 年 2 月 19 日作出第 11113 号决定。认为：(1) 关于证据。精工爱普生对证据 2－1～2－3 的真实性和相关中文译文的准确性无异议，专利复审委员会对上述证据的真实性和相关中文译文的准确性予以认可。且上述证据的公开日均在本专利的申请日之前，其上记载的内容构成本专利的现有技术，能够用来评价本专利的创造性。(2) 关于审查基础。精工爱普生口头审理当庭提交了经过修改的权利要求书，其中将授权文本中的权利要求 1 删除，从属权利要求 2 修改为新的独立权利要求 1，并删除了权利要求 10、14、44、58、59，上述修改方式符合《专利法》第 33 条和《专利法实施细则》第 68 条的规定，并符合《审查指南》第 4 部分第 3 章第 4.6 节有关无效宣告程序中对专利文件修改的规定，该修改后的权利要求书和授权文本的说明书及附图可以作为本案的审查基础。(3) 关于《专利法实施细则》第 20 条第 1 款。参见本专利说明书第 5 页第 20～22 行以及附图 9 的内容，尽管权利要求 33 直接或间接引用的权利要求中并未出现“过滤器室”的表述，但对本领域技术人员而言依然能够清楚理解权利要求 33 中所限定的技术方案，上述缺陷并不足以导致权利要求 33 不清楚；参见本专利说明书第 15 页和附图 13－15，可以了解油墨流入和流出都是在上部油墨储存部分的底部进行的（例如交换口 75a，86a，87a）；对于下部油墨室，油墨是从注墨口 81 注入下部油墨室中，并且油墨从油墨抽吸通道的开口 78a 流出下部油墨腔室，所述注墨口 81 和开口 78a 都位于所述下部油墨室的底部附近，由此，权利要求 35 的附加技术特征是对其引用权利要求的进一步限定，其含义是清楚的；结合说明书第 10 页和附图13－15，本领域技术人员可以了解，容器包括一个供墨口，权利要求 36 中的第一油墨室指的是上部油墨室，第二油墨室指的是下部油墨室。由此，权利要求 36 的附加技术特征是清楚的；以权利要求 36 作为直接或间接引用基础的权利要求 37～42、47～53 也是清楚的；根据说明书第 5 页最后一段的记载“水平延伸壁 20 被形成在距容器主体 1 的外壁稍有一点距离处，从而确定一空气室 21。空气室 21 通过一圆柱形部分 25 的垂直延伸的通孔 25a 与第一油墨室 3 交换”。其中位于上部油墨室的外周壁的空气室 21 相当于权利要求 43 的空气交换通道，其通过位于墨盒一侧的通孔 25 与下部油墨室进行空气交换，由此，权利要求 43 中所述“外周”的含义是清楚的；权利要求 43 中的“行连通”以及权利要求 44、45 中的“分层”在表述上确实存在撰写不当之处，但本领域技术人员在阅读该权利要求时完全能够确认：首先，“行连通”与“分层”明显是一笔误；其次，根据说明书的记载能够唯一推定为“行连通”、“分层”应当为“相连通”、“分成”，由此，本领域技术人员能够唯一推定出上述笔误的实质含义，权利要求 43 ~ 45 的保护范围是清楚的；以权利要求 45 作为引用基础的权利要求 46 也是清楚的；综上，权利要求 33、35 ~ 53 的含义清楚，符合《专利法实施细则》第 20 条第 1 款的规定。(4) 关于创造性。权利要求 1 的技术方案与证据 2 - 1 公开的内容相比，证据 2 - 1 没有公开权利要求 1 的如下技术特征：下部油墨室；上部油墨室；将该下部油墨室与该上部油墨室连通起来的油墨抽吸通道，与油墨流经该油墨抽吸通道的方向相关，该下部油墨室位于该上部油墨室的上游；连通该上部油墨室和该油墨供给口的油墨流动通道；该下部油墨室和大气相通的空气交换部分。而证据 2 - 2也并未公开将容器分成上下两个油墨室的技术特征。故，证据 2 - 1、2 - 2 均未公开本专利的上下两个油墨室的技术特征，即使将证据 2 - 1、2 - 2 结合也不存在得到上下两个油墨室的技术启示。本专利中在需要增加油墨的储存量，只可增加墨盒容器主体的高度的情况下，由于上下两个油墨室的存在，使得墨盒的高度引起的薄膜阀一侧的压力的变化，就仅被限制在位于底部的下部油墨室的水头压力的变化上，由此，保持薄膜阀处于闭合状态的压力就能根据下部油墨室的水头压力设置成相对较小的值，从而能够增加墨盒的油墨存储量而无须增大薄膜阀的预设压力，这样在保证打印质量的前提下，增加墨盒的油墨存储量不会增加剩余油墨量。综上，权利要求 1 相对于证据 2 - 1、2 - 2 的结合具有突出的实质性特点和显著的进步，符合《专利法》第 22 条第 3 款规定的创造性。证据 2 - 3 所涉及的墨盒是利用容纳在墨盒中的多孔部件来产生打印头处的负压，并且就证据 2 - 3 的发明目的而言，即墨盒以非正常状态的各种姿态被摆放时能防止油墨的泄漏，由此油墨吸收体、毛细力形成部分和油墨引导柱三者都是必需的、不可缺少的。在此墨盒基础上，在打印头上的负压已经被很好地维持的情况下，再结合证据 2 - 1 中的差压阀，势必导致打印头上的负压的增加。正如证据 2 - 3 中第 [0034] 段所指出的那样，在打印头上的负压值过高时，油墨的供应会受到阻碍，从喷嘴喷出的油墨量减少，引起打印画质变差。因此，基于本领域技术人员的公知常识或证据 2 - 3 中第 [0034] 段的教导，本领域技术人员不会在证据 2 - 3 的墨盒上增加任何会增大供墨口处的负压的装置，因为这种改动会明显降低产品质量，并增加产品的零部件和生产成本。因此对本领域技术人员而言不存在任何技术启示将证据 2 - 1的差压阀设置于证据 2 - 3 的墨盒中，即证据 2 - 1 和 2 - 3 不存在结合的基础。综上，证据 2 - 3 和本专利在对打印头处的油墨产生负压的方面，两者的原理完全不同，即使考虑证据2－1，也不存在任何将证据 2－1 中的差压阀结合到证据 2－3 的墨盒中的技术启示，由此，权利要求 1 相对于证据 2－1、2－3 的结合具有突出的实质性特点和显著的进步，符合《专利法》第 22 条第 3 款所规定的创造性。在独立权利要求 1 具有创造性的基础上，其从属权利要求 2、3、5～17、22、23、25～32、34、36～39、41～43、48、51、52 也具有创造性。据此，专利复审委员会于 2008 年 2 月 19 日作出第 11113 号决定，宣告本专利权部分无效，在专利权人于 2007 年 11 月 29 日当庭提交的权利要求书的基础上维持第 01143328.0 号发明专利权有效。

原告广州麦普公司不服第 11113 号决定，在法定期限内向本院提起行政诉讼。

上述事实，有本专利授权公告文本、第 11113 号决定、证据 2－1、证据 2－2、证据 2－3、口头审理记录表、各方当事人陈述等在案佐证。

一审审理结果

一审法院认为：

根据各方当事人的诉辩主张，本案仅涉及作为审查基础的本专利权利要求 1～3、5～17、22、23、25～32、34、36～39、41～43、48、51、52 相对于证据 2－1 和 2－3 的结合是否具备《专利法》第 22 条第 3 款规定的创造性。

本专利所要解决的技术问题是为了增加油墨储存量而提供一种墨盒，其尽可能地减少作用在薄膜阀上的油墨的水头压力，而不用增加贮存油墨容器底部的面积。所采用的技术手段是：首先，设置下部油墨室、上部油墨室，并将下部油墨室设置在上部油墨室的上游；其次，在上部油墨室和油墨供给口的油墨流动通道内设置包括具有一薄膜的差压阀的负压发生机构。在上述结构的墨盒中，当消耗油墨时，供墨口中的压力降低到一预定的压力值下，此时薄膜差压阀打开，上部油墨室中的油墨在负压的作用下流入薄膜差压阀，并经过油墨流动通道流到供墨口，下部油墨室中的油墨在大气压的作用下通过油墨抽吸通道流入上部油墨室，由于上部油墨室中的油墨的流入，供墨口处的压力增加使得薄膜差压阀关闭，因此，能够减少由于与油墨消耗相关的在墨盒中的油墨量引起的施加到负压发生机构上的压力波动。

证据 2－3 的发明目的是提供一种墨盒，即使任意姿势摆放，都可以控制周围环境带来的不良影响，能防止油墨的泄漏。所采用的技术手段是：在打印头垂直向下的状态，在油墨室中设置了与毛细力形成部分 4 紧密连接的油墨引导柱 9 和油墨吸收体 3；对于墨盒的其他摆放姿势，为了防止油墨的泄漏，除了包括上述毛细力形成部分 4、油墨引导柱 9 和油墨吸收体 3 外，还增加了油墨移动体11。上述两种方式中，打印头上的负压已经被很好地维持，如果再将证据2-1中的差压阀简单地结合到证据2-3的墨盒中，并按照本专利的方式将差压阀设置在油墨室2和打印头6之间，则势必导致打印头上的负压增加，当打印头处的负压过高时，会导致油墨的供应受到阻碍，从打印头喷出的油墨量减少，进而导致打印品质变差，并不能解决本专利中的上述技术问题。由于毛细力形成部分4、油墨引导柱9、油墨吸收体3和油墨移动体11已经解决了证据2-3中所述的技术问题，因此，也没有任何技术启示将证据2-3的油墨吸收体3替换为差压阀。由此可见，对于本领域技术人员而言，不存在将证据2-1中的差压阀应用于证据2-3的墨盒中并得到本专利权利要求1技术方案的技术启示，本专利权利要求1相对于证据2-1和2-3具有突出的实质性特点和显著的进步。

因此，权利要求1相对于证据2-1和2-3的结合具备《专利法》第22条第3款规定的创造性。在权利要求1具备创造性的基础上，其从属权利要求2~3、5~17、22、23、25~32、34、36~39、41~43、48、51、52也具备创造性。

综上所述，本专利上述权利要求符合《专利法》第22条第3款规定的创造性，专利复审委员会作出的第11113号决定，审查程序合法，认定事实清楚，适用法律并无不当，应予维持。依照《中华人民共和国行政诉讼法》第54条第（1）项之规定，本院判决如下：

维持被告国家知识产权局专利复审委员会作出的第11113号无效宣告请求审查决定。

广州麦普公司不服一审判决，提出上诉，请求撤销一审判决和第11113号决定，发回专利复审委员会重新作出决定，由专利复审委员会承担本案全部诉讼费用。其上诉理由是：证据2-3给出了将墨盒内分隔为上下油墨室并进行正常打印使用的技术特征；油墨吸收体与压差阀是作为墨盒技术方案中功能完全相同的两个技术特征，均起使油墨输出稳定的控制作用，本领域技术人员在考虑证据2-1与2-3的结合得出本专利权利要求1的技术方案时，完全可以不加思考地在油墨吸收体与差压阀之间进行择一的选择，而不是只有唯一地将这两个技术特征进行叠加选择，本领域技术人员不难在证据2-1的基础上结合证据2-3的墨盒上下油墨室结构，从而得出在底面积不变的前提下，供墨压力稳定的权利要求1所述的技术方案。因此，本专利权利要求1不具备创造性。

专利复审委员会、精工爱普生株式会社服从原审判决。

二审查明事实

二审法院查明的事实与一审相同。

二审审理结果

二审法院认为：

根据《专利法》第 22 条第 3 款的规定，发明的创造性，是指同申请日以前已有的技术相比，该发明有突出的实质性特点和显著的进步。

根据本专利说明书的记载，该发明所要解决的技术问题是为了增加油墨储存量而提供一种墨盒，其尽可能地减少作用在薄膜阀上的油墨的水头压力，而不用增加贮存油墨容器底部的面积。所采用的技术手段是：首先，设置下部油墨室、上部油墨室，并将下部油墨室设置在上部油墨室的上游；其次，在上部油墨室和油墨供给口的油墨流动通道内设置包括具有一薄膜的差压阀的负压发生机构。在上述结构的墨盒中，当消耗油墨时，供墨口中的压力降低到一预定的压力值下，此时薄膜差压阀打开，上部油墨室中的油墨在负压的作用下流入薄膜差压阀，并经过油墨流动通道流到供墨口，下部油墨室中的油墨在大气压的作用下通过油墨抽吸通道流入上部油墨室，由于上部油墨室中的油墨的流入，供墨口处的压力增加使得薄膜差压阀关闭，因此，能够减少由于与油墨消耗相关的在墨盒中的油墨量引起的施加到负压发生机构上的压力波动。

证据 2－1 公开了一种容纳有一个差压阀在其中的墨盒，没有公开本专利权利要求 1 中的“下部油墨室；上部油墨室；将该下部油墨室与该上部油墨室连通起来的油墨抽吸通道，与油墨流经该油墨抽吸通道的方向相关地，该下部油墨室位于该上部油墨室的上游；连通该上部油墨室和该油墨供给口的油墨流动通道；该下部油墨室和大气相通的空气交换部分。”等技术特征。

证据 2－3 的发明目的是提供一种墨盒，即使任意姿势摆放，都可以控制周围环境带来的不良影响，能防止油墨的泄漏。所采用的技术手段是：在打印头垂直向下的状态，在油墨室中设置了与毛细力形成部分 4 紧密连接的油墨引导柱 9 和油墨吸收体 3；对于墨盒的其他摆放姿势，为了防止油墨的泄漏，除了包括上述毛细力形成部分 4、油墨引导柱 9 和油墨吸收体 3 外，还增加了油墨移动体 11。根据说明书附图所示，打印头朝下是墨盒正常使用时的状态，此时油墨室 2 和油墨吸收体室 1 为左右结构。通过以上设置，打印头上的负压已经被很好地维持，本领域技术人员不会想到在此基础上将证据 2－1 中的差压阀运用到证据 2－3 的墨盒中。假如将差压阀设置在证据 2－3 的油墨室 2 和打印头 6 之间，就会使打印头上的负压增加，当打印头处的负压过高时，会导致油墨的供应受到阻碍，从打印头喷出的油墨量减少，进而导致打印品质变差，不能解决本专利中的上述技术问题。因此，不存在将证据2－1中的差压阀应用于证据2－3的墨盒中并得到本专利权利要求1技术方案的技术启示，本专利权利要求1相对于证据2－1和2－3的结合具有突出的实质性特点和显著的进步，具备创造性。在本专利权利要求1具备创造性的基础上，其从属权利要求2～3、5～17、22、23、25～32、34、36～39、41～43、48、51、52也具备创造性。

综上所述，广州麦普公司的上诉理由缺乏事实和法律依据，其上诉请求本院不予支持。原审判决认定事实清楚，适用法律正确。依照《中华人民共和国行政诉讼法》第61条第（1）项之规定，判决如下：

驳回上诉，维持原判。

一审案件受理费100元，由广州麦普科技有限公司负担。二审案件受理费100元，由广州麦普科技有限公司负担。

8. “N－(吡咯并［2,3－d］嘧啶－3－基酰基)－谷氨酸衍生物的制备方法”发明专利权无效行政纠纷案

——伊莱利利公司诉国家知识产权局专利复审委员会、江苏豪森药业股份有限公司

原告（上诉人）：伊莱利利公司
被告（上诉人）：国家知识产权局专利复审委员会
第三人（原审第三人）：江苏豪森药业股份有限公司
案由：发明专利权无效行政纠纷

一审案号：北京市第一中级人民法院（2007）一中行初字第540号
一审合议庭成员：仪军、侯占恒、刘元霞
一审结案日期：2008年6月30日
二审案号：北京市高级人民法院（2009）高行终字第122号
二审合议庭成员：刘辉、焦彦、岑宏宇
二审结案日期：2009年3月20日

判决要旨

申请人对其申请文件中含有数值范围技术特征的权利要求中数值范围的修改，只有在修改后数值范围的两个端值在原说明书和/或权利要求书中已确实记载且修改后的数值范围在原数值范围之内的前提下，才是允许的。

在判断是否具有突出的实质性特点时，一般要先确定最接近的现有技术，其后确定发明的区别特征，然后根据该区别特征所能达到的技术效果确定发明实际解决的技术问题，最后判断要求保护的发明对本领域的技术人员来说是否显而易见。

起诉与答辩

原告伊莱利利公司诉称：（1）本领域技术人员能够从原说明书和权利要求书文字记载的内容中直接并毫无疑义地确定“R2′是具有1至6个碳原

子的烷基”技术特征和“N－{4－[2－(4－羟基－6－氨基吡咯并[2,3－d]嘧啶－3－基）乙基] 苯甲酰基} －L－谷氨酸”的“二烷基酯”。因此，权利要求 2 和 3 的修改没有超出原说明书和权利要求书公开的范围，符合《专利法》第 33 条的规定。(2) 权利要求 1～3 具备创造性。①专利复审委员会评价创造性的方法在确定区别特征时不研究该区别特征所能达到的技术效果，而是将区别技术特征应用到最接近的现有技术从而得到要求保护的发明的技术方案，自然获得其技术效果的启示。专利复审委员会所提出的判断原则在《审查指南》中根本没有依据，因此没有依法行政，其作出的第 9197 号决定应当予以撤销。②若从解决技术问题和取得技术效果入手，则最接近的现有技术应是证据 4 中有活性数据的四个实施例之一；若以最密切相关为原则来确定最接近的现有技术，则最接近的现有技术不应是证据 4 的实施例 8，而是实施例 15 化合物。③由于证据 4 没有给出实施例 8 和实施例 15 化合物的活性数据，以本专利申请日的技术状态为基准来确定对这两个化合物进行改进的技术任务是不可能的，因此本专利的技术方案是非显而易见的。如果把本专利所公开的数据考虑进来，则本专利的化合物 C 相对于证据 4 的实施例 8 和实施例 15 合成的产物均具有显著的进步，具备创造性。④本专利权利要求所定义的发明具有有益的效果，因此具有《专利法》第 22 条第 3 款规定的显著的进步。⑤本专利的代表性化合物之一培美曲塞二钠盐已经被成功开发为药物。该药物被有关当局批准作为不能手术切除的恶性胸膜间皮瘤的一线治疗药物，其是迄今为止唯一用于治疗该肿瘤的药物，并且该药物还被批准作为治疗局部晚期或转移性非小细胞肺癌的二线药物。因此本专利得到的化合物在商业上获得了成功。综上所述，专利复审委员会作出的第 9197 号决定认定事实和适用法律错误，请求法院撤销第 9197 号决定。

被告专利复审委员会除坚持在第 9197 号决定中的意见外，针对伊莱利利公司的起诉理由辩称：(1) 由本专利原说明书记载的内容，不能直接且毫无疑义地确定 R2′烷基碳原子数值范围的一个端点值是 6 以及中间体是烷基酯形式。(2) 第 9197 号决定中对本专利的创造性判断是以《专利法》第 22 条第 3 款为基准的，并且是结合《审查指南》给出的一般性判断突出的实质性特点的方法，确定了与本专利最接近的现有技术、本专利与最接近现有技术间的区别特征、本专利实际解决的技术问题和证据 4 给出的技术启示，以及判断显著进步的标准作出的。(3) 第 9197 号决定中虽没有记载确定与本专利最接近的现有技术的过程，但并不等于缺少确定与本专利最接近的现有技术的分析环节，且是否记载该过程并不影响根据《审查指南》给出的通常做法来确定最接近的现有技术的结论。(4) 在第9197号无效宣告请求审查决定作出之前，没有证据表明本专利产品在商业上是成功的；虽然伊莱利利公司起诉时提供了证据6，但该证据中没有记载任何商业业绩和相对于证据4公开产品的对比试验，不能证明本专利产品在商业上取得成功，也不能证明本专利相对于证据4具有创造性。综上所述，专利复审委员会作出的第9197号决定认定事实正确，推理正确，适用法律正确，伊莱利利公司的诉讼理由不能成立，请求法院维持专利复审委员会作出的第9197号决定。

第三人江苏豪森药业股份有限公司（简称豪森药业公司）未提交意见陈述，其在本案庭审过程中表示同意专利复审委员会作出的第9197号决定。

一审查明事实

本案涉及国家知识产权局于1996年1月3日授予公告的、申请号为90110125.7、名称为“N－（吡咯并［2，3－d］嘧啶－3－基酰基）－谷氨酸衍生物的制备方法”的发明专利，其申请日为1990年12月11日，最早优先权日为1989年12月11日，专利权人为伊莱利利公司。豪森药业公司于2005年6月20日向专利复审委员会提出无效宣告请求，其理由是：授权的权利要求1～3不符合《专利法》第33条的规定；权利要求1～3相对于证据3不具有创造性，不符合《专利法》第22条第3款的规定。2005年8月5日，伊莱利利公司针对豪森药业公司的无效请求提交了意见陈述书和修改后的权利要求1～3。修改后的权利要求为：

“1. 一种制备以下式表示的谷氨酸衍生物或它的可作药用的盐的方法

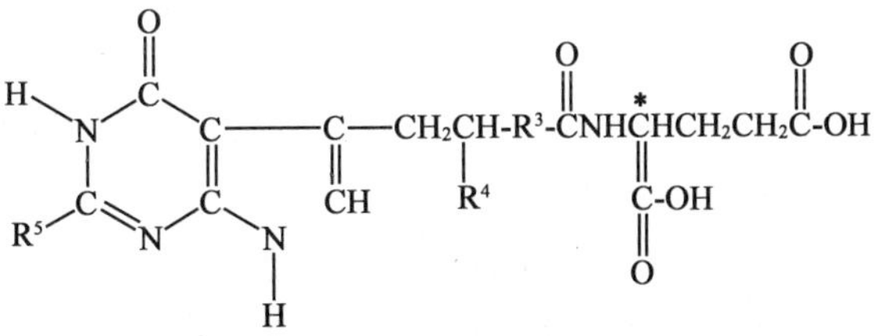

式中：R^3——噻吩二基、呋喃二基或未被取代的1,4-亚苯基；

R^4——氢；

R^5——氢、具有1～6个碳原子的烷基或氨基；

标有＊的碳原子的构型是S型。

该方法包括下式的化合物

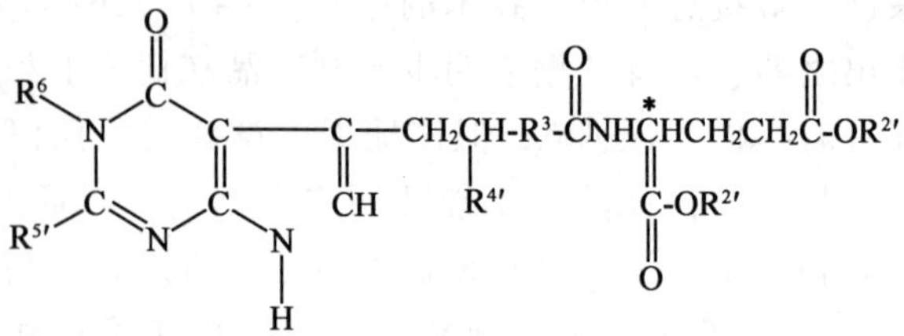

式中：$R^{2\prime}$——氢或羧基保护基；

R^3——定义如上所述；

$R^{4\prime}$——氢；

$R^{5\prime}$——氢、具有 1～6 个碳原子的烷基或氨基；

R^6——氢。

其中至少一个 $R^{2\prime}$是羧基保护基，经过酸催化或碱催化以进行水解，当 $R^{2\prime}$是羧基保护基时，将 $R^{2\prime}$转化为氢或医药上可接受的阳离子。

2. 根据权利要求 1 的方法，其中 R^3 是未被取代的 1,4-亚苯基；R^4 是氢；R^5 是氢，甲基或氨基；$R^{5\prime}$是氢、甲基或氨基；$R^{2\prime}$是具有 1～6 个碳原子的烷基；R^6 是氢，而其中的水解作用是在碱催化下进行的。

3. 根据权利要求 1 的方法，在该方法中将 N-{4-[2-(4-羟基-6-氨基吡咯并[2,3-d]嘧啶-3-基)乙基]苯甲酰基}-L-谷氨酸二烷基酯水解以产生 N-{4-[2-(4-羟基-6-氨基吡咯并[2,3-d]嘧啶-3-基)乙基]苯甲酰基}-L-谷氨酸或它的可作药用的盐。”

本专利说明书记载：（I）式的化合物对一种或多种使用叶酸、特别是使用叶酸的代谢衍生物作为作用物的酶有抑制作用。例如，N-{4-[2-(4-羟基-6-氨基吡咯代[2,3-d]嘧啶-3-基)乙基]苯甲酰基}-L-谷氨酸（即化合物 C）显示对人的 T-细胞产生的淋巴细胞的白血病细胞的生长具有很强的抑制作用，显示出 0.007 μg/ml 的 IC_{50}，而 N-{4-[3-(2-氨-4-羟基-7H-吡咯代[2,3-d]嘧啶-5－基)丙基]苯甲酰基}-左旋-谷氨酸（即化合物 B）对人的 T-细胞产生的淋巴细胞的白血病细胞的生长显示出 0.03 μg/ml 的 IC_{50}。化合物 C 是 TS 抑制，而化合物 B 是 DHFR 抑制。$R^{2\prime}$是羧基保护基团，各种形式及去除这类保护基的反应在许多著作中都有叙述，例如“Protective Groups in Organic Chemistry”。就 $R^{2\prime}$而言，羧基可以以酯基的形式得到保护，所说的酯特别是指 1～12 个碳原子的低级烷基酯，例如甲基酯、乙基酯，尤其是在 1 位上支连的低烷基酯，例如叔丁基酯，说明书给出的甲酯或乙酯的举例。

针对本专利，豪森药业公司在提出无效宣告请求时提交了相关证据，其中证据 4 为公开号为 CN1037513A 的中国发明专利申请公开说明书，公开日是

1989年11月29日，共67页。证据4涉及新型的、能有效地用作抗肿瘤药剂的吡咯并嘧啶衍生物、涉及它的制备和应用。其公开了一种如下式表示的化合物或其盐以及它们的制备方法。

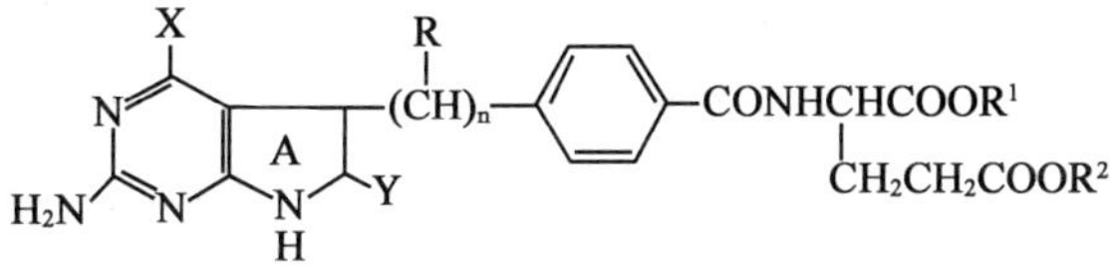

(I)

其中，环A是一个吡咯环或吡咯啉环，X是一个氨基或羟基，Y是一个氢原子、一个氨基或一个羟基，R是一个氢原子、一个氟原子、一个烷基基团、一个链烯基或一个炔基，$-COOR^1$ 和 $-COOR^2$ 独立地代表羧酸，它们可能是酯化的，n是2到4之间的一个整数。式（I）化合物中，从谷氨酸衍生出来的侧链中的不对称碳原子的绝对构型总是S（L）型。

上述式（I）的新型吡咯并嘧啶衍生物对肿瘤细胞有极为专一的毒性，对老鼠的各类肿瘤细胞和人类的各类肿瘤细胞都有很好的抗肿瘤效果。实施例1～22公开了式（I）部分化合物的制备实施例。实施例8，即本专利的化合物B，涉及N-{4-[3-(2-氨-4-羟基-7H-吡咯代[2,3-d]嘧啶-5-基)丙基]苯甲酰基}-左旋-谷氨酸的制备，其是将在实施例7中制得的N-{4-[3-(2-氨基-4-羟基-7H-吡咯代[2,3-d]嘧啶-5-基)丙基]苯甲酰基}-左旋-谷氨酸二乙酯化合物通过氢氧化钠催化水解制得。实施例15制备了n=2（亚乙基）连接基团的化合物。实施例8的化合物没有给出效果数据，说明书还记载了实施例4、6和16化合物对人类鼻咽癌KB细胞的 IC_{50} 值以及实施例14化合物对人的血癌细胞HL－60和人类胎儿正常肺成纤维细胞的 IC_{50} 值，上述结果表明式（I）的化合物及其盐毒性低，有显著的抗肿瘤作用。

专利复审委员会于2005年11月21日进行了口头审理。在口头审理过程中确认了以下事实：（1）专利复审委员会认为将“羧酸盐”修改为“医药上可接受的阳离子”属于明显错误更正性修改，可被接受。（2）针对伊莱利利公司于2005年8月5日提交的权利要求书，豪森药业公司明确其无效理由是权利要求1～3的修改不符合《专利法》第33条的规定；权利要求1～3相对于证据4不具有创造性，不符合《专利法》第22条第3款的规定。（3）豪森药业公司提出修改不符合《专利法》第33条的事实涉及权利要求2中“$R^{2\prime}$是具有1～6个碳原子的烷基”和权利要求3中“二烷基酯”。

2006年12月26日，专利复审委员会作出第9197号决定。专利复审委员会在该决定中认定：

1. 无效理由和证据的认定

（1）豪森药业公司请求宣告本专利无效的理由是，本专利的修改超出了原说明书和权利要求书记载的范围，不符合《专利法》第 33 条的规定，权利要求 1 ~ 3 相对于现有技术不具备创造性，不符合《专利法》第 22 条第 3 款的规定。（2）证据 1 和 2 可以作为本案审理的依据；证据 4 可以作为现有技术用以评价本专利的创造性；证据 3 的授权公告日晚于本专利的申请日，本案不予考虑。

2. 关于文本的认定

在本案无效审查阶段，伊莱利利公司于 2005 年 8 月 5 日提交的修改的权利要求书可被接受。

3. 关于修改超范围

（1）权利要求 1 中"医药上可接受的阳离子"的修改没有超出原申请记载的范围。

（2）对于权利要求 2 中"$R^{2\prime}$是具有 1 至 6 个碳原子的烷基"的技术特征，原申请文件中没有记载，也不能从原申请文件公开的信息中直接和毫无疑义地确定，即使考虑到伊莱利利公司提及的本专利公开说明书第 11 页的记载"就 $R^{2\prime}$而言，羧基可以以酯基的形式得到保护，所说的酯特别是指 1 ~ 12 个碳原子的低级烷基酯，例如甲基酯、乙基酯，尤其是在 1 位上支连的低烷基酯，例如叔丁基酯"，以及说明书给出的甲酯或乙酯的列举例，所属领域技术人员均不能从该记载中直接和毫无疑义地确定出"$R^{2\prime}$是具有 1 至 6 个碳原子的烷基"技术特征而不是其他技术内容，因此，权利要求 2 中"$R^{2\prime}$是具有 1 至 6 个碳原子的烷基"的技术内容超出了原申请文件记载的范围，不符合《专利法》第 33 条的规定。但豪森药业公司关于权利要求 2 是马库什的重组的技术方案因而导致修改超范围的主张不成立。

（3）关于权利要求 3。对于"N-{4-[2-(4-羟基-6-氨基吡咯并[2,3-d]嘧啶-3-基)乙基]苯甲酰基}-L-谷氨酸二烷基酯"化学中间体，原申请文件中没有记载，该化学中间体也不能够从原申请文件公开的信息中直接和毫无疑义地确定。即使考虑到伊莱利利公司提及的本专利公开说明书第 11 页的记载"就 $R^{2\prime}$而言，羧基可以以酯基的形式得到保护，所说的酯特别是指 1 ~ 12 个碳原子的低级烷基酯"以及说明书实施例中记载的二甲酯、二乙酯的方案，所属领域技术人员也不能从上述记载中直接和毫无疑义地确定，至于伊莱利利公司提出"二烷基酯"可以由所属领域技术人员从说明书中导出和适当概括得出，然而伊莱利利公司所述的这种推导和概括并不是直接和毫无疑义的，因此，权利要求 3 中的技术内容超出了原申请文件记载的范围，不符合《专利法》第

33 条的规定。

（4）关于创造性。将本专利权利要求 1 与证据 4 公开的内容尤其是实施例 8 记载的内容比较，区别仅在于本专利权利要求 1 中的化合物的连接亚苯基和吡咯并嘧啶环的是亚乙基，而证据 4 实施例 8 的化合物为亚丙基。根据上述区别特征，可以确定权利要求 1 所要解决的技术问题是提供一种连接亚苯基和吡咯并嘧啶环是亚乙基而非亚丙基的化合物的制备方法及其化合物。证据 4 明确教导式（I）化合物中相应的连接基团 n 可以是 2 到 4 之间的一个整数，而且证据 4 也给出了连接基团为亚乙基（n=2）的式（I）化合物的实施例（如实施例 15），在这种情况下，所属领域技术人员在实施例 8 化合物制备方法的基础上制备得到连接基团为亚乙基的化合物是显而易见的。也就是说，证据 4 给出了可以将实施例 8 中连接亚苯基和吡咯并嘧啶环的亚丙基替换为亚乙基从而得到本专利权利要求 1 中化合物的制备方法以及相应化合物的技术启示，这种替换不存在技术上的困难；而且，基于证据 4 中关于包括实施例 8 化合物在内的式（I）化合物具有显著的抗肿瘤作用的教导，所属领域技术人员可以预期将连接亚苯基和吡咯并嘧啶环的亚丙基替换为亚乙基后的化合物也应当具有显著的抗肿瘤的活性。

伊莱利利公司强调证据 4 没有公开实施例 8 化合物的活性数据，本领域技术人员根据证据 4 实施例 4、6 和 16 化合物的抗肿瘤活性数据必然选择连接基团为亚丙基的化合物研究而不会产生对亚丙基进行修饰的动机。因此，证据 4 已明确给出了通式（I）化合物的结构及其制法和抗肿瘤效果，还给出了各取代基的可供选择范围的教导，证据 4 没有列出具体试验结果的技术方案同样能够给出技术启示。证据 4 实施例 8 的化合物作为证据 4 具体公开和优选的化合物，其已经能够给所属领域技术人员修饰该化合物带来技术启示，而且如前所述，证据 4 的其他部分已经给出了连接基团可以选择亚乙基的技术教导。

关于预料不到的技术效果，伊莱利利公司认为本专利说明书提供的数据表明本专利具体化合物 C 对白血细胞的 IC_{50}（0.007 μg/ml）活性远好于化合物 B（证据 4 实施例 8 化合物）对白血细胞的 IC_{50}（0.03 μg/ml），化合物 B 对 TS 没有抑制而化合物 C 对 TS 有抑制，因此，本专利权利要求 1 制备的化合物与对比文件公开的化合物相比产生了预料不到的技术效果。对此，专利复审委员会认为：（1）在证据 4 已经公开化合物 B 并教导其具有很好的抗肿瘤效果的情况下，所属领域技术人员对采用亚乙基取代亚丙基而获得的化合物 C 具有很好的抗肿瘤效果是可以预期的，且这种技术效果通过有限的试验即可得到。也就是说，在证据 4 公开内容的基础上，所属领域技术人员能够显而易见地制造出化合物 C 并确定其技术效果，不需要创造性的劳动；至于本专利的具体化合物 C 对白血细胞的 IC_{50}值高于化合物 B，所属领域技术人员的确无法预先确定，但只要证据 4 给出技术效果的预期而所属领域技术人员通过有限试验能够确定，就应当认为所述技术效果是所属领域技术人员可以预料得到的，并非只有在现有技术预先确定化合物 C 在对白血细胞的 IC_{50}值一定高于或低于现有技术化合物的情况下才认为所述技术效果是可以预料到的，因此，本专利具体化合物 C 对白血细胞的 IC_{50}值小于化合物 B 对白血细胞的 IC_{50}，对所属领域技术人员来说并非是意外的。（2）本专利说明书的实验证明化合物 B 对 TS 没有抑制而化合物 C 对 TS 有抑制，这只能说明化合物 C 抑制肿瘤细胞的作用机制（TS 抑制）不同于化合物 B 的作用机制（DHFR 抑制），但是并不表明化合物 C 相对于化合物 B 在抗肿瘤活性方面取得了预料不到的效果。（3）本专利说明书中给出了化合物 A 和 C 在活体内的抗肿瘤活性数据，没有给出化合物 B 在活体内的抗肿瘤活性数据，没有证据表明化合物 C 较化合物 B 具有出人意料高的抗肿瘤活性。（4）从本专利说明书第 49 ~ 50 页的数据可以看出具备嘧啶环 4 - 位为羟基、以亚乙基连接且具有吡咯环结构的权利要求 1 制备得到的化合物在抑制肿瘤细胞 IC_{50}值方面并非都优于证据 4 公开的化合物。因此，伊莱利利公司关于本专利得到的化合物取得了预料不到的技术效果因而具有创造性的主张不能成立。

关于商业上的成功，伊莱利利公司提出证据 4 公开的化合物无论在技术上还是商业上均未获成功，而本专利化合物获得了极大的成功。对此，专利复审委员会认为：没有证据表明本专利得到的化合物在商业上获得成功，更没有证据表明伊莱利利公司所声称的成功是由本专利权利要求 1 方法直接导致的，因此，伊莱利利公司关于本专利相对于证据 4 获得商业上的成功因而具有创造性的主张也不能成立。

综上，权利要求 1 相对于证据 4 不具有突出的实质性特点和显著的进步，不符合《专利法》第 22 条第 3 款有关创造性的规定。

权利要求 2 和 3 为权利要求 1 的从属权利要求，附加技术特征是对权利要求 1 中通式化合物的取代基的进一步的限定，但所述进一步限定的附加技术特征已在证据 4 实施例 8 中公开，基于与上述相同的理由，在权利要求 1 相对于证据 4 不具备创造性的基础上，权利要求 2 和 3 也不具备《专利法》第 22 条第 3 款规定的创造性。据此，专利复审委员会作出第 9197 号决定，宣告本专利权全部无效。

第 9197 号决定作出后，原告伊莱利利公司不服，在法定期限内向本院提起诉讼。本案诉讼过程中，伊莱利利公司提交了证据 5 和 6。

证据 5 是《有机化学中的保护基团》，赵知中等译，科学出版社出版，封面、封底、第 170 ~ 200 页，该证据为本专利说明书中记载的“Protective Groups in Organic Chemistry”的中文译文。证据 5 中记载了在合成中经常需要保护羧基，以便于在其他部位进行特定的反应；羧基最容易以酯的形式来保护，在本章末尾，表 5 – 1 列出了应用最广的酯，以及一些可能比较有用的酯。但是并没有记载具有 6 个碳原子的烷基的酯保护基的羧基保护基团。

证据 6 是《癌症进展杂志》，2005 年 9 月第 3 卷第 5 期第 471 ~ 476 页，2005 年 11 月第 3 卷第 6 期第 582 ~ 586 页。该证据中提到抗肿瘤代谢新药——培美曲塞，介绍了培美曲塞单药或联合化疗的Ⅱ期和Ⅲ期临床研究，但没有记载关于培美曲塞的任何商业业绩。

以上事实有本专利授权公告文本、证据 4、伊莱利利公司补充提交的证据 5 和 6、第 9197 号决定、口头审理记录表、当事人陈述等证据在案佐证。

一审审理结果

一审法院认为：

1. 关于权利要求 2 和 3 的修改是否超出原申请文件记载范围的问题

《专利法》第 33 条规定，申请人可以对其申请文件进行修改，但是，对发明和实用新型专利申请文件的修改不得超出原说明书和权利要求书记载的范围。

《审查指南》第 2 部分第 8 章第 5.2.3 节中指出，如果申请的内容通过增加、改变和/或删除其中的一部分，致使所属技术领域技术人员看到的信息与原申请记载的信息不同，而且又不能从原申请记载的信息中直接地、毫无疑义地确定，那么，这种修改不符合《专利法》第 33 条的规定。

《审查指南》第 2 部分第 8 章第 5.2.2.1 节中指出，对于含有数值范围技术特征的权利要求中数值范围的修改，只有在修改后数值范围的两个端值在原说明书和/或权利要求书中已确实记载且修改后的数值范围在原数值范围之内的前提下，才是允许的。

由于《审查指南》的上述规定与《专利法》的相关规定并未抵触，因此可以适用。

具体到本案而言，（1）关于权利要求 2 中的“$R^{2\prime}$是具有 1 ~ 6 个碳原子的烷基”的修改是否超范围的问题。①修改后“1 至 6 个”的数值范围在原“1 ~ 12”的范围之内，但是其端点值“6”并没有记载在原申请文件中，因此“$R^{2\prime}$具有 6 个碳原子的烷基”没有记载在原申请文件中，也不能由原申请文件直接、毫无疑义地确定；同时尽管羧基保护基团在证据 5 中予以记载，而证据 5 是本专利中所引用的现有技术的中文译文，但具有 6 个碳原子的烷基的酯保护基的羧基保护基团并没有在证据 5 中予以记载，因此也无法由证据 5 直接、毫无疑义地确定。②伊莱利利公司提出原说明书“1～12 个碳原子的烷基”仅仅是一种表述习惯，实质上就是对 1 个、2 个、3 个、4 个、5 个、6 个、直至 12 个碳原子的低级烷基的具体方案的记载，因此包括了对 6 个碳原子的记载。本院认为，由于申请文件的文字表达应该是严密的、确切的，未明确提出的数值不能认为已经被记载，因此，未明确提出的关于端点值“6”的“$R^{2\prime}$具有 6 个碳原子的烷基”没有记载在原申请文件中，也不能由原申请文件直接、毫无疑义地确定；因此权利要求 2 中“$R^{2\prime}$是具有 1 至 6 个碳原子的烷基”的修改超出了原申请文件记载的范围，不符合《专利法》第 33 条的规定。

（2）关于权利要求 3 中“N-{4-[2-(4-羟基-6-氨基吡咯并[2,3-d]嘧啶-3-基)乙基]苯甲酰基}-L-谷氨酸二烷基酯”的“二烷基酯”的修改是否超范围的问题。“二烷基酯”对应于取代基 $R^{2\prime}$，原申请文件中记载的 $R^{2\prime}$是羧基保护基，羧基可以以酯基的形式得到保护，所说的酯是 1～12 个碳原子的低级烷基酯，由于“二烷基酯”与原申请文件记载的内容不一致，因此“二烷基酯”没有记载在原申请文件中，也不能够由原申请文件公开的内容直接、毫无疑义地确定。伊莱利利公司提出“二烷基酯”可以由所属领域技术人员从说明书中导出和适当概括得出。由于原说明书和权利要求书记载的范围包括原说明书和权利要求书文字记载的内容、根据原说明书和权利要求书文字记载的内容以及说明书附图能直接、毫无疑义地确定的内容。由原说明书文字记载的“1～12 个碳原子的低级烷基”的内容并不能直接、毫无疑义地确定“二烷基酯”的内容，而且，概括得出的内容并不等于直接、毫无疑义，因此，权利要求 3 中“N-{4-[2-(4-羟基-6-氨基吡咯并[2,3-d]嘧啶-3-基)乙基]苯甲酰基}-L-谷氨酸二烷基酯”的技术内容超出了原申请文件记载的范围，不符合《专利法》第 33 条的规定。

2. 关于创造性问题

《专利法》第 22 条第 3 款规定，创造性是指同申请日以前的已有技术相比，该发明有突出的实质性特点和显著的进步。

《审查指南》第 2 部分第 3. 2. 1 和 3. 2. 2 节中指出，在判断是否具有突出的实质性特点时，一般要先确定最接近的现有技术，其后确定发明的区别特征，然后根据该区别特征所能达到的技术效果确定发明实际解决的技术问题。最后判断要求保护的发明对本领域的技术人员来说是否显而易见。在判断发明是否具有显著的进步时，主要应当考虑发明是否具有有益的技术效果。

从根据该区别特征所能达到的技术效果确定发明实际解决的技术问题这个

意义上说，发明实际解决的技术问题，是指为获得更好的效果而需对最接近的现有技术进行改进的技术任务。重新确定的技术问题可能要依据每项发明的具体情况而定。作为一个原则，发明的任何技术效果都可以作为重新确定技术问题的基础，只要本领域技术人员从该申请说明书中所记载的内容能够得知该技术效果即可。

伊莱利利公司主张最接近的现有技术不是证据 4 实施例 8。本院认为，首先，证据 4 实施例 8 涉及化合物的制备，其化合物公开了本专利权利要求 1 中如 4 位为羟基的吡咯并嘧啶基、谷氨酸、苯甲酰基的技术特征；其次，证据 4 中式（I）化合物都具有显著的抗肿瘤作用，即证据 4 给出了实施例 8 化合物具有抗肿瘤作用的技术效果，而且伊莱利利公司对此也无异议；因此专利复审委员会采用证据 4 实施例 8 作为本专利权利要求 1 最接近的现有技术并无不当。

将本专利权利要求 1 与证据 4 公开的内容尤其是实施例 8 记载的内容相比，区别仅在于本专利权利要求 1 中的化合物的亚苯基和吡咯并嘧啶环的连接基团是亚乙基，而证据 4 实施例 8 的化合物是亚丙基。根据该区别特征，确定本专利实际要解决的技术问题是为获得更好的抗肿瘤活性，选择亚乙基的连接基团对证据 4 中的亚丙基连接基团进行替换，从而得到本专利权利要求 1 化合物的制备方法及其化合物。专利复审委员会在第 9197 号决定中认定本专利权利要求 1 所要解决的技术问题实质上提供一种连接亚苯基和吡咯并嘧啶环是亚乙基而非亚丙基的化合物的制备方法及其化合物而不是为获得更好的效果对最接近的现有技术进行改进，也不是本领域技术人员从该申请说明书中所记载的内容能够得知的技术效果，因此专利复审委员会关于所要解决的技术问题认定有误，进而也就失去了对要求保护的发明对本领域的技术人员来说是否显而易见进行判断的基础，不能对发明是否具有显著的进步进行评述。

综上，被告作出的第 9197 号决定认定本专利权利要求 2 和 3 的修改超出了原说明书和权利要求书记载的范围，不符合《专利法》第 33 条的规定的理由和结论正确，但第 9197 号决定认定本专利权利要求 1 具有创造性的理由有误，原告请求撤销该决定的部分理由成立，本院予以支持。依照《中华人民共和国行政诉讼法》第 54 条第（2）项之规定，本院判决如下：

（1）撤销被告中华人民共和国国家知识产权局专利复审委员会作出的第 9197 号无效宣告请求审查决定；

（2）被告中华人民共和国国家知识产权局专利复审委员会重新就第 90110125.7、名称为“N-(吡咯并[2,3-d]嘧啶-3-基酰基)-谷氨酸衍生物的制备方法”的发明专利权作出无效宣告请求审查决定。

专利复审委员会、伊莱利利公司均不服一审判决，提起上诉。

专利复审委员会的上诉理由为：一审判决认定事实不清，本专利说明书中没有任何内容表明化合物 C 治疗肿瘤的效果比化合物 B 更好。化合物 C 和化合物 B 之间的差异还不到 5 倍，远远没有达到本领域通常所说的显著差异，本领域技术人员也不能确定两者微量级数据的差异是测量误差还是确实存在体外抑制活性的差别，而且本专利说明书中并没有对化合物 C 和化合物 B 在体内的作用进行试验。此外，两个技术方案之间的区别在于连接基团有差异，因此，本专利权利要求 1 解决的技术重点在于选择连接基团，而不在于改进活性基团。本专利实际要解决的技术问题是提供一种新的连接基团，而不是为获得更好的效果对最接近的现有技术进行改进。请求撤销原审判决，维持第 9197 号决定。

伊莱利利公司的上诉理由为：本领域技术人员能够从原说明书和权利要求书文字记载的内容中直接并毫无疑义地确定"$R^{2\prime}$是具有 1 至 6 个碳原子的烷基"技术特征，因此，权利要求 2 的修改没有超出原说明书和权利要求书公开的范围，符合《专利法》第 33 条的规定。请求撤销一审判决对本专利权利要求 2 修改超范围的认定。

豪森药业公司服从一审判决。

二审查明事实

二审法院查明的事实与一审相同。

二审审理结果

二审法院认为：

1. 关于本专利权利要求 2 的修改是否超出原申请文件记载范围的问题

《专利法》第 33 条规定，申请人可以对其申请文件进行修改，但是，对发明和实用新型专利申请文件的修改不得超出原说明书和权利要求书记载的范围。根据《审查指南》的相关规定，如果申请的内容通过增加、改变和/或删除其中的一部分，致使所属技术领域技术人员看到的信息与原申请记载的信息不同，而且又不能从原申请记载的信息中直接地、毫无疑义地确定，那么，这种修改不符合《专利法》第 33 条的规定。对于含有数值范围技术特征的权利要求中数值范围的修改，只有在修改后数值范围的两个端值在原说明书和/或权利要求书中已确实记载且修改后的数值范围在原数值范围之内的前提下，才是允许的。

本案中，本专利权利要求2修改后“1～6个”的数值范围在原“1～12”的范围之内，但是其端点值“6”并没有记载在原申请文件中，因此“$R^{2\prime}$具有6个碳原子的烷基”没有记载在原申请文件中，也不能由原申请文件直接、毫无疑义地确定。伊莱利利公司提出原说明书“1～12个碳原子的烷基”仅仅是一种表述习惯，实质上就是对1个、2个、3个、4个、5个、6个、直至12个碳原子的低级烷基的具体方案的记载，因此包括了对6个碳原子的记载。但是，申请文件未明确提出的数值不能认为已经被记载，故未明确提出的关于端点值“6”的“$R^{2\prime}$具有6个碳原子的烷基”没有记载在原申请文件中，也不能由原申请文件直接、毫无疑义地确定。因此，本专利权利要求2中“$R^{2\prime}$是具有1～6个碳原子的烷基”的修改超出了原申请文件记载的范围，不符合《专利法》第33条的规定。伊莱利利公司此项上诉主张不能成立，本院不予支持。

2. 关于创造性问题

《专利法》第22条第3款规定，创造性是指同申请日以前的已有技术相比，该发明有突出的实质性特点和显著的进步。在判断是否具有突出的实质性特点时，一般要先确定最接近的现有技术，其后确定发明的区别特征，然后根据该区别特征所能达到的技术效果确定发明实际解决的技术问题，最后判断要求保护的发明对本领域的技术人员来说是否显而易见。

发明实际解决的技术问题，是指为获得更好的效果而需对最接近的现有技术进行改进的技术任务。作为一个原则，发明的任何技术效果都可以作为重新确定技术问题的基础，只要本领域技术人员从该申请说明书中所记载的内容能够得知该技术效果即可。

将本专利权利要求1与证据4公开的内容尤其是实施例8记载的内容相比，区别仅在于本专利权利要求1中的化合物的亚苯基和吡咯并嘧啶环的连接基团是亚乙基，而证据4实施例8的化合物是亚丙基。专利复审委员会认为，本专利权利要求1所要解决的技术问题实质上提供一种连接亚苯基和吡咯并嘧啶环是亚乙基而非亚丙基的化合物的制备方法及其化合物。本院认为，根据本专利说明书的记载，就本专利权利要求1制备方法制备的一种具体化合物C与证据4实施例8记载的具体化合物B进行比较，其对白血病细胞的IC_{50}值差别为4.3倍。这样的数据是否能够证实化合物C与化合物B相比对白血病细胞具有显著改进了的抑制活性，尚需要专利复审委员会结合本专利说明书及其他证据慎重考虑。

原审判决根据上述区别技术特征确定本专利实际要解决的技术问题是为获得更好的抗肿瘤活性，选择亚乙基的连接基团对证据4中的亚丙基连接基团进行替换，从而得到本专利权利要求 1 化合物的制备方法及其化合物。对此，本院认为，原审判决仅仅根据区别技术特征便断然作出与专利复审委员会不同的认定也不够严谨，缺乏相应的依据。就本案的情况而言，该区别技术特征所解决的技术问题是进行创造性判断的前提，这个问题还需要专利复审委员会在充分考虑相关证据后重新作出认定。因此，原审法院作出撤销无效决定的判决理由虽有不妥，但结论正确，不影响本案的处理结果。

综上所述，专利复审委员会、伊莱利利公司的上诉主张均不能成立。依照《中华人民共和国行政诉讼法》第 61 条第（1）项之规定，判决如下：

驳回上诉，维持原判。

一审案件受理费 100 元，由国家知识产权局专利复审委员会负担；二审案件受理费 100 元，由国家知识产权局专利复审委员会负担 50 元，由伊莱利利公司负担 50 元。

9.“一种衣架推拉装置”实用新型专利侵权纠纷案

——陈洪波诉裴长海

原告（上诉人）：陈洪波
被告（被上诉人）：裴长海
案由：侵犯实用新型专利权纠纷

一审案号：北京市第二中级人民法院（2009）二中民初字第06569号
一审合议庭成员：刘薇、韩羽枫、樊晓东
一审结案日期：2009年6月18日
二审案号：北京市高级人民法院（2009）高民终字第5094号
二审合议庭成员：刘辉、岑宏宇、焦彦
二审结案日期：2009年11月4日

判决要旨

实用新型专利权被授予后，任何单位或者个人未经专利权人许可，都不得实施其专利，即不得为生产经营目的制造、使用、许诺销售、销售、进口其专利产品或者使用其专利方法以及使用、许诺销售、销售、进口依照该专利方法直接获得的产品。

起诉与答辩

原告陈洪波诉称：2001年7月24日，原告向国家知识产权局提出“一种衣架推拉装置”的实用新型专利申请，国家知识产权局于2002年10月2日授予其实用新型专利权（专利号为ZL01242748.9）。被告裴长海在未经专利权人许可的情况下，擅自在市场上大量销售领带架，该产品是与ZL01242748.9号实用新型专利技术方案相同的侵权产品。被告的产品结构与原告实用新型专利的权利要求披露的技术方案一致，被告未经许可擅自销售的行为，已严重侵犯了原告的实用新型专利权，给原告造成重大的经济损失，故诉至法院，请求判令被告停止销售侵犯原告实用新型专利权的产品、赔偿原告经济损失10万元、律师费2万元、公证费及购买涉案产品的费用共2 585元，并由被告承担本案

全部诉讼费用。

被告裴长海辩称：自己不知道所销售的产品为侵权产品，仅从广州市泰康路建材市场上买回几个来卖，不知道被控侵权产品是谁生产的。

一审查明事实

一审法院查明：2001 年 7 月 24 日，陈洪波向国家知识产权局提出“一种衣架推拉装置”实用新型专利申请。国家知识产权局于 2002 年 10 月 2 日授予陈洪波实用新型专利权（专利号为 ZL01242748.9）。该专利的权利要求书载明：“1. 一种衣架推拉装置，其特征在于该装置由衣架钩支承板（1）、导轨（2）、滚珠（3）、衬板（4）和滚珠支承板（5）组成，衬板（4）固定在壁板上；滚珠（3）放在滚珠支承板（5）上，并设在衬板（4）与导轨（2）之间；导轨（2）镶入在衣架钩支承板（1）上。”

2007 年 11 月 15 日 15 时 10 分，北京市公证处人员和陈洪波的委托代理人张伟云来到位于北京市丰台区玉泉营建材市场南 4 厅 27－29 号的“康宝厨饰五金”处，监督张伟云购买领带架一个，价格为 85 元/个，取得交费收据一张，取得“康宝美家装饰材料有限公司”名片一张，并对上述地点进行了拍摄。16 时 45 分，北京市公证处公证员与工作人员监督张伟云在北京市朝外大街 227 号“雨花石影艺中心”将购买的领带架包装打开，对领带架进行了拍照。北京市公证处出具了（2007）京证经字第 36504 号公证书。原告支付 2 500元公证费。

庭审中，对公证机关封存的裴长海销售的被控侵权产品进行拆封。该产品为一种领带架，具备以下特征：衣架钩支承板，导轨，滚珠、衬板和滚珠支承板，其中衬板固定在壁板上，滚珠放在滚珠支承板上，且设在衬板与导轨之间，导轨镶入衣架钩支承板上。经比对，原告的专利权利要求 1 中的必要技术特征在被控侵权产品上得到了全部体现。

一审审理结果

一审法院认为：根据我国专利法的有关规定，原告于 2002 年 10 月 2 日获得授权的名称为“一种衣架推拉装置”的实用新型专利权（专利号为 ZL01242748.9），现仍合法有效，受我国专利法保护。未经专利权人许可，任何单位和个人都不得实施其专利，即不得为生产经营目的制造、使用、许诺销售、销售、进口其专利产品，或者使用其专利方法以及使用、许诺销售、销售、进口依照该专利方法直接获得的产品。

经审理，原告经公证从北京市丰台区玉泉营建材市场南 4 厅 27 - 29 号的“康宝厨饰五金”处购买的领带架产品所具备的技术特征，完全覆盖了原告涉案专利权利要求 1 的所有技术特征，侵犯了原告享有的专利权。

被告裴长海作为北京康宝美佳五金商行的经营者，应对其销售的产品承担责任。由于其明确表示，涉案被控侵权产品是其个人销售的，且其没有提供侵权产品的合法来源，因此裴长海应就此承担停止侵权行为、赔偿权利人经济损失的法律责任。本院综合考虑涉案专利权的类型、被控侵权产品的销售价格、侵权人的经营规模等因素，酌情确定具体的赔偿数额。原告陈洪波主张赔偿损失 10 万元的主张，数额过高，本院不予全额支持。原告陈洪波为进行本案诉讼支出的费用，本院根据案件的实际情况酌情予以支持。

综上，依照《专利法》第 11 条第 1 款、第 56 条第 1 款、第 60 条之规定，判决如下：

（1）被告裴长海于本判决生效之日起立即停止销售侵犯原告陈洪波享有的“一种衣架推拉装置”实用新型专利权（专利号为 ZL01242748.9）的涉案产品；

（2）被告裴长海于本判决生效之日起 10 日内，赔偿原告陈洪波经济损失 1 万元；

（3）被告裴长海于本判决生效之日起 10 日内，赔偿原告陈洪波合理诉讼支出 2 585 元；

（4）驳回原告陈洪波的其他诉讼请求。

裴长海不服一审判决，提起上诉，请求驳回陈洪波的诉讼请求。其主要理由为：本专利是在其申请日前已经在国内公开使用的现有技术，裴长海不存在侵犯本专利权。陈洪波从未通知或者告知裴长海，其销售的产品存在侵犯本专利权的可能。如果告知，裴长海有机会找到购买处，退还产品，避免承担侵犯本专利权的责任。陈洪波故意造成裴长海的经济损失，是一种恶意诉讼行为。裴长海是在公共的销售场所购买后进行销售。裴长海经营的店已经结业，由于产品数量少，价格低，未给陈洪波造成经济损失，裴长海也未制造涉案产品，不存在赔偿的情况。

陈洪波服从一审判决。

二审查明事实

二审法院查明：陈洪波是名称为“一种衣架推拉装置”实用新型专利（简称本专利）的专利权人。本专利的申请日是 2001 年 7 月 24 日，于 2002 年 10 月 2 日由国家知识产权局授予专利权，专利号为 ZL01242748.9。本专利的权利要求是：

"1. 一种衣架推拉装置，其特征在于该装置由衣架钩支承板（1）、导轨（2）、滚珠（3）、衬板（4）和滚珠支承板（5）组成，衬板（4）固定在壁板上；滚珠（3）放在滚珠支承板（5）上，并设在衬板（4）与导轨（2）之间，导轨（2）镶入在衣架钩支承板（1）上。"

陈洪波的委托代理人张伟云于2007年11月15日15时10分在位于北京市丰台区玉泉营建材市场南4厅27－29的"康宝厨饰五金"处，购买了领带架1个，价格为85元，并取得盖有"北京康宝美佳五金商行"印章的交费收据1张及标注有"康宝美家装饰材料有限公司"名称、地址和裴长海姓名、手机号码的名片1张。同时，对上述地点进行了拍摄。2007年11月15日16时45分，张伟云在北京市朝外大街227号"雨花石影艺中心"将前述购买的领带架包装打开，对领带架进行了拍照。北京市公证处人员对上述过程进行了公证，并于2007年11月20日出具了（2007）京证经字第36504号公证书。

一审法院开庭审理本案过程中，对前述购买的领带架与本专利进行了对比。该领带架具备以下特征：衣架钩支承板，导轨，滚珠、衬板和滚珠支承板，其中衬板固定在壁板上，滚珠放在滚珠支承板上，且设在衬板与导轨之间，导轨镶入衣架钩支承板上。经对比，本专利权利要求1中的必要技术特征在领带架上得到了全部体现。

另查，北京市丰台区玉泉营建材市场南4厅27－29的"康宝厨饰五金"由裴长海经营。"北京康宝美佳五金商行"系裴长海个体工商户字号。

二审审理结果

二审法院认为：实用新型专利权被授予后，任何单位或者个人未经专利权人许可，都不得实施其专利，即不得为生产经营目的制造、使用、许诺销售、销售、进口其专利产品或者使用其专利方法以及使用、许诺销售、销售、进口依照该专利方法直接获得的产品。

裴长海虽主张涉案领带架使用的公知技术，但是，其未提交证据支持其主张。涉案领带架与本专利权利要求1相比较，完全落入本专利权利要求1的保护范围。

涉案领带架是由裴长海在其经营场所销售的，裴长海也未提交证据证明涉案领带架的合法来源，因此，裴长海是涉案领带架的销售者，其销售涉案领带架的行为构成对本专利权的侵犯，应承担停止侵权、赔偿损失的民事责任。

一审法院根据本专利权的类型、涉案领带架的销售价格、裴长海的经营规模等因素，酌情确定具体的赔偿数额，并由裴长海支付陈洪波为本案诉讼支出的费用并无不当。

陈洪波作为专利权人，在其认为裴长海侵犯本专利权时，无在提起本案诉讼前通知或者告知裴长海其销售的领带架是侵权产品的义务。裴长海如能提供涉案领带架的合法来源，其应可避免承担赔偿责任，但其并未提供。陈洪波指控裴长海销售了涉案领带架，并未指控裴长海制造了涉案领带架。

裴长海的上诉理由不能成立，其上诉请求本院不予支持。

综上，一审判决认定事实清楚，适用法律正确。依据《中华人民共和国民事诉讼法》第 153 条第 1 款第（1）项的规定，判决如下：

驳回上诉，维持原判。

一审案件受理费 2 751 元，由陈洪波负担 1 000 元，由裴长海负担 1 751 元；二审案件受理费 115 元，由裴长海负担。

10. "清除水面漂浮物装置"实用新型专利侵权纠纷案

——胡国良诉北京市朝阳区世行贷款水环境项目办公室、北京市水利规划设计研究院

原告（上诉人）：胡国良
被告（被上诉人）：北京市朝阳区世行贷款水环境项目办公室
被告（被上诉人）：北京市水利规划设计研究院
案由：侵犯实用新型专利权纠纷

一审案号：北京市第二中级人民法院（2009）二中民初字第 7441 号
一审合议庭成员：刘薇、韩羽枫、樊晓东
一审结案日期：2009 年 6 月 17 日
二审案号：北京市高级人民法院（2009）高民终字第 4279 号
二审合议庭成员：张冰、莎日娜、钟鸣
二审结案日期：2009 年 10 月 21 日

判决要旨

在专利侵权对比中，需要具体就专利权利要求的每一个技术特征与被控侵权物进行比对，在对比中注意以本领域普通技术人员的视角根据工程上的实用性去考虑被控侵权物是否落入特定技术特征的范围。

起诉与答辩

原告胡国良诉称：原告是专利号为 ZL02237910. X、名称为"清除水面漂浮物装置"的实用新型专利的专利权人，该专利至今有效。原告于 2006 年 12 月 1 日发现位于北京市朝阳公园郡王府前的河段施工采用的是涉案专利技术，之后原告经过调查发现该施工河段为"朝阳公园、红领巾公园水系连通工程"。原告长期宣传推广涉案技术，未得到相应回复。故原告诉至法院请求：（1）认定北京市朝阳区世行贷款水环境项目办公室（简称水环境办公室）、北京市水利规划设计研究院（简称水利规划院）侵犯原告第 ZL02237910. X 号实用新型专利权的事实行为；（2）判令水环境办公室、水利规划院在《北京青

年报》上向原告赔礼道歉；（3）判令水环境办公室、水利规划院向原告支付因调查、制止侵权行为等产生的费用计3.9万元；（4）判令水环境办公室、水利规划院承担本案诉讼费。

被告水环境办公室辩称：涉案工程采用的是水生物种植槽方案，与涉案专利名称不相同，构造也不相同，与涉案专利有显著区别，根本不是同一技术方案，不构成侵权行为。涉案工程是出于社会公益，无任何生产经营目的，不符合专利侵权要件，不构成专利侵权行为。综上，请求法院驳回原告诉讼请求。

被告水利规划院辩称：我方所做设计不具备原告专利的全部技术特征，且目的不同，与涉案专利是不同的，因此不构成专利侵权行为，请求法院驳回原告诉讼请求。

一审查明事实

涉案实用新型专利名称为“清除水面漂浮物装置”，专利权人为胡国良，专利号为ZL02237910.X，申请日为2002年6月18日，授权日为2003年6月18日，现该专利为有效专利。该专利权利要求1内容为：一种清除水面漂浮物装置，其特征在于：在河岸或湖边周围设置斜坡过滤装置，其靠岸边的外墙高出水面，离开岸边一定距离的内墙面与水面平，或稍高，在两墙之间下层填碎石，上层填沙粒，使内外墙形成斜坡面堤坝，在内墙面底部间隔留有出水孔。

被告水环境办公室成立于2006年3月20日，宗旨和业务范围为负责协调区有关部门做好世行贷款水环境项目的前期准备工作；负责制订世行贷款水环境项目实施计划和资金使用计划，对项目实施工作进行全程执行管理；负责世行贷款水环境项目资金的落实工作和世行贷款回补工作。被告水利规划院成立于1992年9月18日，经营范围包括水利设计、建筑工程设计环境污染防治工程的设计等。

原告在取得专利后做了大量推广工作，并曾向各级领导写信推广其专利技术并产生相应的费用。

2008年10月31日，在北京市海诚公证处监督下，原告与拍照人陈朝阳对位于北京市朝阳区朝阳公园南路19号的郡王府南侧河道东段河堤进行现场拍照。2009年5月7日，我院与原告及其代理人陈朝阳、水环境办公室代理人刘成、水利规划院代理人郭家汉赴涉案工程处勘验。原告支出公证费2 600元。

水环境办公室经北京市发展和改革委员会、国家环保总局同意实施涉案工程。涉案工程由水利规划院设计，惠州市水电建筑工程有限公司、厦门中联建设工程有限公司联营体施工。

本院当庭通过公证书和现场就原被告各方选定涉案工程的具体两处勘验确定其特征如下：（1）有高于水面的内墙；（2）有与内墙相对的墙体；（3）在内墙相对应的墙体上表面建有类似于墙体的结构；（4）内墙和与其相对应的墙体之间有填充物；（5）就原被告共同选定的第一点，距内墙上表面垂直向下1.05米有一白色塑料管突出于内墙体外，填充物略低于内墙上表面，填充物上层为沙粒及卵石混合物，自填充物上表面下挖20厘米即为土壤，继续下挖至35厘米仍为土壤，无其他物体；（6）就原被告共同选定的第二点，就内墙侧的填充物向下挖至50厘米处仍以卵石、细沙为主体，下挖至70厘米处发现沙土，继续下挖至80厘米处为细沙粒，未发现出水口结构；（7）填充料表面基本为水平面。

另查，原告为本案支出公证费2 600元。

一审审理结果

一审法院认为：原告享有的“清除水面漂浮物装置”实用新型专利权（专利号为ZL02237910. X）现仍有效，受我国专利法保护。我国专利法规定，任何单位或者个人未经专利权人许可，都不得实施其专利，即不得为生产经营目的制造、使用、许诺销售、销售、进口其专利产品。发明或者实用新型专利权的保护范围以其权利要求为准，说明书和附图可以用来解释权利要求。本院将涉案专利权利要求1的必要技术特征划分如下：（1）位于河岸或者湖边的斜坡过滤装置；（2）靠岸边的高于水面的外墙；（3）离开岸边一定距离的与水面平或稍高的内墙面；（4）两墙之间的由碎石构成的下层；（5）两墙之间由沙粒构成的上层；（6）内外墙形成斜坡面堤坝；（7）位于内墙面底部间隔设置的出水孔。

根据本院当庭主持的技术对比及现场勘验和施工录像，可以确认涉案工程具有上述必要技术特征二、三。本院现针对必要技术特征一、四、五、六、七是否在涉案工程中体现进行具体分析。本院在勘验时，由各方当事人就涉案工程共同选定了两处勘验点，其上层均为沙粒和卵石混合物，挖掘后发现其填充物是卵石、沙粒等混合物，包括部分建筑垃圾，并没有沙子和碎石分别组成的上下层，被告施工时也没有按照沙层和碎石层分别施工，根据水环境办公室提交的建设工程设计合同所附的两湖连通河道设计断面图所示可看出，这部分应为沙砾料垫层；从功能上来看，原告专利采用碎石和沙粒主要是为了有效过滤水体、将漂浮物停留在上表面上，因涉案工程具有很厚的土壤层，并不具备具有实用性的过滤功能，因此该部分填充物不体现原告必要技术特征四、五及其等同特征。同时根据勘验现场可知，填充物的上表面基本为水平面，并不是斜坡面，因此本院确认必要技术特征六未在涉案工程中体现；原告专利所述之出水口位于内墙面底部，其作用是将经过沙粒、碎石过滤过的水排回到河湖中去，从现场勘验情况和被告提供图纸来看，涉案工程的排水孔和原告专利所述的排水孔结构并不一致，且所依据原理和所起功能均不一致，因此可以确认原告必要技术特征七及其等同特征未在涉案工程中体现。综上，由于相当厚度的土壤使得过滤不具有工业上的实用性，无法达到原告专利所想要达到的过滤水留下漂浮物的功能，故必要技术特征一所述之位于河岸或者湖边的斜坡过滤装置未在涉案工程中体现。综上所述，必要技术特征一、四、五、六、七未覆盖于涉案工程，涉案工程并未落入原告专利保护范围，故不构成侵犯原告专利权。

综上，本院依据《专利法》第56条第1款之规定，判决如下：驳回原告胡国良的诉讼请求。

胡国良不服一审判决，提起上诉，请求：（1）撤销一审判决；（2）确认两被上诉人的行为侵犯胡国良的专利权；（3）判令两被上诉人支付胡国良因调查、制止侵权行为等产生的费用3.9万元。其主要理由是：被控侵权工程的内墙、外墙、两墙之间的填充物和内墙下的出水孔结构都落入胡国良专利权保护范围内。被控侵权工程有6个特征，其中前3个特征被包括在胡国良专利权利要求1的5个技术特征中，一审判决避开这些主要特征不谈，却以填充物位置不同、出水孔功能不同为由认定不侵权是错误的。上述有区别的技术特征，应当适用等同原则认定与胡国良的专利技术特征构成等同。

水环境办公室和水利规划院服从一审判决。

二审查明事实

二审法院查明的事实与一审相同。

二审审理结果

二审法院认为：《专利法》第59条第1款规定，发明或者实用新型专利权的保护范围以其权利要求的内容为准，说明书和附图可以用于解释权利要求的内容。最高人民法院《关于审理专利纠纷案件适用法律问题的若干规定》第17条规定，《专利法》第56条第1款所称的“发明或者实用新型专利权的保护范围以其权利要求的内容为准，说明书和附图可以用于解释权利要求”，是指专利权的保护范围应当以权利要求书中明确记载的必要技术特征所确定的范围为准，也包括与该必要技术特征相等同的特征所确定的范围。等同特征是指与所记载的技术特征以基本相同的手段，实现基本相同的功能，达到基本相同的效果，并且本领域的普通技术人员无须经过创造性劳动就能够联想到的特征。

胡国良专利权利要求 1 有如下技术特征：（1）位于河岸或者湖边的斜坡过滤装置；（2）靠岸边的高于水面的外墙；（3）与外墙之间有一定距离、靠水面的内墙，其高度与水面大致平齐或比水面稍高；（4）内、外墙之间由碎石构成的下层；（5）内、外墙之间由沙粒构成的上层；（6）由内、外墙及两者之间的填充物形成的斜坡面堤坝；（7）位于内墙面底部间隔设置的出水孔。

被控侵权工程的技术特征如下：（1）有靠岸边的外墙；（2）有与外墙相对、靠水面的内墙；（3）内、外墙之间有填充物；（4）就各方当事人共同选定的第一勘验地点，距内墙上表面垂直向下 1.05 米有一白色塑料管位于内、外墙之间，内、外墙之间的填充物略低于内墙上表面，填充物上层为沙粒和卵石混合物，向下 20 厘米即为土壤，继续向下至 35 厘米仍为土壤，无其他物质；（5）就各方当事人共同选定的第二勘验地点，内、外墙之间的填充物自其上表面向下挖至 50 厘米处均以卵石、细沙为主体，下挖至 70 厘米处发现沙土，继续下挖至 80 厘米处为细沙粒，未发现出水口结构；（6）填充料表面基本为水平面。

将胡国良专利权利要求 1 的技术特征与被控侵权工程的技术特征相对比，可以看出：被控侵权工程具有胡国良专利技术特征 2、3，但被控侵权工程中的填充物是卵石、沙粒、土壤或其混合物，并没有胡国良专利技术特征 4、5 中的沙子和碎石分别组成上下层的特征。被控侵权工程填充物的上表面基本为水平面，不具有胡国良专利技术特征 6 内、外墙及两者之间的填充物形成斜坡面堤坝的特征。胡国良专利中由沙子和碎石分别组成内、外墙之间填充物的上、下层，并在内、外墙之间形成斜坡面的技术特征，是为了将冲击到岸边的漂浮物存留在斜坡面上，而水则通过砂石过滤流回河中。被控侵权工程没有形成斜坡面，只是略低于内墙的水平面，内、外墙之间的填充物也没有分层，无法产生胡国良专利所要达到的过滤、存留漂浮物的功能和技术效果，因此被控侵权工程的上述技术特征并非胡国良专利技术特征 4、5、6 的等同特征，被控侵权工程没有落入胡国良专利权的保护范围内，不构成对胡国良专利权的侵犯。胡国良关于被控侵权工程落入其专利权保护范围内的上诉主张，缺乏依据，本院不予支持。

综上，原审判决认定事实清楚，适用法律正确，程序合法，应予维持。胡国良所提上诉请求及其理由缺乏依据，本院不予支持。依照《中华人民共和国民事诉讼法》第 153 条第 1 款第（1）项之规定，判决如下：

驳回上诉，维持原判。

一、二审案件受理费各 775 元，均由胡国良负担。

11. "木制品贴木皮的方法"发明专利权无效行政纠纷案

——胡德银诉国家知识产权局专利复审委员会、李芝雁

原告（上诉人）：胡德银
被告（被上诉人）：国家知识产权局专利复审委员会
第三人：李芝雁
案由：发明专利行政纠纷

一审案号：北京市第一中级人民法院（2008）一中行初字第1263号
一审合议庭成员：赵静、姜庶伟、唐晓君
一审结案日期：2008年12月20日
二审案号：北京市高级人民法院（2009）高行终字第665号
二审合议庭成员：刘辉、岑宏宇、焦彦
二审结案日期：2009年7月16日

判决要旨

行政诉讼是对行政机关的具体行政行为合法性进行司法审查的过程。无效宣告请求审查决定是专利复审委员会作为行政机关作出的行政决定，专利复审委员会对其作出的具体行政行为的合法性负有举证责任，其应当提供作出该具体行政行为的证据和所依据的规范性文件。在独立权利要求不具有创造性的情形下，从属权利要求通常也不具有创造性。

起诉与答辩

胡德银起诉称：（1）第11526号决定中关于"权利要求1不具备创造性"的认定系事实不清。权利要求1请求保护的木制品贴木皮的方法与附件2的权利要求1相比有突出的实质性特点和显著的进步，即附件2所使用的贴面是人造贴面材料（如PVC材料），因为人造贴面材料韧性好，不容易脆断，而且一旦对人造贴面材料加压并加热到50℃左右，人造贴面材料便会发生塑性变形，使得人造贴面材料的表面积发生增加，附件2的生产工艺核心就是通过加热、加压、黏合剂使得贴面的人造贴面材料发生塑性变形进而粘贴到被黏合材料

（基材）表面。该方法只能用人造贴面材料作为贴面，而不能适用于木皮作为贴面的生产。然而本专利所使用的贴面材料只是木皮，因为木皮基本上没有韧性，质地较脆。本专利所使用的压制方法仅仅只是冷压，根本无须加热，即便对木皮进行加热，木皮也不会如附件 2 所使用的人造贴面材料所发生的塑性变形。本专利的工艺与附件 2 的工艺相比省去了加热这一道工艺流程。专利复审委员会认为“木制品贴木皮时是否需要加热，是由所需要的被贴合的材料和黏合剂的性质决定的”完全是错误的认定，本专利的木制品贴木皮时无须加热与被黏合材料和黏合剂的性质无关。正是因为本专利所使用的贴面材料与附件 2 所使用的材料不同以及两者的加工工艺的不同，因此本专利权利要求 1 相比附件 2 的权利要求 1 有明显的实质性特点和显著的进步。（2）第 11526 号决定中关于“权利要求 2 不具备创造性”的认定系事实不清。附件 5 的图5－26 中公开的压机具有上下压板，其所谓的可以同时压制两面是指可以同时压制被黏合材料（基材）的正、反两个平面，而本专利权利要求 2 中所述的可以在被黏合材料（基材）表面的同时压制多个面，是指被黏合材料（基材）正、反面上的多个立体面，并非仅仅只是附件 5 被黏合材料（基材）的正、反两个平面，附件 2 仅仅只能是在一个正、反两个平面上压制。因此，本专利权利要求 2 相对附件 5、附件 2 都具有明显的创造性。（3）第 11526 号决定中关于“权利要求 5 不具备创造性的认定系事实不清。附件 2 虽然公开了使用硅橡胶板，但是对所使用的硅橡胶板的硬度做了明确的限定为硬度 50，如果过软，则不易产生塑性变形，硅橡胶的作用仅仅只是传递热量使人造贴面材料发生塑性变形。而本专利对所使用的弹性垫的硬度没有如此要求，弹性垫的作用是使贴面木皮均匀受力，使得贴面木皮能够全部包敷在被黏合材料（基材）上。（4）本专利所使用的贴面材料是木皮，相比附件 2 所使用的人造贴面材料（如 PVC、ALKORCELL 材料）更具备绿色环保、无污染的特性。木皮相比使用实木而言，极大地节约了对森林木材的使用，用木皮贴面加工同样 3 厘米厚度的实木门芯板比使用全实木门芯板至少节约木材 50 倍，仍然能达到全实木门芯板的效果。本专利相比附件 2 能够产生积极的效果。在本专利之前，没有任何个人或单位能将木皮贴面技术应用在门芯板加工生产的工艺中。综上所述，第 11526 号决定没有事实和法律根据，本专利具有明显的创造性。因此，请求人民法院依法撤销第 11526 号决定，并判令维持本专利专利权有效。

专利复审委员会辩称：（1）关于胡德银对权利要求 1、2、5 是否具有创造性的问题，坚持在第 11526 号决定中的意见，认为权利要求 1、2、5 不具备创造性。（2）使用人造贴面材料并不意味着不环保，这是因为，首先，人造贴面材料不需要使用木材，避免了对森林的砍伐，而本专利使用的木皮仍然需要砍伐森林，需要已经成才的树木，加工制成木皮；其次，人造贴面材料也可以有回收材料制造。综上所述，第 11526 号决定认定事实清楚，适用法律法规正确，审理程序合法，结论正确，胡德银的诉讼理由不能成立，请求人民法院驳回胡德银的诉讼请求，维持第 11526 号决定。

李芝雁述称：（1）权利要求限定的保护范围，应以其公开的权利要求书的文字描述、所限定的技术方案为准。针对权利要求 1 的评价，第 11526 号决定具体阐述了附件 2 结合公知技术（即附件 5）评价本专利权利要求 1 创造性的事实和理由，清楚明确。胡德银的断章取义和超出原权利要求书的记载范围的解释，应不予以支持。胡德银所称的“冷压”、“硬度 50”未在权利要求书中限定，应不予考虑。（2）原告胡德银在起诉状中针对权利要求 2、权利要求 5 及其有益效果的理由，均不能成立，第 11526 号决定均有客观、公正的评述。综上，第 11526 号决定认定事实清楚，适用法律得当，请求人民法院驳回胡德银的诉讼请求，维持第 11526 号决定。

一审查明事实

一审法院查明：本专利名称为“木制品贴木皮的方法”，申请日为 2001 年 2 月 22 日，申请号为 ZL01107178. 8，授权公告日为 2005 年 6 月 22 日，专利权人为胡德银，其授权公告时的权利要求书为：

“1. 一种木制品贴木皮的方法，主要包括基材成型、涂胶、贴木皮、整理等工序，且基材（4）表面由多个面组成立体造型图案花纹，其特征在于，贴木皮时将木皮（3）放在涂过胶的基材（4）上，木皮上再放块面积大于被加工件的弹性垫（2），再通过上下平板（1）、（5）对被加工件加压，固化，卸压。

2. 如权利要求 1 所述的木制品贴木皮的方法，其特征在于基材上贴木皮为同时贴一面或多个面。

3. 如权利要求 1 所述的木制品贴木皮的方法，其特征在于组成基材表面的多个面为平面与平面，平面与曲面的组合。

4. 如权利要求 1 所述的木制品贴木皮的方法，其特征在于该方法与专用压力设备、压力工具配套作用。

5. 如权利要求 1 所述的木制品贴木皮的方法，其特征在于所述的弹性垫为橡胶垫或高密度泡沫塑料垫。”

本专利说明书中记载：“本发明的方法可以对木制品单面贴木皮也可两个面或多个面同时贴木皮”、“……在贴木皮过程中，可用蒸汽对木皮加热，这样木皮粘贴效果更好。”

针对本专利权，个体工商户李芝雁经营的玉溪富康厂于 2007 年 7 月 4 日向专利复审委员会提出无效宣告请求，并提交了如下附件作为证据：

附件 1：公开日为 1995 年 7 月 26 日、公开号为 CN1105622A 的中国发明专利申请公开说明书。

附件 2：公开日为 1991 年 1 月 9 日、公开号为 CN1048347A 的中国发明专利申请公开说明书，经查附件 2 的权利要求 1 及说明书第 1 页倒数第 1 段公开了一种贴面刨花板花纹压制方法，其包括在刨花板上镂铣花纹，涂胶粘剂，贴敷人造贴面，压制花纹时在贴敷人造贴面的刨花板和压机压面之间垫以软性硅橡胶板，压制时的温度为 45～55℃。

附件 3：公开日为 1992 年 1 月 29 日、公开号为 CN1058171A 的中国发明专利申请公开说明书。

玉溪富康厂认为：本专利权利要求 1 相对于附件 1、2 或 3 不具备新颖性和创造性；本专利权利要求 2、3 的附加技术特征已经在附件 2、3 中公开，因此也不具备新颖性和创造性；本专利权利要求 4 的附加技术特征在附件 1、2、3 中公开且为公知常识，因此不具备新颖性和创造性；本专利权利要求 5 的附加技术特征在附件 1、2、3 中公开，因此不具备创造性；说明书没有给出工艺参数，如压力、压制时间等，因此说明书不符合《专利法》第 26 条第 3 款的规定。

经形式审查合格，专利复审委员会依法受理了上述无效宣告请求，并于 2007 年 9 月 12 日向玉溪富康厂、胡德银发出无效宣告请求受理通知书，同时将玉溪富康厂提交的专利权无效宣告请求书及其附件清单中所列附件的副本转送给胡德银，并要求胡德银在指定的期限内陈述意见。

胡德银于 2007 年 10 月 22 日提交了意见陈述书，同时提交了如下证据：证据 1：国家知识产权局针对本专利作出的第一次审查意见通知书正文复印件，共 1 页；证据 2：专利权人提供的木皮实物 1 份；证据 3：专利权人提供的样品照片 1～4，共 4 张。胡德银认为：本专利权利要求 1～5 与附件 1～3 均存在区别，具备新颖性、创造性；对于本领域技术人员而言，说明书无须公开压力、时间，即可实现本发明，因此本专利符合《专利法》第 26 条第 3 款的规定。

2008 年 1 月 25 日，玉溪富康厂再次提交了意见陈述书，认为专利权人的陈述不能成立，坚持认为本专利不符合《专利法》第 22 条第 2、3 款以及《专利法》第 26 条第 3 款的规定。

2008 年 2 月 20 日，专利复审委员会针对上述无效宣告请求案进行口头审理。双方当事人均参加了口头审理。在口头审理中，玉溪富康厂当庭提交了如下附件（编号续前）：

附件4：邬伯翔主编，江苏科学技术出版社出版，1989年6月第1版第1次印刷的《工程师通用手册》版权页、第175～178页复印件，共5页。

附件5：南京林产工业学院主编，中国林业出版社出版，1983年10月第1版第1次印刷的《木制品生产工艺学》封面页、版权页、第195、196、209～211、215～219、325～327页复印件，共15页。其版权页载明全国高等林业院校试用教材。经查，附件5第215～218页公开了薄木胶贴的方法，其中胶压步骤有冷压法和热压法两类；冷压贴面，在室温下进行，放置一块厚垫板，垫板面积略大于部件尺寸；热压贴面时，加热温度与胶种有关。附件5的图5－26公开了“压机使用上下压板（3）对板坯进行加压”的技术内容。

口头审理中，玉溪富康厂明确其无效宣告请求的理由、范围和证据为：本专利权利要求1不符合《专利法》第26条第3款的规定；本专利权利要求1相对于附件1或2或3不符合第22条第2款的规定；本专利权利要求1相对于附件1或2或3分别与公知常识的结合不符合第22条第3款的规定；本专利权利要求2的附加技术特征是公知常识并被附件3公开，在权利要求1相对于附件2或3分别与公知常识结合不具备创造性的前提下，本专利权利要求2也不具备创造性；本专利权利要求3的附加技术特征是公知常识并被附件3公开，本专利在权利要求1相对于附件2或3分别与公知常识结合不具备创造性的前提下，本专利权利要求3也不具备创造性；本专利权利要求4的附加技术特征是公知常识，在本专利权利要求1相对于附件1或2或3分别与公知常识的结合不符合第22条第3款的规定的前提下，本专利权利要求4也不具备创造性；本专利权利要求5的附加技术特征是公知常识或被附件2公开，在本专利权利要求1相对于附件1或2或3分别与公知常识的结合不符合第22条第3款的规定的前提下，本专利权利要求5也不具备创造性。胡德银对玉溪富康厂提交的附件1～5的真实性没有异议，放弃将其证据2、3作为证据使用。玉溪富康厂对胡德银提交的证据1的真实性没有异议。

据此，专利复审委员会作出第11526号决定。专利复审委员会在第11526号决定中认定：

1. 关于证据和现有技术

附件4、5是玉溪富康厂在提出无效宣告请求之日起一个月后提交的证据，附件4为《工程师通用手册》，附件5为《木制品生产工艺学》，上述附件都属于《审查指南》第4部分第3章第4.3节规定的公知常识性证据，因此专利复审委员会予以接受。玉溪富康厂提交的附件1～3是中国专利文献，附件4、5是公开出版物，且胡德银对附件1～5的真实性没有异议，因此附件1～5可以作为本案证据使用。同时由于附件 1～5 的公开日期均在本专利的申请日前，因此可以作为本专利的现有技术使用。证据 1 是国家知识产权局在本专利实质审查过程中发出的第一次审查意见通知书正文，由于其中所用的对比文件与玉溪富康厂所用的证据（附件 1～5）并不相同，同时胡德银也没有在口头审理中具体阐明如何使用证据 1，因此，专利复审委员会在决定中不采用证据 1。

2. 关于创造性

（1）权利要求 1 的创造性。权利要求 1 请求保护一种木制品贴木皮的方法。附件 2 公开了一种贴面刨花板花纹压制方法，其包括在刨花板上铣花纹，涂胶黏剂，贴敷人造贴面，压制花纹时在贴敷人造贴面的刨花板和压机压面之间垫以软性硅橡胶板。本专利权利要求 1 与附件 2 的区别技术特征在于：权利要求 1 中使用了木皮进行贴皮，并在木皮上再放块面积大于被加工件的弹性垫，再通过上下平板对被加工件加压，固化、卸压。然而这些区别技术特征是本领域的公知常识，例如在附件 5 第 216 页倒数第 2 段公开了薄木胶贴的工艺，其中指出冷压时，放置一块厚垫板，垫板面积略大于部件尺寸，附件 5 第 218 页图 5－26 还公开了压机使用上下压板（3）对板坯进行加压，附件 2 虽未明确公开人造贴皮中包括木皮，但木皮是常用的木件贴皮材料，因此将这些本领域的公知常识应用到附件 2 中获得本专利权利要求 1 的技术方案对于本领域技术人员而言是显而易见的。因此，本专利权利要求 1 不具备突出的实质性特点，不具备创造性。

胡德银认为，附件 2 的人造贴面不是木皮而是 PVC，附件 2 使用的是软性板而本专利使用的是弹性垫，附件 2 加压的同时还需要加热，附件 2 的 PVC 韧性好，而本专利权利要求 1 的木皮很脆。对此，专利复审委员会认为，首先，本专利的权利要求 1 并没有限定是否需要加热；其次，木制品贴木皮时是否需要加热，这是由所需要的被贴合的材料和黏合剂的性质决定的，例如在附件 5 第 216 页倒数第 3 段指出胶贴薄木有冷压法和热压法两类；再次，附件 2 使用的是软性硅橡胶板，硅橡胶是一种弹性体材料，因此由硅橡胶组成的软性硅橡胶板实质上与本专利权利要求 1 的弹性垫相同，且本专利权利要求 5 也指明了权利要求 1 所述的弹性垫可以是橡胶垫。尽管胡德银认为木皮很脆，附件 2 能用于 PVC 贴皮不能用于木皮贴皮，然而附件 2 的软性硅橡胶板与本专利权利要求 1 的弹性垫实质相同，而工艺条件又大致相同，因此专利复审委员会认为附件 2 的方法一样能用于贴木皮。

（2）权利要求 2 的创造性。本专利权利要求 2 是权利要求 1 的从属权利要求，其附加技术特征是公知常识，例如附件 5 的图 5－26 中公开的压机具有上下压板，在需要的情况下可以同时压制单面或两面。因此，在本专利权利要求

1 相对于附件 2 和公知常识的结合不具备创造性的前提下，权利要求 2 相对于附件 2 和公知常识的结合同样不具备创造性。

（3）权利要求 3 和 4 的创造性。本专利权利要求 3 和 4 是权利要求 1 的从属权利要求。附件 2 公开了在刨花板上镂铣花纹，也就是在基材上形成平面与平面或平面与曲面结合的图形，同时附件 2 也公开使用了压机和硅橡胶板。可见，附件 3、4 的附加技术特征已被附件 2 公开，因此在本专利权利要求 1 相对于附件 2 和公知常识结合不具备创造性的前提下，权利要求 3 ~ 4 也不具备创造性。

（4）权利要求 5 的创造性。本专利权利要求 5 是权利要求 1 的从属权利要求。附件 2 公开了使用硅橡胶板。可见，除高密度泡沫塑料外，本专利权利要求 5 的附加技术特征已经被附件 2 公开，而高密度泡沫塑料也是常见的弹性材料。因此，在本专利权利要求 1 相对于附件 2 和公知常识结合不具备创造性的前提下，本专利权利要求 5 也不具备创造性。

胡德银认为本专利权利要求 5 的弹性垫可以完全包覆，而附件 2 的硅橡胶板不能包覆。对此，专利复审委员会认为，硅橡胶作为弹性材料必然使得硅橡胶板也具有弹性，附件 2 也已经公开了压制压力传递要均匀，即附件 2 给出了利用硅橡胶的变形而使得压力传递均匀的技术启示，这与本专利弹性垫的作用相同。因此，胡德银的观点不成立。

基于上述理由，专利复审委员会作出第 11526 号决定，宣告本专利权全部无效。

另查，胡德银向一审法院提交了 5 组证据：

（1）本专利发明专利证书一份、发明专利申请公开说明书一份、发明专利说明书一份、国家知识产权局专利收费收据一份。

（2）专利权无效宣告请求书一份、发明专利申请公开说明书一份。

（3）国家知识产权局专利复审委员会无效宣告请求审查决定书一份。

（4）云南省昆明市中级人民法院（2007）昆民六初字第 88 号民事判决书一份。

（5）云南省昆明市华信公证处公证书一份、密封的保全证据实物一盒、云南省其他服务统一发票一份以及照片四张。

以上事实有本专利授权文件、第 11526 号决定、专利权无效宣告请求书、口头审理记录、胡德银向专利复审委员会提交的证据 1、玉溪富康厂向专利复审委员会提交的附件 1 ~ 5、胡德银向一审法院提交的 5 组证据及当事人庭审陈述等证据在案佐证。

一审审理结果

一审法院认为：根据当事人的诉辩主张，本案涉及本专利权利要求 1～5 是否具有创造性的问题。创造性是指同申请日以前已有的技术相比，该发明有突出的实质性特点和显著的进步。

本专利权利要求 1 请求保护一种木制品贴木皮的方法，附件 2 公开了一种贴面刨花板花纹压制方法，其包括在刨花板（相当于本专利的基材）上镂铣花纹（相当于本专利的立体造型图案花纹），涂胶黏剂（相当于本专利的胶），贴敷人造贴面，压制花纹时在贴敷人造贴面的刨花板和压机压面之间垫以软性硅橡胶板（相当于本专利的弹性垫），压制时的温度为 45～55℃。由此可见，本专利权利要求 1 与附件 2 的区别技术特征在于：（1）权利要求 1 使用了木皮进行贴皮，而附件 2 是贴敷人造贴面；（2）权利要求 1 通过上下平板对被加工件加压、固化、卸压，而附件 2 未公开采用上下平板；（3）权利要求 1 压制时未加热，而附件 2 中压制时的温度为 45～55℃。对于区别技术特征（1），无论木皮还是诸如 PVC 贴面等人造贴面均为常用的木件贴皮材料，本领域的技术人员可以根据具体需要选择使用上述材料；关于区别技术特征（2），在加工时采用压板对加工件进行加压、固化、卸压是木件贴皮方法中常用工艺，例如附件 5 第 218 页图 5－26 所公开的压机使用上下压板（3）对板坯进行加压；关于区别技术特征（3），热压和冷压均为木件贴皮方法中常用工艺，适当选择温度和压力可以获得更好的粘贴效果，如附件 5 第 216 页所述，而且在本专利说明书第 3 页实施例 1 中也指出在贴木皮过程中，可用蒸汽对木皮加热，这样木皮粘贴效果更好，因此，本领域的技术人员很容易根据成本、效果等需求选择使用上述方法。因此在附件 2 基础上结合上述公知常识获得本专利权利要求 1 的技术方案对于本领域的技术人员是显而易见的，本专利权利要求 1 不具备突出的实质性特点，不具备《专利法》第 22 条第 3 款规定的创造性。

本专利权利要求 2 是权利要求 1 的从属权利要求，其附加技术特征是“基材上贴木皮为同时贴一面或多个面”。原告认为附加技术特征中的多个面是指基材正、反面上的多个立体面，并非仅仅只是如附件 5 中的正、反两个平面。对此本院认为，根据本专利说明书中记载的相应内容“本发明的方法可以对木制品单面贴木皮也可两个面或多个面同时贴木皮”可以看出，权利要求 2 中的多个面应当是指木制品基材的正面、反面等多个面，它不同于基材某一面上例如正面上的组成立体造型图案花纹的多个立体面。但是，在基材的某一面上贴木皮时必然将其上的多个立体面也贴上木皮。在此理解的基础上，首先在基材的多个面上贴木皮，是本领域的公知常识，例如附件 5 的图 5－26 中公开的压机具有上下压板，在需要的情况下可以同时压制单面或两面；其次，附件2中公开的刨花板3上表面的花纹就是由平面与曲面组合而成的多个立体面，可见附件2已经公开了在基材正面上的多个立体面上贴木皮。也就是说，在基材的正、反面上的多个立体面上贴木皮已经被附件2和本领域的公知常识所揭示了。因此，在本专利权利要求1不具备创造性的前提下，权利要求2相对于附件2和公知常识的结合也不具备《专利法》第22条第3款规定的创造性。

本专利权利要求3、4是权利要求1的从属权利要求，附件2公开了在刨花板上镂铣花纹，也就是在基材上形成平面与平面或平面与曲面结合的表面，同时附件2也公开使用了压机和硅橡胶板。因此，权利要求3、4的附加技术特征已被附件2公开，在本专利权利要求1不具备创造性的前提下，权利要求3、4相对于附件2和公知常识的结合也不具备《专利法》第22条第3款规定的创造性。

本专利权利要求5是权利要求1的从属权利要求，附件2公开的是硅橡胶板（相当于本专利的橡胶垫），而高密度泡沫塑料也是常见的弹性材料。因此，在本专利权利要求1不具备创造性的前提下，权利要求5相对于附件2和公知常识的结合也不具备《专利法》第22条第3款规定的创造性。

综上，专利复审委员会作出的第11526号决定认定事实清楚，适用法律正确，程序合法，应予维持。依照《中华人民共和国行政诉讼法》第54条第（1）项之规定，本院判决如下：

维持被告国家知识产权局专利复审委员会作出的第11526号无效宣告请求审查决定。

胡德银不服一审判决，提出上诉，请求撤销一审判决，判决支持其一审诉讼请求。其上诉理由是：一审法院对胡德银在一审举证期限内提交的证据在判决书中没有进行任何表述，也没有作出是否采信的认定，程序违法，严重影响本案的公正审理；本专利与证据2存在差别，本专利保护的是在木制品上贴木皮的方法，采用冷压的方法，而附件2所使用的贴面是人造贴面材料，采用热压的方法；由于木皮不能发生塑性变形，因此，本专利不能用于贴凹面；本专利可以同时贴一个面，也可以同时贴多个面；附件2公开的硅橡胶板作用是传递热量，而本专利弹性垫的作用是使贴面木皮均匀受力。综上，本专利权利要求1具备创造性，其从属权利要求同样具备创造性。

专利复审委员会、李芝雁服从一审判决。

二审查明事实

二审法院查明的事实与一审相同。

二审审理结果

二审法院认为：行政诉讼是对行政机关的具体行政行为合法性进行司法审查的过程。无效宣告请求审查决定是专利复审委员会作为行政机关作出的行政决定，按照行政诉讼法的规定，专利复审委员会对作出的具体行政行为负有举证责任，应当提供作出该具体行政行为的证据和所依据的规范性文件。因此，胡德银作为原告在法律上并不负有举证责任，其向一审法院提交的第1～3组证据已由专利复审委员会负责举证，且各方当事人均无异议，并已明确记载于一审判决书之中；其提交的第4、5组证据经一审开庭质证查明与本行政诉讼无关联性，也不是专利复审委员会作出第11526号决定的依据，因此，一审法院不接受相关材料并在判决中不予表述程序上并无不当。

本案争议的焦点在于：本专利是否具备创造性。发明的创造性是指同申请日以前已有的技术相比，该发明有突出的实质性特点和显著的进步。

胡德银上诉主张本专利权利要求1与附件2的主要区别有：（1）本专利权利要求1使用了木皮进行贴皮，而附件2使用的是人造贴面材料，如PVC材料；（2）本专利权利要求1中基材表面是凸起的立体造型图案，不能在凹面上贴木皮，附件2使用有延展性的人造贴面材料，可以在凹面上贴面；（3）本专利权利要求1压制时未加热，而附件2中压制时的温度为45～55℃。关于上述第（1）点，无论木皮还是诸如PVC贴面等人造贴面均为常用的木件贴皮材料，从附件5公知常识性证据《木制品生产工艺学》中可以了解到，贴面材料可以是木质的，也可以是人造材料，本领域的技术人员可以根据具体需要选择使用上述材料，贴面工艺上并无绝对的差别；关于上述第（2）点，虽然附件2附图中公开的基材曲面是下凹的，但是凹凸面是相对而言的，对于本领域技术人员来说，附件2已经给出了在凸起的基材面上同样可以贴敷贴面材料的技术启示，按照胡德银的主张，本专利只能在凸起的立体图案上贴面，与附件2相比反而具有局限性，没有带来更好的技术效果；关于上述第（3）点，热压和冷压均为木件贴皮方法中常用工艺，适当选择温度和压力可以获得更好的粘贴效果，如附件5第216页所述，而且本专利权利要求1和说明书也未明确限定本专利方法只能采用冷压，不能采用热压的方法，而在本专利说明书中也提到在贴木皮过程中，可用蒸汽对木皮加热，这样木皮粘贴效果更好。因此，在附件2基础上结合公知常识获得本专利权利要求1的技术方案对于本领域的技术人员是显而易见的，本专利权利要求1没有突出的实质性特点和显著的进步，不具备《专利法》第22条第3款规定的创造性。

本专利权利要求2、3均为权利要求1的从属权利要求，其附加技术特征是“基材上贴木皮为同时贴一面或多个面”、“多个面为平面与平面，平面与曲面的组合。”附件2中公开的刨花板3上表面的花纹就是由平面与曲面组合而成的多个立体面，可见附件2已经公开了在基材正面上的多个立体面上贴木皮。也就是说，在基材的正、反面上的多个立体面上贴木皮已经被附件2所公开了。附件5中则公开了可以在基材正反面贴敷贴面材料。因此，在本专利权利要求1不具备创造性的前提下，权利要求2、3相对于附件2和公知常识的结合也不具备《专利法》第22条第3款规定的创造性。

本专利权利要求5是权利要求1的从属权利要求，附件2公开的是硅橡胶板（相当于本专利的橡胶垫），而高密度泡沫塑料也是常见的弹性材料，与本专利权利要求5中限定的材料同样可以起到通过弹性垫给贴面材料施压，使传递给各个面的压力柔和、均匀的技术效果，这是弹性材料的自身特性所带来的客观技术效果。因此，在本专利权利要求1不具备创造性的前提下，权利要求5相对于附件2和公知常识的结合也不具备《专利法》第22条第3款规定的创造性。

综上所述，胡德银的上诉理由缺乏事实和法律依据，不能成立，其上诉请求本院不予支持。原审判决认定事实清楚，适用法律正确，程序合法。依照《中华人民共和国行政诉讼法》第61条第（1）项之规定，判决如下：

驳回上诉，维持原判。

一、二审案件受理费各100元，均由胡德银负担。

12. “汽车后信号灯”外观设计专利权无效行政纠纷案

——江苏远洋车灯有限公司诉国家知识产权局专利复审委员会、丹阳东港灯具有限公司

原告（上诉人）： 江苏远洋车灯有限公司
被告（被上诉人）： 国家知识产权局专利复审委员会
第三人： 丹阳东港灯具有限公司
案由： 外观设计专利行政纠纷

一审案号： 北京市第一中级人民法院（2008）一中行初字第 873 号
一审合议庭成员： 仪军、侯占恒、江建中
一审结案日期： 2008 年 9 月 19 日
二审案号： 北京市高级人民法院（2009）高行终字第 1050 号
二审合议庭成员： 刘辉、岑宏宇、焦彦
二审结案日期： 2009 年 9 月 18 日

判决要旨

车灯的一般消费者对车灯的可见部分最为关注，而车灯的背面形状在使用状态下处于不可见部位，一般消费者不会予以关注，其对外观设计的整体视觉效果不构成显著的影响。

起诉与答辩

江苏远洋车灯有限公司（简称远洋车灯公司）不服国家知识产权局专利复审委员会（简称专利复审委员会）作出的第 11423 号无效宣告请求审查决定（简称第 11423 号决定），提起行政诉讼称：（1）对比文件系模糊不清的图片，不能表现出外观的全部要素，甚至连灯具形状也无法分辨，且对比文件未能体现六面视图，因此不能用于与本专利进行对比。专利复审委员会依据该证据，在未进行口头审理的情况下径行作出的决定是缺乏事实依据的，也违反法定程序。（2）车灯灯具的购买者大多是车辆所有人，他们会更加关注灯具的背面布局结构。对比文件仅有车灯部分的主视图，没有后视图，且主视图部分

与本专利对比也不相同、不相近似。因此，请求法院撤销专利复审委员会作出的第 11423 号无效宣告审查决定书。

专利复审委员会辩称：关于本案程序问题，第 11423 号决定符合《专利法》及《审查指南》规定的直接作出决定的情形。关于实体判断问题，第 11423 号决定中对两项外观设计相似性判断的认定正确，其坚持在该决定中的意见。远洋车灯公司起诉的事实和理由不能成立，请求人民法院依法驳回其诉讼请求，维持第 11423 号决定。

东港灯具公司述称：专利复审委员会作出的第 11423 号决定认定事实清楚，适用法律正确，应当予以维持，请求人民法院依法驳回远洋车灯公司的诉讼请求。

一审查明事实

一审法院查明：

本专利是名称为“汽车后信号灯（Z－HX648×401）”的外观设计专利，申请日是 2005 年 10 月 31 日，于 2006 年 8 月 2 日由国家知识产权局公告授权，专利号是 ZL200530132555.3，专利权人是远洋车灯公司。本专利视图包括主视图、左视图、右视图、后视图、俯视图和仰视图（见本判决书附图 1）。

2007 年 8 月 9 日，东港灯具公司向专利复审委员会提出宣告本专利权无效的请求，其理由是本专利不符合《专利法》第 23 条的规定。东港灯具公司向专利复审委员会提交了 1 份附件（即对比文件）作为证据。

对比文件是名称为“车”的 ZL200430088722.4 号外观设计专利公告文本复印件，公告日为 2005 年 8 月 24 日，有 7 幅视图，包括车体的俯视图、后视图、立体图 1、立体图 2、右视图、主视图和左视图（见本判决书附图 2）。对比文件的后视图和立体图 2 显示有车尾的信号灯，该信号灯的正面大体上呈直角三角形，在较长一直角边部位形成弧形，较短一直角边部位可见一透明三角区。其中透明三角区内的灯泡的具体设计显示不清楚，该信号灯的背面形状没有显示。

2008 年 5 月 13 日，专利复审委员会作出第 11423 号无效决定，宣告本专利权全部无效。专利复审委员会认为：本专利与对比文件相比，虽然对比文件的车灯透明三角区内的灯泡的具体设计显示不清楚，但并不对整体形状产生显著影响，且仍可看出二者透明三角区的布局大体一致，而对比文件的背面形状在使用状态下处于不可见部位，一般消费者不会予以关注，其对外观设计的整体视觉效果不构成显著的影响。按照整体观察、综合判断的原则，两者整体上形成了相近似的视觉效果，因此，两者属于相近似的外观设计。故本专利不符合《专利法》第 23 条的规定。

基于上述理由，专利复审委员会作出第 11423 号无效决定。

远洋车灯公司不服专利复审委员会作出的第 11423 号无效决定，在法定期限内向一审法院提起诉讼。

以上事实有本专利的专利文件、对比文件、第 11423 号无效决定、当事人陈述等证据在案佐证。

一审审理结果

一审法院认为：对比文件的公告日在本专利的申请日之前，属于《专利法》第 23 条所规定的出版物，可以作为判断本专利是否符合《专利法》第 23 条规定的证据。其中所示的“车”的后部示出了一款信号尾灯，与本专利的用途相同，除透明三角区内的灯泡的具体设计显示不清楚外，其他部分的布局、形状、轮廓清晰可见，故可以进行外观设计相近似性比较。

本专利与对比文件的正面形状相近似，虽然对比文件的透明三角区内的灯泡的具体设计显示不清楚，但并不对整体形状产生显著影响，且仍可看出二者透明三角区的布局大体一致，而对比文件的背面形状在使用状态下处于不可见部位，一般消费者不会予以关注，其对外观设计的整体视觉效果不构成显著的影响。按照整体观察、综合判断的原则，两者整体上形成了相近似的视觉效果，属于相近似的外观设计。

根据《审查指南》的有关规定，在复审无效程序中口头审理不是必需的程序性要求，专利复审委员会在事实清楚的情况下，根据双方提交的证据径行作出行政决定并不违反法律和行政法规的规定。

北京市第一中级人民法院依据《中华人民共和国行政诉讼法》第 54 条第（1）项的规定，判决：维持专利复审委员会作出的第 11423 号无效决定。

远洋车灯公司不服一审判决，提起上诉。理由是：（1）一审对车灯的消费者的界定错误，导致认定有误。车灯的消费者，即实际购买使用者，在购买车灯时肯定要注意观察车灯的各个视图，尤其是后视图。专利文件的对比应当结合专利产品的实际使用功能进行对比，比对时应结合各个视图。对比文件只公开了车灯的正面视图，不能作为定案依据，无法与本专利进行全面对比。即使进行正面视图对比，与本专利不相同，也不相似。（2）无效宣告请求审查程序未进行口头审理，不利于本案的审理。请求撤销一审判决；诉讼费用由专利复审委员会承担。

专利复审委员会、东港灯具公司服从一审判决。

二审查明事实

二审法院查明的事实与一审相同。

二审审理结果

二审法院认为：授予专利权的外观设计，应当同申请日以前在国内外出版物上公开发表过的外观设计不相同和不相近似。判断外观设计是否构成近似，应当以一般消费者的观察能力为标准，而不应以该外观设计专利所属领域的设计人员的观察能力为标准。一般消费者是指该外观设计专利同类产品或者类似产品物理效用的享用者。作为车灯产品，其物理效用的享用者是汽车的购买、使用者。因此，车灯的一般消费者对车灯的可见部分最为关注，而车灯的背面形状在使用状态下处于不可见部位，一般消费者不会予以关注，其对外观设计的整体视觉效果不构成显著的影响。

对比文件中所示的“车”的后部显示了一款信号尾灯，与本专利的用途相同，除透明三角区内的灯泡的具体设计显示不清楚外，其他部分的布局、形状、轮廓清晰可见，因此，可以与本专利进行比较。

将本专利与对比文件进行对比，本专利主视图从左侧向下旋转 90°后，与对比文件进行比较，两者有以下的不同之处：（1）对比文件的透明三角区内的灯泡的具体设计显示不清楚；（2）对比文件的背面形状没有显示。但两者正面大体上均呈直角三角形，在较长一直角边部位形成弧形，较短一直角边部位可见一透明三角区。本专利与对比文件的正面形状相近似，尽管对比文件的透明三角区内的灯泡的具体设计显示不清楚，但对整体形状并未产生显著影响，且仍可看出二者透明三角区的布局大体一致。对比文件中车灯的背面形状在使用状态下处于不可见部位，一般消费者不会予以关注，其对外观设计的整体视觉效果不构成显著的影响。按照整体观察、综合判断的方法，本专利与对比文件整体上形成了相近似的视觉效果，两者属于相近似的外观设计。

根据《审查指南》第 4 部分第 3 章、第 4 章的有关规定，在无效宣告请求审查程序中，口头审理不是必需的程序性要求。在事实清楚的情况下，专利复审委员会可以根据双方提交的证据径行作出无效宣告请求审查决定。本案中，专利复审委员会根据本案情况，未进行口头审理，作出第 11423 号无效决定并未违反相关程序。

远洋车灯公司的上诉理由不能成立，其上诉请求本院不予支持。

综上，一审判决认定事实清楚，适用法律正确。依据《中华人民共和国行政诉讼法》第61条第（1）项的规定，判决如下：

驳回上诉，维持原判。

一、二审案件受理费各100元，均由江苏远洋车灯有限公司负担。

13.“一种一层活动板房的建筑结构及其安装方法”发明专利权无效行政纠纷案

——佛山市耀达建材贸易有限公司诉国家知识产权局专利复审委员会、雅致集成房屋股份有限公司

原告（原审原告）：雅致集成房屋股份有限公司
被告（被上诉人）：国家知识产权局专利复审委员会
第三人（原审第三人）：佛山市耀达建材贸易有限公司
案由：发明专利行政纠纷

一审案号：北京市第一中级人民法院（2007）一中行初字第699号
一审合议庭成员：仪军、侯占恒、刘元霞
一审结案日期：2007年12月10日
二审案号：北京市高级人民法院（2009）高行终字第1190号
二审合议庭成员：刘辉、岑宏宇、焦彦
二审结案日期：2009年11月16日

判决要旨

创造性是指同申请日以前已有的技术相比，该发明有突出的实质性特点和显著的进步，该实用新型有实质性特点和进步。当本专利与对比文件相比无实质性区别时，应认定本专利缺乏创造性。

起诉与答辩

雅致集成房屋股份有限公司（简称雅致集成公司）不服国家知识产权局专利复审委员会（简称专利复审委员会）于2007年2月15日作出的第9511号无效宣告请求审查决定（简称第9511号决定），提起诉讼称：（1）我公司提出的本专利不符合《专利法实施细则》第21条第2款的无效理由，专利复审委员会并未予以审理。（2）本专利权利要求1中关于“每根角立柱、立柱的高度均为三块夹芯板的高度尺寸之和，相邻的角立柱与立柱之间、立柱与立柱之间的距离为一块夹芯板的长度尺寸”的描述是本领域技术人员无法实现

的技术方案，与之对应的权利要求8所述的安装方法亦无法实现。因此本专利不符合《专利法》第26条第3款的规定。（3）专利复审委员会在无效宣告请求审查程序中拒绝接受我公司提交JC/T 868—2000标准的行为缺乏法律依据。（4）专利复审委员会关于附件5～7的认定错误，证据中存在企业名称简称不一致，施工项目名称的细微差异以及相关合同中缺少法定代表人签字和公章的情形不应成为证据均不予采信的理由。（5）本专利是将现有常用部件进行简单组合，其连接方法也是通常使用的方法。对比文件公开的技术方案中的连接方式与本专利相同，连接方法也是本领域技术人员显而易见的。而活动板房的山墙部分应视为一个整体，对于坡屋顶侧面板材，选用用两块矩形板材加一块梯形板材还是三块矩形板材加一块三角板材也是常规技术选择。因此，本专利不具有创造性。故请求法院撤销第9511号决定，宣告本专利权全部无效。

专利复审委员会辩称：（1）雅致集成公司在口头审理中明确放弃了包括本专利不符合《专利法实施细则》第21条第2款规定在内的其他无效理由，根据《审查指南》第4部分第3章2.2节规定的当事人处置原则，对于其放弃的无效宣告理由和证据，我委不再审查。（2）雅致集成公司在口头审理中并没有提出本专利不具备实用性的无效理由。（3）雅致集成公司在口头审理中提交附件8和JC/T 868—2000标准两份证据，其中JC/T 868—2000标准在无效请求书中未提及，因此口头审理时没有接受。而且这两份证据都是用来证明本专利权利要求6的附加技术特征属于现有技术，因此第9511号决定并不存在漏审的情况。（4）对于雅致集成公司所提其他起诉理由，我委均坚持第9511号决定中的评述意见。综上所述，我委作出的第9511号决定认定事实清楚，适用法律法规正确，审理程序合法，请求法院维持第9511号无效宣告请求审查决定。

耀达建材公司未提交书面陈述意见，当庭表示同意专利复审委员会在第9511号决定中的意见，请求维持第9511号决定。

一审查明事实

一审法院查明：本专利是名称为"一种一层活动板房的建筑结构及其安装方法"的发明专利，由耀达建材公司于2004年6月7日向国家知识产权局提出申请，于2005年10月12日被授权公告，专利号为ZL200410027482.6。本专利的授权权利要求为：

"1. 一种一层活动板房的建筑结构，包括四根地梁、四根角立柱、若干根立柱、四根圈梁、若干块夹芯板、一个屋顶、若干个门、若干个窗，其特征在于，每根角立柱、立柱的高度均为三块夹芯板的高度尺寸之和，相邻的角立柱与立柱之间、立柱与立柱之间的距离为一块夹芯板的长度尺寸，每块夹芯板的长度尺寸为1.77米至1.87米，而高度尺寸为0.90米至1.05米，全部夹芯板尺寸相等且均呈矩形状；在每个相邻的角立柱与立柱、立柱与立柱之间，依次竖向排列嵌入三块夹芯板以构成一个单元的单面墙板构件，所有的单元单面墙板构件构成整体的四面墙板结构。

2. 根据权利要求1所述的一种一层活动板房的建筑结构，其特征在于，地梁为C型钢，且C型钢的槽口向下，地梁位于角立柱或立柱的下方，地梁分别与角立柱或立柱的下端成直角，并螺栓连接。

3. 根据权利要求1所述的一种一层活动板房的建筑结构，其特征在于，角立柱由两条相同的C型钢成纵向直角角焊缝连接而成。

4. 根据权利要求1所述的一种一层活动板房的建筑结构，其特征在于，立柱由两条相同的C型钢背面整体焊缝连接而成。

5. 根据权利要求1所述的一种一层活动板房的建筑结构，其特征在于，圈梁为C型钢，且C型钢的槽口向外侧，圈梁位于角立柱或立柱上端的外侧，圈梁分别与角立柱或立柱的上端成直角，并螺栓连接。

6. 根据权利要求1所述的一种一层活动板房的建筑结构，其特征在于，夹芯板的材料为聚苯乙烯、聚氨酯或岩棉。

7. 根据权利要求1所述的一种一层活动板房的建筑结构，其特征在于，屋顶为坡屋顶、平屋顶或拱形屋顶。

8. 实施权利要求1所述的一种一层活动板房的建筑结构，其安装方法步骤为：

（1）将四根地梁的两端按直角方向分别螺栓连接，以构成一个矩形的地梁框架，并将该地梁框架固定安装在地面；

（2）在地梁框架的四个直角位置按垂直方向分别螺栓连接四根角立柱；

（3）在地梁框架上按一块夹芯板长度尺寸的距离，即1.77米至1.87米，分别依次按垂直方向螺栓连接若干根立柱；

（4）将四根圈梁的两端按直角方向分别螺栓连接，以构成一个矩形的圈梁框架；

（5）将矩形的圈梁框架按垂直方向分别螺栓连接四根角立柱和若干根立柱，由地梁框架、四根角立柱、若干根立柱和圈梁框架构成一个长方体钢框架结构；

（6）在每个相邻的角立柱与立柱、立柱与立柱之间，依次竖向排列嵌入三块夹芯板以构成一个单元的单面墙板构件，所有的单元单面墙板构件构成整体的四面墙板结构；

（7）在墙板结构上按设计的位置安装若干个门、若干个窗，并将屋顶与四根角立柱、圈梁框架螺栓连接。”

雅致集成公司针对本专利权于 2006 年 7 月 12 日向专利复审委员会提出了无效宣告请求，并提交了以下证据：

附件 1：公开了一种预制式装配镶板房，该板房的壁板的上下端和梯形板下端加工成凹凸配合，它们的长为 K，壁板的高为 P。角柱用 C 型轻钢龙骨对角焊成。其说明书载明，该专利的发明目的在于提供一种装拆方便、自重轻的预制式装配板房。优点在于各部件的尺寸可以按一定模数制成规格化，壁板长和宽分别以 K 和 P 为模数，在实际使用中，可以根据模数为基础，组成不同规格的房屋。

本发明权利要求 1 与附件 1 的区别在于：（1）两者夹芯板的高度尺寸不同，本专利是 0.90 至 1.05 米，而附件 1 是 0.895 米；（2）夹芯板的形状不同，本专利的全部夹芯板都是尺寸相等的矩形，而附件 1 中夹芯板有梯形，本专利中各柱之间竖向嵌入三块矩形板，而对附件 1 中房屋侧面各柱之间的下部先嵌入两块矩形板，再嵌入一块梯形板。

雅致集成公司还提交了附件 5～7，用以证明本专利要求保护的活动房在本专利申请日之前已经在国内公开销售和使用的事实。其中：

附件 5：广东省深圳市公证处于 2006 年 7 月 12 日出具的（2006）深证字第 83236 号公证书原件，附有照片共 27 张。

附件 6.1：由湖南路桥工程有限公司与深圳市雅致轻钢房屋系统有限公司于 2003 年 12 月 6 日签订的合同书。该合同书原件中第一页甲方名称填写空白，第四页缺少甲方盖章且不是法定代表人签字，合同中安装地点填写空白。

附件 6.2：由深圳市雅致轻钢房屋系统有限公司于 2003 年 12 月 27 日出具的合同补充单，缺少甲方盖章，且不是法定代表人签字。

附件 6.3：由湖南路桥建设集团公司桥梁工程公司于 2005 年 10 月 27 日出具的还款计划书。

附件 6.4：由深圳市雅致轻钢房屋系统有限公司分别于 2003 年 12 月 22 日、2003 年 12 月 23 日、2004 年 2 月 4 日、2004 年 3 月出具的 7 份组合板房核验单复印件。

附件 6.5：由深圳市雅致集成房屋股份有限公司于 2005 年 6 月 17 日出具的结算单复印件。

附件 6.6：由湖南省工商行政管理局于 2006 年 3 月 9 日出具的关于湖南路桥建设集团公司的企业注册登记公示资料。

附件 7.1：广东省深圳市南山区人民法院于 2006 年 5 月 18 日作出的

(2006) 深南法民二初字第929号民事调解书。

附件7.2：时间为2006年4月3日和2006年4月18日“当事人向法院提交材料证据清单”两份。

附件7.3：时间为2006年5月15日和2006年5月19日调解笔录两份。

附件7.4：时间为2006年5月15日的调解协议。

雅致集成公司在2007年1月18日口头审理时，明确其提出的无效理由是本专利权利要求1的技术方案没有被说明书充分公开，不符合《专利法》第26条第3款的规定；本专利权利要求1、3~5不具有新颖性；本专利权利要求1~8不具有创造性。雅致集成公司在口头审理时还提交了盖有深圳市标准技术研究所馆藏资料业务专用章红章的《中华人民共和国建材行业标准》JC 689—1998复印件（即附件8）。

专利复审委员会于2007年2月15日作出第9511号决定，维持本专利权有效。该决定认为：(1) 本领域技术人员依据本专利说明书记载的内容，能够实现本专利要求保护的具有多个单元的单面墙板构件的活动板房的技术方案，解决其技术问题，并且产生预期的技术效果，因此本专利的说明书已经对发明作出了清楚完整的说明，满足充分公开的要求，符合《专利法》第26条第3款的规定。(2) 关于本专利的新颖性和创造性。①附件5~7以及附件8之间不足以构成一个完整的证据链来证明公证书照片所示活动板房即为附件6.1合同所涉及的活动板房，即不能进一步证明在本专利的申请日以前确实已经公开销售和使用过一种与本专利相同或类似的活动板房。因此雅致集成公司用附件5~7和附件8结合来证明本专利权利要求1~8不具有创造性的主张，不予支持。②本专利相对于附件1~3和8是否具备新颖性和创造性。首先，由于耀达建材公司对附件1~3、8的真实性没有异议，可以作为本案证据使用。同时由于其均为公开出版物，公开日期在本专利的申请日之前，因此可以作为本专利的现有技术使用。其次，本专利权利要求1与附件1的区别至少在于：两者夹芯板的高度尺寸不同，本专利是0.90至1.05米，而附件1是0.895米；夹芯板的形状不同，本专利的全部夹芯板都是尺寸相等的矩形，而附件1中夹芯板有梯形，本专利中各柱之间竖向嵌入三块矩形板，而对附件1中房屋侧面各柱之间的下部先嵌入两块矩形板，再嵌入一块梯形板。因此本专利权利要求1相对于附件1具有新颖性，其从属权利要求3~5相对于附件1也具备新颖性。再次，上述第二点区别特征带来的技术效果是，在水平面上，无论活动板房的纵向还是横向上均可依据工地现场的需要作相应的延伸和扩大，其延伸和扩大的规则按照模数协调的原理来实现。当然，横向上的扩大并非是无限制的，本专利的说明书中指出最大不要超过5K，即若超过了5K对房屋的安全性不利。而附件 1 的活动板房在横向上是固定死的，其侧墙无法按一定的模数来作调整，现有技术中也没有任何侧墙可以扩展的技术启示，因此本专利权利要求 1 的技术方案相对于附件 1 是非显而易见的。同时，本专利相对于附件 1 更具灵活性和方便性，每块矩形夹芯板构成标准件，可以根据工地的实际情况灵活地延长活动板房的长度、跨度和高度，而且可以和任何现有技术的屋顶结构（如坡屋顶、平屋顶、拱形屋顶）配合安装。因此本专利权利要求 1 相对于附件 1 具有突出的实质性特点和显著的进步，具有创造性。其从属权利要求 3～5 相对于附件 1 也具备创造性。同时，由于上述区别特征在附件 2、3、8 中也没有披露，因此从属权利要求 2、6、7 也具备创造性。权利要求 8 要求保护权利要求 1 所述的活动板房的安装方法，其各安装步骤对应于权利要求 1 中的各部件，基于权利要求 1 具有创造性的相同理由，权利要求 8 的安装方法相对于附件 1 也具有创造性。

据此，专利复审委员会作出第 9511 号决定。

以上事实有本专利文件、第 9511 号决定、附件 1、附件 5～8、当事人陈述等证据在案佐证。

一审审理结果

一审法院认为：专利复审委员会对于雅致集成公司在口头审理时放弃的无效宣告理由和证据不再审理，符合《审查指南》的规定。专利复审委员会对于雅致集成公司超过举证期限提交的证据不予接受和审理是正确的。所属技术领域的技术人员依据说明书所记载的内容，能够实现本专利要求保护的具有多个单元的单面墙板构件的活动板房的技术方案，解决其技术问题，并且产生预期的技术效果，因此，本专利的说明书已经对发明作出了清楚完整的说明，满足充分公开的要求，符合《专利法》第 26 条第 3 款的规定。

雅致集成公司提交的附件 6.1、6.2、6.3、6.4、6.5、6.6、7 的证明力不足以构成一个完整的证据链来证明公证书照片所示活动板房即为附件 6.1 合同所涉及的活动板房，即不能进一步证明在本专利的申请日 2004 年 6 月 7 日以前确实已经公开销售和使用过一种与本专利相同或类似的活动板房。因此请求人用附件 5～7 以及附件 8 结合来证明本专利权利要求 1～8 不具有创造性的主张不予支持。本专利权利要求 1 与附件 1 相比存在两个区别特征。设置夹芯板的高度尺寸是本领域技术人员根据活动板房的空间要求和占地情况所作的常规技术选择。附件 1 中提供了板房墙体各部件的尺寸可以按一定模数制成规格化，壁板长和宽分别以 K 和 P 为模数，在实际使用中，可以根据模数为基础，组成不同规格的房屋的技术启示。本专利不涉及屋顶部分，而附件 1 中的梯形夹芯板应用于屋顶部分，矩形夹芯板应用于板房的墙体部分。因此，本专利权利要求1相对于附件1和现有技术的结合不具有创造性。从属权利要求2～8也不具有创造性。专利复审委员会作出的第9511号决定，部分事实认定不清，适用法律错误，应予撤销。

北京市第一中级人民法院依照《中华人民共和国行政诉讼法》第54条第(2)项第1目、第2目之规定，判决如下：

(1)撤销专利复审委员会作出的第9511号决定。

(2)专利复审委员会重新就本专利权作出无效宣告请求审查决定。

耀达建材公司不服一审判决，提出上诉，请求撤销一审判决，维持专利复审委员会作出的第9511号决定，由雅致集成公司承担本案诉讼费用。其上诉理由是：本专利与附件1相比，在技术领域、所要解决的技术、结构技术方案、方法技术方案和预期效果等方面均不相同，具有非显而易见性，且产生了有益的技术效果，具备创造性。一审法院对本专利权利要求2～8的创造性进行评判，缺乏法律依据，程序不当。

专利复审委员会、雅致集成公司服从一审判决。

二审查明事实

二审法院查明的事实与一审相同。

二审审理结果

二审法院认为：《专利法》第22条第3款规定，创造性，是指同申请日以前已有的技术相比，该发明有突出的实质性特点和显著的进步，该实用新型有实质性特点和进步。

本专利权利要求1与附件1相比，主要的区别技术特征是：两者夹芯板的的高度尺寸不同，本专利是0.90至1.05米，而附件1是0.895米；夹芯板的形状不同，本专利的全部夹芯板都是尺寸相等的矩形，而附件1中夹芯板有梯形，本专利中各柱之间竖向嵌入三块矩形板，而对附件1中房屋侧面各柱之间的下部先嵌入两块矩形板，再嵌入一块梯形板。本专利说明书记载的有益效果是“遵循模数协调原理，全面实现一层活动板房的建筑结构尺寸配合，使该建筑结构的构件材料能够多次使用和循环再用的，把建筑结构的构件规格化和通用化，从而适用于各种常规的一层建筑活动板房……”附件1中同样披露了各部件可以按一定模数制成规格化，壁板长和宽分别以K和P为模数，这样在实际使用时，就可以以模数为基础，组合成不同规格的房屋。对于本领域技术人员而言，本专利权利要求 1 设定的夹芯板长度范围与附件 1 公开的数据相比，没有带来突出的实质性的特点和显著进步。附件 1 涉及一种坡屋顶活动板房的建筑结构，除嵌入两块矩形板外，还嵌入一块梯形板，用于形成屋顶。所以，附件 1 已公开了使用矩形板形成墙体的技术特征，本专利与附件 1 相比，并无实质性区别。因此，本专利权利要求 1 不符合《专利法》第 22 条第 3 款的规定，不具备创造性。

本专利权利要求 8 保护的是权利要求 1 所述的活动板房的安装方法，其各安装步骤对应于本专利权利要求 1 中的各个部件。附件 1 也公开了一种预制式装配镶板房的装配步骤。因此，在本专利权利要求 1 不具备创造性的基础上，权利要求 8 也不具备创造性。

由于第 9511 号决定中未对本专利权利要求 1 的从属权利要求，即权利要求 2 ~7 是否具备创造性作进一步的评述，因此，专利复审委员会应结合雅致集成公司提出的理由和证据，在本专利权利要求 1 不具备创造性的基础上，对权利要求 2 ~7 进行评判，重新作出无效宣告请求审查决定。

综上所述，耀达建材公司的关于本专利权利要求 1 和 8 具备创造性的上诉理由不能成立。原审判决认定事实清楚，适用法律正确，处理结果并无不当。依照《中华人民共和国行政诉讼法》第 61 条第（1）项之规定，判决如下：

驳回上诉，维持原判。

一审案件受理费 100 元，由国家知识产权局专利复审委员会负担；二审案件受理费 100 元，由佛山市耀达建材贸易有限公司负担。

14. "含生物活性物质的兔皮和其用途"发明专利无效行政纠纷案

——威世药业（如皋）有限公司诉国家知识产权局专利复审委员会、上海小西生物技术有限公司

原告（上诉人）：威世药业（如皋）有限公司
被告（被上诉人）：国家知识产权局专利复审委员会
第三人：上海小西生物技术有限公司
案由：发明专利无效行政纠纷

一审案号：北京市第一中级人民法院（2008）一中行初字第593号
一审合议庭成员：仪军、王暐、郝建欣
一审结案日期：2009年1月20日
二审案号：北京市高级人民法院（2009）高行终字第527号
二审合议庭成员：张冰、莎日娜、钟鸣
二审结案日期：2009年5月27日

判决要旨

说明书应当对发明或者实用新型作出清楚、完整的说明，以所述技术领域的技术人员能够实现为准。新颖性的对比是将专利权利要求书中记载的要求保护的技术方案与现有技术进行对比，而不是将说明书中记载的内容与现有技术进行对比。

起诉与答辩

威世药业（如皋）有限公司（简称威世药业公司）不服国家知识产权局专利复审委员会（简称专利复审委员会）于2007年12月26日作出的第10961号无效宣告请求审查决定（简称第10961号决定），其起诉称：（1）专利复审委员会违反法定程序：口头审理中非法认定小西公司提出的"SART活性不清楚"这一新主张的效力；审查过程中擅自变更合议组成员；对新颖性、创造性认定违反《专利法》和《审查指南》的判断方法和原则，用审查方法专利的标准来审查产品专利。（2）专利复审委员会认定事实错误：①错误认

定本专利缺乏新颖性，认定证据1中“采取发痘皮肤”落入本专利“采皮”范围，将“采取发痘组织”等同于“采取发痘皮肤”，随意扩大证据1的内容，混淆发痘载体的区别。②专利复审委员会认定证据1“在发痘状态最好之前”即本专利“发痘良好时”，忽略二者在采集时间上不同的判断标准。③专利复审委员会认定“血管舒缓素为一种能够舒缓血管的物质的总称，而非某一特定物质。胰激肽原酶下位于激肽释放酶，也是一种血管舒缓素”、“‘能够抑制胰激肽原酶生成活性’是‘能够抑制血管舒缓素生成抑制活性’的下位概念”等提法没有事实依据。“能够抑制胰激肽原酶生成活性”、“能够抑制血管舒缓素生成抑制活性”的定义及提法在本专利和证据1中都不存在，专利复审委员会无事实依据、随意引申概念得出产品特性相同的结论是错误的。④专利复审委员会忽略了本专利解决的技术问题和产生的技术效果及对原有技术的改进，且其结论没有有效证据支持。⑤专利复审委员会认定“SART活性”的含义和测定方法不为本领域技术人员所公知是错误的。在上述认定事实错误的基础上，专利复审委员会适用《专利法》第26条第3款评价权利要求11，以及对本专利新颖性、创造性的评述也存在错误。综上所述，专利复审委员会作出第10961号决定违反法定程序，认定事实错误，适用法律法规错误，请求撤销第10961号决定。

专利复审委员会辩称：（1）关于程序问题。①专利复审委员会在口头审理中并未作出任何结论认定小西公司提出的新主张的效力，口头审理的程序并无不当之处；②专利复审委员会在口头审理当庭告知威世药业公司合议组成员变更情况，并询问有无回避请求，威世药业公司在口头审理过程中和此后均未对此提出异议和回避请求；③《专利法》、《审查指南》对方法专利和产品专利的新颖性、创造性审查标准是一致的，被诉决定不存在以审查方法专利的标准审查产品专利的情形。因此，专利复审委员会在本专利无效程序中不存在违反法定程序的情形。（2）关于本专利是否符合《专利法》第26条第3款的规定。在本专利说明书和反证2、3、4中都没有记载“SART活性”是何种活性及其测定方法。而原告口头审理中的陈述和此后提交的代理词均只能表明SART是一种实验状态，其动物模型是本领域公知的研究痛觉反应的方法，并未说明“SART活性”是何种活性，也未说明如何将研究痛觉反应的SART实验方法与反证4的“量反应平行线测定方法”结合来测定SART活性。因此，本专利申请日前没有任何关于“SART活性”的记载，不属于本领域技术人员能够在申请日前知晓的现有技术。（3）关于本专利的新颖性、创造性问题坚持在第10961号决定中阐述的意见。综上，专利复审委员会认为其在第10961号决定中认定事实清楚，适用法律法规正确，审理程序合法，请求人民法院维持该决定。

第三人小西公司未提交书面意见，其述称同意专利复审委员会的意见，请求人民法院维持第10961号决定。

一审查明事实

一审法院查明：本案涉及中华人民共和国国家知识产权局（简称国家知识产权局）于2005年6月22日授权公告的名称为“含生物活性物质的兔皮和其用途”的发明专利（简称本专利），其申请日是2002年10月31日，专利权人为威世药业公司，专利号为ZL02145975.4。其授权公告的权利要求如下：

“1. 一种具有血管舒缓素生成抑制活性的兔皮，其特征在于该兔皮是由以下方法制备的：用牛痘病毒株皮下接种家兔，按每只1.5～3千克的家兔注射100到250处，每处注射每毫升含10^6～10^9个病毒的溶液0.1～0.4毫升进行，将接种过的家兔进行饲养，待其皮肤组织发痘良好时处死，然后采皮。

2. 如权利要求1的兔皮，其中所说的牛痘病毒株是Lister株。

3. 如权利要求1的兔皮，其中所说的牛痘病毒株是Ikeda株。

4. 如权利要求1的兔皮，其中所说的牛痘病毒株是Dairen株。

5. 如权利要求1的兔皮，其中所说的牛痘病毒株是EM－63株。

6. 如权利要求1的兔皮，其中所说的家兔是日本大耳白兔。

7. 如权利要求1的兔皮，其中所说的家兔是新西兰白兔。

8. 如权利要求1的兔皮，其中所说的家兔是中国本兔。

9. 如权利要求1的兔皮，其中所说的家兔是青紫蓝兔。

10. 如权利要求1的兔皮，其中所说的皮肤组织发痘良好是指皮肤组织明显出痘，颜色由红润转为紫红，皮肤增厚，皮下和臀部水肿。

11. 如权利要求1～10之任一的兔皮，其具有大于或等于0.5iu/g的SART活性。

12. 权利要求1～11之任一的兔皮的用途，其特征在于将所说的兔皮用于制备具有血管舒缓素生成抑制活性的药品。

13. 权利要求1～11之任一的兔皮的用途，其特征在于将所说的兔皮用于制备保健品。”

本专利说明书记载，“SART活性的试验方法是本领域公知的［参见喜多富太郎等，《本药理学杂志》（*Folia pharmacol japon*）71：211～220（1975）］”，“各种牛痘病毒株都可以用来制备本发明的兔皮”、“这些病毒株都可以从市场上购得”，并记载权利要求2～5限定的毒株为优选毒株。“用于制备本发明的兔皮的家兔可以是各种家兔”。

2007 年 4 月 3 日，小西公司以本专利权不符合《专利法》第 22 条第 2 款、第 3 款，第 26 条第 3 款以及《专利法实施细则》第 20 条第 1 款为由，向专利复审委员会提出无效宣告请求，并提交了证据。其中：

证据 1 为 1999 年 12 月 8 日公开，公开号为 CN1237632A 的中国发明专利申请公开说明书，其公开了一种含有高质量生理活性的家兔发痘组织及其制造方法，具体为：在体重 2～3 千克的家兔的皮肤上，每处以 0.1～0.4 毫升接种痘病毒为 10^6～10^8 个/毫升的溶液缓冲液稀释液，共计 50～200 处进行皮内接种，接种后 3～5 日间采取发痘的皮肤，所述痘病毒为牛痘病毒。证据 1 的说明书记载："发痘组织的采取时间，一般认为在其高峰期最好，但是应在发痘状态最好之前，即接种后的第 4 天前后，其收量最佳"。说明书记载的实施例 1 为在 2.5 千克的家兔皮内接种 150 处、每处接种 10^7 个/毫升的病毒溶液 0.2 毫升，接种后第 4 日取下，屠杀后用剪刀、手术刀及镊子采取发痘的皮肤。

证据 5 为 1999 年 1 月 20 日公开，公开号为 CN1205233A 的中国发明专利申请公开说明书，其公开了一种含有镇痛活性物质的兔皮的制备方法，具体为用牛痘病毒 Lister 株注射日本大耳白兔，饲养 4 天，发痘良好时，处死兔，采皮。所制备兔皮含有镇痛活性物质，还可以改善免疫功能。证据 5 还公开了在发痘良好时，即在"皮肤颜色由红润转为紫红，皮肤增厚，皮下有水肿，臀部水肿明显"时采皮。

证据 6 为日本专利文献昭 63－39572B2 以及中文译文，1988 年 8 月 5 日公开，记载了 SART 应激动物的药理试验情况，包括镇痛作用和抗过敏作用，镇痛效果以百分比显示。

2007 年 5 月 21 日，威世药业公司提交了意见陈述和反证，其中：

反证 2 为"Neurotropin 对小鼠、大鼠 SART stress 症状的药理作用"，喜多富太郎等，《日本药理学杂志》，1975，71，第 211～220 页以及相关部分的中文译文 1 页，译文中记载 SART stress 负荷条件，但没有记载活性及活性测定方法。

反证 3 为"规律地变更环境温度引起的应激（SART stress）以及小鼠·大鼠生物体机能的变化"，喜多富太郎等，《日本药理学杂志》，1975，71，195～209 页以及相关部分的中文译文。

2007 年 8 月 30 日，专利复审委员会进行了口头审理。在口头审理过程中，小西公司明确提出了"SART 活性不清楚"，在口头审理结束后，威世药业公司就"SART"和"SART 活性单位定量检测"提交了书面意见陈述。

2007 年 12 月 26 日，专利复审委员会作出第 10961 号决定。专利复审委员会在该决定中认定：

1. 本专利是否符合《专利法》第26条第3款的规定

(1) 对于“SART活性”，说明书第4页中仅记载了“得到含生物活性物质的溶液，测定其SART活性”，但并未给出测定SART活性的方法，也没有提及“SART活性”所表述的是怎样的一种活性；威世药业公司提交的反证2和3中分别仅提及了小鼠SART stress负荷条件和如何设定创造小鼠SART stress状态的条件，而并没有关于SART活性是怎样的一种活性的记载，也未记载测定SART stress状态小鼠的何种感知性以将该感知性变成数据单位输入统计包软件中以得出SART定量活性；反证4的量反应平行线测定法测定的是药物对生物体所引起的反应随药物剂量增加产生的量变，所得值为某种具体物质如抗生素的效价而非某种实验条件或实验状态的效价，而根据SART的全称“specific alternation rhythm of temperature”可知，SART表示的是动物的实验状态而不是一种具体的物质或活性指标。由此可见，在反证4中没有任何关于SART活性是怎样的一种活性以及如何测定SART活性的记载，也无法得出反证4的记载与SART活性实验方法有何关联。因此，虽然SART实验方法和动物模型是本领域公知的，但是本专利的“SART活性”的含义对于本领域技术人员来说是不清楚的，其测定方法也是未知的。

(2) 虽然权利要求11和说明书中还给出了“SART”活性的单位“iu/g”，但是，在本专利说明书中并没有对“iu/g”进行解释，也未说明“iu/g”表示的是国际单位还是其他单位。反证2、3、4中均没有关于“iu/g”含义的记载。威世药业公司亦承认“iu/g”是一个自定义的单位。由此可见，“iu/g”的含义对于本领域技术人员来说并不是清楚的，相应地，也不能证明“SART活性”是清楚的。如上所述，由于词语“SART活性”和“iu/g”的含义对于本领域技术人员来说是不清楚的，因此，“大于或等于0.5iu/g的SART活性”的含义对本领域技术人员来说也是不清楚的，本专利说明书并没有对权利要求11的技术方案作出清楚、完整的说明，不符合《专利法》第26条第3款的规定，权利要求11应予以无效。有鉴于此，专利复审委员会不再对其他针对权利要求11的无效宣告请求理由进行评述。

2. 关于《专利法》第22条第2款

将权利要求1的技术方案与证据1公开的技术方案比较，二者技术领域、所解决的技术问题、技术方案和预期效果实质上相同。针对威世药业公司的意见，专利复审委员会认为：(1) 本专利权利要求1和说明书中没有关于“采皮”是采取“整张兔皮”的记载，权利要求1中仅记载“采皮”；证据1中所记载的“采取发痘的皮肤”落入“采皮”范围。(2) 本专利权利要求1选取兔皮的时间是“发痘良好时”，证据1所公开的技术方案中选取兔皮的时间为接种后第 3 ~5 日间，在“发痘状态最好之前”，即发痘良好时。由此可见，证据 1 的兔皮采取时间与本专利权利要求 1 的采皮时间相同。（3）权利要求 1 是以方法限定的产品权利要求，其制备方法与证据 1 的制备方法相同，故依据该方法二者所得产品及其性能应当相同。虽然权利要求 1 限定了所述产品“具有血管舒缓素生成抑制活性”，但该特性是由所述制备方法带来的，因此，在制备方法已经确定的情况下，该特性只是所得产品的固有特性，而不能带来额外的限定作用。从反证 1 并不能得出“‘血管舒缓素’和‘胰激肽原酶’是两种结构和功能完全不同的酶，‘血管舒缓素’属于血浆激肽释放酶”的教导。根据本领域常识可知，“血管舒缓素”应为一类能够舒缓血管的物质的总称，而非某一特定物质。激肽释放酶（Kallikrein）是血管舒缓素中的一类，胰激肽原酶又下位于“激肽释放酶”，即其也是一种血管舒缓素，也即证据 1 中公开的“能够抑制胰激肽原酶生成活性”下位于“能够抑制血管舒缓素生成抑制活性”，因此，即使从产品特性的角度考虑，证据 1 的技术方案亦能够破坏权利要求 1 的新颖性。综上，威世药业公司的理由不能成立。本专利权利要求 1 不具备新颖性，应予无效。

3. 关于《专利法》第 22 条第 3 款

（1）权利要求 2、6 的技术方案与证据 1 公开的技术方案相比，其区别在于：在权利要求 1 的基础上，权利要求 2、6 将所接种的牛痘病毒或家兔分别进一步限定为 Lister 株或日本大耳白兔，而证据 1 技术方案中并没有限定其所接种的牛痘病毒和家兔的具体种类。而证据 5 给出了将牛痘病毒 Lister 株、日本大耳白兔用于证据 1 的制备方法中制备含有具有镇痛作用的兔皮的技术启示。据此，本领域技术人员在证据 1 和 5 相结合的基础上得到权利要求 2、6 请求保护的技术方案是显而易见的，也未产生意料不到的效果。因此，本专利权利要求 2、6 的技术方案相对于证据 1 与 5 的结合不具备突出的实质性特点和显著的进步，不具备创造性。（2）权利要求 3 ~5 的技术方案与证据 1 公开的技术方案相比可知，区别在于：权利要求 3 ~5 将所接种的牛痘病毒进一步限定为 Ikeda 株、Dairen 株、EM -63 株，而证据 1 技术方案中并没有限定其所接种的牛痘病毒的具体种类。权利要求 7 ~9 的技术方案与证据 1 公开的技术方案相比，区别在于：权利要求 7 ~9 将所接种的家兔进一步限定为新西兰白兔、中国本兔、青紫蓝兔，而证据 1 技术方案中并没有限定其所接种的家兔的具体品种。如上所述，证据 5 公开的技术方案中使用了牛痘病毒 Lister 株和日本大耳白兔，由于权利要求 3 ~5 中的 Ikeda 株、Dairen 株、EM -63 株与证据 5 中的 Lister 株均为本领域已知的牛痘病毒毒株，权利要求 7 ~9 中的新西兰白兔、中国本兔、青紫蓝兔与证据 5 中的日本大耳白兔均为本领域公知常用的实验动物品种，而证据1中也并未记载或暗示对所述毒株、兔种有特定要求，因此，本领域技术人员在证据5给出的技术启示下将Ikeda株、Dairen株、EM－63株、新西兰白兔、中国本兔、青紫蓝兔应用于证据1的兔皮制备方法，从而得到权利要求3～5、7～9的技术方案是显而易见的，而且也未带来预料不到的技术效果，因此，本专利权利要求3～5、7～9的技术方案相对于证据1、5与公知常识的组合不具备突出的实质性特点和显著的进步，不具备创造性。(3) 权利要求10的技术方案与证据1公开的技术方案相比，区别在于：权利要求10限定了发痘良好时的皮肤组织状态，而证据1没有公开发痘良好时皮肤组织的状态。如上所述，在证据5公开的技术方案中，公开了在发痘良好时，即在“皮肤颜色由红润转为紫红，皮肤增厚，皮下有水肿，臀部水肿明显”时采皮，由此可见，证据5的采皮时间与本专利的采皮时间相同，本领域技术人员在证据1和5结合的基础上，得到权利要求10保护的技术方案是显而易见的，且并未产生意料不到的效果，本专利权利要求10不具备创造性。(4) 权利要求12、13要求保护权利要求1～11之任一的具有血管舒缓素生成抑制活性的兔皮的用途，所述用途为用于制备药品或保健品。证据1的兔皮含有阻碍胰激肽原酶生成的活性物质，也即其具有抑制血管舒缓素生成活性；证据5公开了用牛痘病毒接种家兔皮肤获得含有具有镇痛活性、增强免疫功能活性物质的兔皮，并且利用该性质将所述皮肤组织制备成活性制剂与药用辅料组合制备镇痛药。基于此，在权利要求1～11的兔皮不具备新颖性或创造性的情况下，利用证据1所述兔皮的血管舒缓素生成抑制活性将其制备成药品对于本领域技术人员而言是显而易见的，也未产生预料不到的技术效果。同理，由于该活性是对人体机能的调节活性，因而利用该活性将所述兔皮制成保健品得到权利要求13的技术方案也是显而易见的，且未产生意料不到的技术效果。因此，权利要求12、13的技术方案也不具备创造性。

据此，专利复审委员会作出第10961号决定，宣告本专利权全部无效。

在本案审理过程中，威世药业公司提交了证据，其中包括：

证据5为《药理学实验指南——新药发现和药理学评价》，科学出版社(2001)，记载炎症组织疼痛模型，用以证明测定药物镇痛活性的技术是公知的。

证据6为《实验动物和动物实验技术》，中国中医药出版社（1970），第187、189～190页，记载动物实验的疼痛模型，用以证明动物实验的疼痛模型是公知技术。

证据7为《中华人民共和国药典》第2部，化学工业出版社、广东科技出版社，1995年出版。在该药典附录中记载了量反应平行线测定法的相关内容，用以证明定量测定药物活性的技术是公知的。

证据 8 为《药品生物检定》，人民卫生出版社，2005 年出版，第 95～127 页，记载量反应平行线测定法，用以证明进行定量测定的技术是公知的。

证据 12 为《药理学》第 6 版，人民卫生出版社，1979 年第 1 版，2007 年第 6 版，第 319 页，记载激肽分为缓激肽和胰激肽两种，缓激肽由血浆中高分子激肽原经血浆激肽释放酶催化裂解而成，主要存在于血浆中；胰激肽由组织中低分子量的激肽原经组织激肽释放酶催化裂解而成，主要存在于组织、腺体。激肽能扩张血管、收缩平滑肌和提高毛细血管通透性。激肽作用于皮肤和内脏感觉神经末梢，可引起剧烈疼痛。用以证明血浆激肽释放酶和组织激肽释放酶的病理、药理作用不同。

证据 13 为威世药业（如皋）有限公司《高新技术产品认定证书》，用以证明专利技术的应用获得了巨大的商业成就，具备创造性。

证据 14 为《药品生物检定》，人民卫生出版社（2005），第 9 页、第 166 页，其上记载生物效价测定及生物参考物质效价的表示方法相关内容，用以证明结构复杂或其中包含不定比例的多种成分的生物药品只能用生物检定的方法测定其生物活性，且活性测定后可用自定义单位进行表示。

证据 15 为《医学生物制品学》，人民出版社（1995），第 62 页，其上记载生物制品是具有生物活性的制剂，其效力一般采用生物学方法测定，生物测定以生物体对待检品的生物活性反应为基础，以生物统计为工具，运用特定的实验设计，通过比较待检品和相应标准品或对照品在一定条件下，所产生特定生物反应的剂量间的差异来测定待检品的效价。用以证明进行 SART 活性检定的基础理论是公知常识。

证据 16 为《日本药理学杂志》第 72 卷第 5 号（1976），第 573～584 页及全文译文，为喜多富太郎等“神经妥乐平对小鼠的镇痛效果和药物对 SART 应激小鼠的镇痛作用”的文章，其中记载“使实验动物小鼠的身体状况恶化……反复急剧变换周围环境温度这种特殊的刺激……对于这种特殊的刺激，我们给它起名为‘SART 应激’”，并记载镇痛作用效果测定法，包括四种：醋酸法、苯基醌法、D’Amour－Smith 法、尾压法，尾压法中“在老鼠尾部 1.5cm 的部位施加刺激……进行药物效果判定时，投入药物分别在 30、60、90 以及 120 分钟后将四次加压重量的平均值除以药物投入前的值，以此值为镇痛系数”。用以证明使用 SART 动物模型测定镇痛作用的方法公知。

证据 17 为专家签署的关于“iu/g”单位的说明，用以证明该单位表示活性单位，且是本领域技术人员能够理解和接受的。

证据 18 为专家签署的关于“发痘良好”时兔皮外观表现的说明，用以证明本专利与证据 1 的采皮标准不同。

证据19为专家签署的病毒学研究中毒株和实验动物家兔品系相关问题的说明，用以证明毒株的选择具有创造性。

证据20为《实验动物和动物实验技术》，中国中医药出版社（1997），第87页，记载影响动物实验结果的因素，包括种属和种系，用以证明兔种选择具有创造性。

专利复审委员会认为上述证据在无效程序中没有提交，不应予以采用，且部分证据的公开日期晚于本专利的申请日，不能用于判断本专利说明书是否充分公开，证据17～19是证人证言，不是对案件事实的陈述。

在本案庭审过程中，威世药业公司主张：（1）起诉状中所述审查过程中擅自变更合议组成员的情况涉及小西公司的委托代理人曹津燕，并指出曹津燕原系国家知识产权局工作人员。（2）证据14、15记载了生物制品活性测定是常规方法，SART就是证据15中所说的特定实验设计中的条件。证据6、反证2、反证3、证据5、证据16中都显示对镇痛效果的测定用的是SART条件，证据16还记载四种镇痛效果测定方法，威世药业公司主张其采用的是尾压法。反证4、证据8记载的量反应平行线测定法是具体数值的获得方法，证据17的专家证言也能证明本专利的活性单位为本领域技术人员能够理解和接受，因此威世药业公司认为SART活性是SART模型中动物表现出的镇痛活性，应当是公知的。（3）就本专利权利要求1的新颖性，本专利说明书记载了采用人血浆对血管舒缓素进行检验验证，而在证据1中则没有公开检测方法。（4）权利要求2～5限定的牛痘病毒的具体毒株是经过大量筛选得出并能够获得更好的活性，权利要求6～9的附加技术特征限定了具体的家兔种类，对兔种的选择经过了大量的筛选，因此，上述权利要求具备创造性。（5）如本专利权利要求1不具有新颖性，则不再坚持本专利权利要求10、12、13的创造性。

小西公司当庭提交一份补充证据，即全国高等农业院校教材《实验动物学》，李厚达主编，农业出版社，1992年5月第1版，第194～195页。其中记载我国应用于动物实验的兔主要有以下几种：大耳白兔（日本大耳白兔）、新西兰白兔、青紫蓝兔、中国本兔。用以证明兔子种类的选择属于公知常识。

以上事实有本专利授权公告说明书、第10961号决定、小西公司和威世药业公司在无效程序中和诉讼过程中提交的证据，以及当事人陈述等证据在案佐证。

一审审理结果

一审法院认为：

1. 关于专利复审委员会的审查程序问题

（1）小西公司在无效程序中明确提出过SART活性不清楚的问题，且威世药业公司已就此进行了陈述，专利复审委员会在无效程序中的做法未导致威世药业公司的权利受到损害，因此，对威世药业公司提出的专利复审委员会认定小西公司相关主张违反程序的理由本院不予支持。

（2）专利复审委员会对合议组人员的变更在口头审理时已告知威世药业公司，且威世药业公司没有提出回避请求和其他异议。威世药业公司虽在庭审时提出小西公司的代理人问题，但其不能证明系由该代理人的原因导致了合议组人员的变更，并对其权利造成了损害。因此，威世药业公司上述主张缺乏事实和法律依据，本院不予支持。

2. 关于本专利是否符合《专利法》第26条第3款的规定

《专利法》第26条第3款规定，说明书应当对发明或者实用新型作出清楚、完整的说明，以所述技术领域的技术人员能够实现为准。

就本案而言，首先，本专利说明书第3页第5段记载“SART活性的试验方法是本领域公知的［参见喜多富太郎等，《本药理学杂志》（*Folia pharmacol japon*）71：211～220（1975）］”，即反证2，但反证2的译文中仅记载SART stress负荷条件，并没有记载活性及活性测定方法。在威世药业公司提交的其他证据中，证据8、证据14是本专利申请日后公开的出版物，不应在评述本专利说明书是否公开充分时予以考虑。证据15仅记载一般的生物制品活性测定方法，证据5、6和反证2、3仅记载SART应激条件的描述或所述条件下动物镇痛效果与正常条件下的比较，并没有记载获得了具体单位、数值的活性以及如何确定单位、如何获得数值。证据16解释了何为SART应激条件，四种测定镇痛效果的方法，包括威世药业公司主张的尾压法也只是得到SART条件下药物投入后不同时间与投入前的比值，是一个没有单位的系数，仍旧没有得到一个如本专利所述的有具体单位、数值的活性，并且没有明确如何确定单位、如何获得数值。这些证据都无法与反证4中记载的量反应平行线测定方法相关联，也无法说明本专利如何使用反证4中的方法获得具体的活性数值。威世药业公司认可“iu/g”为自定义单位，但说明书中以及其列举的证据均不能说明这一自定义单位是如何定义出来的，本领域技术人员如何实现其测定方法和结果。证据17的专家证言也未能就上述问题给予充分、合理的解释。因此，威世药业公司关于SART活性为SART条件下的镇痛活性及测定方法为本领域公知的主张缺乏事实依据，本院不予支持。说明书对权利要求11所保护的技术方案公开不充分，不符合《专利法》第26条第3款的规定。

3. 关于本专利权利要求1的新颖性

《专利法》第22条第2款规定，新颖性是指在申请日以前没有同样的发明或者实用新型在国内外出版物上公开发表过、在国内公开使用过或者以其他方式为公众所知，也没有同样的发明或者实用新型由他人向国务院专利行政部门提出过申请并且记载在申请日以后公布的专利申请文件中。

就本案而言，针对威世药业公司起诉中关于权利要求1新颖性的问题，本院认为，本专利权利要求1要求保护的是用制备方法限定的兔皮，证据1说明书实施例1公开了“用剪刀、手术刀及镊子采取发痘的皮肤”，即证据1公开了采皮的步骤；而证据1说明书公开的“在发痘状态最好之前，即接种后的第4天前后”，与本专利的“发痘良好时”没有实质区别。因此证据1公开的制备方法与本专利权利要求1中限定的方法实质相同，其获得的产品兔皮也不应存在实质性差异。

对于兔皮具有的活性，本专利权利要求1限定兔皮具有“血管舒缓素生成抑制活性”，而证据1公开的制备方法则可以获得“对胰激肽原酶生成阻碍活性高值的发痘组织”。首先，如前所述，本专利权利要求1采用制备方法对要求保护的产品进行限定，其产品的性质由方法决定，在证据1公开了相同的制备方法的基础上，应当认为获得了相同的产品；其次，威世药业公司主张的“采用人血浆对血管舒缓素进行检验”在本专利权利要求中并未记载，不能作为权利要求1所保护的技术方案中技术特征；最后，胰激肽原酶属于腺性激肽释放酶，是激肽释放酶的下位概念，而威世药业公司认可“血管舒缓素”和“激肽释放酶”属于同一种物质的不同称谓，故专利复审委员会认定胰激肽原酶下位于血管舒缓素并无不妥。

综上，威世药业公司起诉所称权利要求1相对于证据1具有新颖性的主张均不能成立，本院不予支持，专利复审委员会对本专利权利要求1不具有新颖性的认定是正确的。

4. 关于本专利的创造性

《专利法》第22条第3款规定，创造性是指同申请日以前已有的技术相比，该发明有突出的实质性特点和显著的进步。

本案中，本专利说明书记载，“各种牛痘病毒株都可以用来制备本发明的兔皮”、“这些病毒株都可以从市场上购得”，虽然说明书还记载了权利要求2~5限定的毒株为优选毒株，但说明书并没有记载这些毒株相对于其他毒株能够使获得的产品具有更好的活性，进而无法确定“优选”的基础。鉴于这些毒株均为已知材料，且证据5已公开了牛痘病毒Lister株注射日本大耳白兔制备兔皮的启示，故专利复审委员会对本专利权利要求2~5创造性的认定并无不当，威世药业公司关于本专利权利要求2~5具有创造性的理由不能成立，本院不予支持。

本专利说明书记载“用于制备本发明的兔皮的家兔可以是各种家兔”，且说明书并没有记载这些家兔相对于其他家兔能够使获得的产品具有更好的活性或其他意料不到的效果。证据 5 已经公开了牛痘病毒注射日本大耳白兔制备兔皮的启示，且由《实验动物学》记载可知，所述兔种为动物实验常用兔，故专利复审委员会对本专利权利要求 6 ~ 9 创造性的认定并无不当，威世药业公司关于本专利权利要求 6 ~ 9 具有创造性的理由不能成立，本院不予支持。

鉴于威世药业公司明确表示如果认定权利要求 1 不具备新颖性或创造性，则不坚持本专利权利要求 10、12 ~ 13 具有创造性，在此基础上，本院就专利复审委员会对本专利权利要求 10、12 ~ 13 创造性的评述亦不持异议。

综上，专利复审委员会作出的第 10961 号决定认定事实清楚，适用法律正确，程序合法，应予维持。依照《中华人民共和国行政诉讼法》第 54 条第（1）项之规定，本院判决如下：

维持被告国家知识产权局专利复审委员会作出的第 10961 号无效宣告请求审查决定。

威世药业公司不服一审判决，提起上诉，请求撤销原审判决及专利复审委员会第 10961 号决定。主要理由是：

（1）专利复审委员会违反法定程序：①原审第三人在专利无效程序中并未主张“SART 活性”及测定方法公开不充分。②对新颖性、创造性认定违反《专利法》和《审查指南》的判断方法和原则，用审查方法专利的标准来审查本专利。

（2）原审判决认定本专利不符合《专利法》第 26 条第 3 款的规定是错误的：①SART 活性为 SART 条件下的镇痛活性及测定方法为本领域技术人员所公知。首先，SART 活性的试验方法是公知的，没有记载活性及活性测定方法并不能否定该试验方法是公知的事实。其次，证据 16《日本药理学杂志》和证据 6 日本专利文献昭 63 – 3957282 记载了 SART 活性为镇痛活性的方法。②本专利用“0. 5iu/g 的 SART 活性”表示检定物质的活性时，“iu”表示尚未被国际认可的生物活性单位，因此“iu/g”表示单位重量中的镇痛活性是本领域技术人员接受并使用的惯例。

（3）原审判决认定本专利不符合《专利法》有关新颖性的要求是错误的。①本专利与证据 1 比较，采取“兔皮”或“发痘组织”并不是本专利与证据 1 的区别特征，二者的区别特征在于本专利制备“活性强收率高之活性物质”的方法是否被证据 1 公开。即如下三个技术特征未被证据 1 公开：第一，通过特定技术生产牛痘病毒原料，对牛痘病毒溶液进行精处理（本专利说明书实施例 1）；第二，采取兔皮并在零下 18℃ 冷藏保存（本专利说明书所有实施例）；第三，通过加苯酚溶液、调整 pH 值溶出、氮气环境下过滤、加热及冷却等精制工序从兔皮中提取活性物质（本专利说明书实施例11）。②胰激肽原酶下位于血管舒缓素没有依据。本专利权利要求1要求保护的产品的特征是能够抑制血管舒缓素类物质的生成活性，其既包含了对比文件1的“胰激肽原酶生成抑制活性”之外的其他腺体（或组织）血管舒缓素生成抑制活性，因此对比文件1的产品特性并非本专利产品特性的下位概念。

（4）原审判决关于本专利权利要求6~9不具有创造性的认定错误。本专利对毒株和兔种的选择是需要通过大量的排列组合的实验筛选，才能确定哪些毒株经过精制后适用于哪些家兔，能够制造出“大于或等于0.5iu/g的SART活性”和血管舒缓素生成抑制活性的兔皮。

专利复审委员会、小西公司服从一审判决。

二审查明事实

二审法院查明的事实与一审相同。

二审审理结果

二审法院认为：小西公司在无效程序中明确提出过SART活性不清楚的问题，且威世药业公司已就此进行了陈述，专利复审委员会的无效审查程序未导致威世药业公司的权利受到损害，因此，对威世药业公司提出的专利复审委员会认定小西公司相关主张违反程序的理由本院不予支持。

《专利法》第26条第3款规定，说明书应当对发明或者实用新型作出清楚、完整的说明，以所述技术领域的技术人员能够实现为准。就本案而言，本专利说明书第3页第5段记载“SART活性的试验方法是本领域公知的［参见喜多富太郎等，《日本药理学杂志》（*Folia pharmacol japon*）71：211~220（1975）］”，即反证2，但反证2的译文中仅记载SART stress负荷条件，即仅记载了如何获得SART活性动物模型的方法，没有关于SART活性及活性测定方法的记载。反证3亦仅给出了如何建立SART小鼠动物模型；威世药业公司证据16解释了何为SART应激条件以及四种测定镇痛效果的方法。威世药业公司主张的尾压法也只是得到SART条件下药物投入后不同时间与投入前的比值，是一个没有单位的系数，且威世药业公司亦仅用该证据证明使用SART动物模型测定镇痛作用为公知方法；威世药业公司证据6记载有动物实验的疼痛模型，即载明的SART小鼠应激实验条件，可证明动物实验的疼痛模型是公知技术。综上，威世药业公司提交的证据仅能证明SART实验方法和动物模型是本领域公知的，但未对“SART活性”所表述的是怎样的活性及如何测定

"SART活性"进行说明。此外，反证4的量反应平行线测定法测定的是药物对生物体所引起的反应随药物剂量增加产生的量变，所得值为某种具体物质如抗生素的效价而非某种实验条件或实验状态的效价，故威世药业公司的上述证据无法与反证4中记载的量反应平行线测定方法相关联，也无法说明本专利如何使用反证4中的方法获得具体的活性数值。故威世药业公司关于SART活性为SART条件下的镇痛活性及测定方法为本领域公知的主张缺乏事实依据。

威世药业公司认可"iu/g"为自定义单位，但说明书中以及其列举的证据均未对此自定义单位的含义予以解释，也未给出如何实现其测定方法和结果，因此威世药业公司所提"iu/g"作为活性单位使用是本领域的惯例缺乏依据。

综上，说明书对权利要求11所保护的技术方案公开不充分，不符合《专利法》第26条第3款的规定。

《专利法》第22条第2款规定，新颖性是指在申请日以前没有同样的发明或者实用新型在国内外出版物上公开发表过、在国内公开使用过或者以其他方式为公众所知，也没有同样的发明或者实用新型由他人向国务院专利行政部门提出过申请并且记载在申请日以后公布的专利申请文件中。即新颖性的对比是将专利权利要求书中记载的要求保护的技术方案与现有技术进行对比，而不是将说明书中记载的内容与现有技术进行对比。就本案而言，威世药业公司主张本专利与对比文件1比较，采取"兔皮"或"发痘组织"并不是本专利与证据1的区别特征，二者的区别特征在于本专利制备"活性强收率高之活性物质"的方法是否被对比文件1公开。即有三个技术特征未被证据1公开，但该三个技术特征均属于说明书中记载的内容，威世药业公司主张以该说明书中记载的技术特征证明权利要求1有新颖性与法律规定相悖，故其所提本专利权利要求1中关于"采皮"具有新颖性的理由不能成立，本院不予支持。

本专利权利要求1限定兔皮具有"血管舒缓素生成抑制活性"，而证据1公开的制备方法则可以获得"对胰激肽原酶生成阻碍活性高值的发痘组织"。根据本领域常识可知，"血管舒缓素"应为一类能够舒缓血管的物质的总称，而非某一特定物质。激肽释放酶（Kallikrein）是血管舒缓素中的一类，胰激肽原酶又下位于激肽释放酶，即其也是一种血管舒缓素，也即证据1中公开的"能够抑制胰激肽原酶生成活性"下位于"能够抑制血管舒缓素生成抑制活性"，而威世药业公司认可"血管舒缓素"和"激肽释放酶"属于同一种物质的不同称谓，因此，威世药业公司所提胰激肽原酶下位于血管舒缓素没有根据的主张不能成立，本院不予支持。

《专利法》第22条第3款规定，创造性是指同申请日以前已有的技术相比，该发明有突出的实质性特点和显著的进步。本案中，本专利说明书记载

"用于制备本发明的兔皮的家兔可以是各种家兔"，且说明书并没有记载这些家兔相对于其他家兔能够使获得的产品具有更好的活性或其他意料不到的效果。证据5已经公开了牛痘病毒注射日本大耳白兔制备兔皮的启示，且由《实验动物学》记载可知，所述兔种为动物实验常用兔，故原审判决及专利复审委员会对本专利权利要求6~9创造性的认定并无不当，威世药业公司所提本专利权利要求6~9具有创造性的理由不能成立，本院不予支持。

综上，原审判决及专利复审委员会第10961号决定认定事实清楚，适用法律正确，程序合法，应予维持。威世药业公司的上诉理由不能成立，其上诉请求本院不予支持。依照《中华人民共和国行政诉讼法》第61条第（1）项之规定，判决如下：

驳回上诉，维持原判。

一、二审案件受理费各100元，均由威世药业（如皋）有限公司负担。

15. “吊灯（CH0014/8 +3）”外观设计专利侵权纠纷案

——金向东诉中山市科能照明电器有限公司、北京万隆汇洋家居建材市场有限公司

原告（被上诉人）：金向东
被告（上诉人）：中山市科能照明电器有限公司
被告（原审被告人）：北京万隆汇洋家居建材市场有限公司
案由：侵犯外观设计专利权纠纷

一审案号：北京市第二中级人民法院（2008）二中民初字第11113号
一审合议庭成员：何暄、周晓冰、葛红
一审结案日期：2008年9月16日
二审案号：北京市高级人民法院（2008）高民终字第1394号
二审合议庭成员：刘辉、岑宏宇、李燕蓉
二审结案日期：2009年2月18日

判决要旨

如原告提交了公证购买的被控侵权产品，该产品包装上所载明的企业字号和大陆营销中心的地址、电话号码、传真号码与被告在公司网站上对外公开的信息相同，被告否认被控侵权产品由其制造、销售，并主张有他人冒用其名义和地址、电话的可能性，但未提供证据加以证明，应当承担败诉的法律后果。

起诉与答辩

原告金向东诉称：原告系“吊灯（CH0014/8 +3）”外观设计专利权人，由被告中山市科能照明电器有限公司（简称科能公司）制造、销售，由被告北京万隆汇洋家居建材市场有限公司（简称万隆汇洋公司）销售的吊灯产品与原告专利设计相近似，侵犯了原告的外观设计专利权，给原告造成了巨大的经济损失，故诉至法院，请求判令：被告科能公司停止生产、销售侵权产品；被告科能公司赔偿原告经济损失及因本案支出的合理费用30

万元；被告万隆汇洋公司停止销售侵权产品；由二被告连带承担本案的诉讼费用。

被告科能公司辩称：被告与广东省中山市古镇科能照明电器有限公司不是同一公司，原告起诉的主体错误，被告从未制造过埃克森 9016－6 型号吊灯，亦没有侵权行为。综上，请求法院裁定驳回原告的起诉。

被告万隆汇洋公司辩称：我公司已经停止销售涉案吊灯产品。

一审查明事实

一审法院查明：2007 年 2 月 28 日，经中华人民共和国国家知识产权局授权，金向东取得了“吊灯（CH0014/8＋3）”外观设计专利权，专利号为 ZL200630055412.1。此后，金向东独占许可中山市诺尔特灯饰有限公司在中国范围内制造、销售、进口该专利产品，授权期限自 2007 年 5 月 28 日至 2016 年 5 月 27 日，许可使用费为每年 20 万元。金向东主张中山市诺尔特灯饰有限公司自 2006 年 6 月开始生产该专利产品，年产约 200 盏，销售价格为1 500～1 800 元，利润率约为 80%。

2007 年 11 月 20 日，金向东的委托代理人胡双利在万隆汇洋公司经营的万隆汇洋灯具城一层带有“1310”和“凯瑞豪宅灯府”标牌的销售厅，以1 000元的价格，购买了一盏吊灯，并取得了北京市集贸市场专用发票一份，发票号码为 00852153，该发票上标注的商品名称为“埃克森 9016－6”，万隆汇洋公司加盖了代开发票专用章。北京市第二公证处对上述过程进行了公证，并出具了（2007）京二证字第 48837 号公证书。

在上述灯具的外包装前后两侧各粘贴有长方形标签一个，标签上有如下内容：EXSN，埃克森；埃克森灯饰，EXSN LIGHTING；人·光·空间；科能照明集团（香港）有限公司监制；广东省中山市古镇科能照明电器有限公司制造；大陆营销中心：中山市古镇新都灯饰广场 001 号，电话：0760－3670788，传真：3670783；厂址：广东省中山市古镇海洲东岸北路，电话：0760－3670830，传真：3670831。

在上述灯具的外包装两侧均标注有 ITEM NO：9016/6 字样，其中一侧粘贴有椭圆形标签一个，标签上有如下内容：埃克森水晶灯饰；收货单位：北京陈文清；型号：9016/L6；制造商：广东省中山市古镇埃克森灯饰厂；地址：广东省中山市古镇海洲东岸北路 266 号；电话：（0760）3670830，3670788；传真：（0760）3670831，3670783；EXSN，埃克森。

上述灯具随附的《埃克森灯饰安装说明书》中有如下内容：EXSN，埃克森；真诚地感谢您购买埃克森系列产品！中山市古镇埃克森灯饰厂；电话：

0760 - 3670788，3670830；传真：0760 - 3670831；埃克森灯饰，型号：9016/L6，电话：0760 - 3656588。

2008年5月，广东省中山市固定电话号码升级至八位，以2、3开头的号码前加2，其他电话号码前加8。

科能公司成立于2005年8月23日，经营范围包括：加工、销售灯饰、五金配件。科能公司主张其以生产节能灯系列为主，不生产吊灯产品，其生产的灯具产品的利润率为10% ~20%。经法庭询问，其称此前未发现有冒用其公司名义生产灯具产品的情形。

在科能公司的网站（域名为zskenon.com）上，有如下内容：地址：广东省中山市古镇海洲东岸北路267号；办公/TEL：0760 - 23838569；传真/FAX：0760 - 23836656；总机/TEL：0760 - 23838868（20线）；销售中心：广东省中山市古镇新都灯饰广场001号；门市/TEL：0760 - 23670782，23670788，23670785；门市传真/FAX：0760 - 23670783。

2008年5月5日，中山市埃克森灯饰电器有限公司成立，经营范围为：生产、加工、销售照明灯具、灯用电器附件及其他照明器具。其主要投资者李华曾为科能公司投资者，且曾任科能公司的法定代表人。

2008年7月10日，中山市工商行政管理局出具证明，称该局数据库中没有"广东省中山市古镇科能照明电器有限公司"、"中山市古镇埃克森灯饰厂"企业名称登记记录。

万隆汇洋公司成立于2005年10月25日，经营范围包括：承办北京万隆汇洋家居建材市场；上市商品：建筑材料、装饰材料、五金交电、百货、化工产品、家具、针纺织品、工艺美术品、日用杂品、电子产品、照相器材。

2007年8月5日，万隆汇洋公司与陈文清签订《租赁合同书》，约定由陈文清租赁万隆汇洋公司商城内一层展位用于经营花灯，展位号1310 - 1，面积147.84平方米，租赁期限为2007年8月10日至2008年8月9日。

本案审理过程中，万隆汇洋公司提供了熊建丽的个体工商户营业执照、万隆汇洋公司与陈文清签订的《租赁合同书》、《安全防火协议书》、《商品质量保证协议书》及市场相关管理规定，并主张，涉案吊灯产品是陈文清从"埃克森厂"购进的，由于陈文清本人在其他市场有个体工商户营业执照，所以用熊建丽的身份证件办理了个体工商户营业执照，因陈文清自身原因，其于2008年2月将摊位转让给他人。

经比对，万隆汇洋公司销售的型号为9016/L6的埃克森吊灯（简称涉案吊灯）（见附图二）与金向东涉案专利设计（见附图一）均由主灯柱、六个灯杯及相关配件组成，除部分花纹存在差异外，二者具有以下相同的设计要部：

（一）主灯柱为类似三球葫芦形状，球形顶部有吊环，灯柱上半部细长，下半部第一个球形结构有浮雕花纹，第二个球形结构为串在灯柱上的水晶球；（二）连接主灯柱球形头部与灯杯的六根S形纤细上支架；（三）连接主灯柱下部与灯杯的六根S形下支架，每个下支架的外侧末端都挂有水晶球。

金向东主张其因本案诉讼支出的费用有：购买涉案吊灯产品1 000元，公证费2 020元，律师费5 000元，以上合计8 020元。

上述事实，有原告金向东提交的专利证书、专利登记簿副本、公证书、吊灯产品实物、费用票据，被告万隆汇洋公司提交的《租赁合同》，以及双方当事人的陈述等证据在案佐证。

一审审理结果

一审法院认为：金向东经国家知识产权局授权取得了涉案外观设计专利权，其所享有的专利权应受到我国法律保护，他人未经许可，不得为生产经营目的制造、销售、进口其外观设计专利产品。

本案中，科能公司主张其未制造和销售过涉案吊灯产品。对此，本院认为：第一，涉案吊灯产品外包装长方形标签上明确标注有“广东省中山市古镇科能照明电器有限公司制造”字样，虽然上述名称与科能公司的企业名称有一定出入，但其中的“广东省”、“古镇”均为地域名称，故本院认定“广东省中山市古镇科能照明电器有限公司”名称标注方式虽不规范，但其与科能公司应为同一公司。第二，鉴于上述标签上同时标注“厂址：广东省中山市古镇海洲东岸北路”、“大陆营销中心：中山市古镇新都灯饰广场001号”，上述厂址与科能公司的注册地址基本相符，上述大陆营销中心地址与科能公司网站上标注的销售中心地址一致。第三，涉案灯具外包装长方形标签和椭圆形标签上同时标注有电话号码0760－3670788和传真号码0760－3670783，涉案灯具随附的《埃克森灯饰安装说明书》中标注有电话号码0760－3670788，上述号码与科能公司网站上标注的电话和传真号码一致。第四，虽然涉案吊灯产品的外包装标签及安装说明书上还出现了“中山市古镇埃克森灯饰厂”的名称，并且在外包装椭圆形标签上标注有“制造商：广东省中山市古镇埃克森灯饰厂”字样，但经查询，广东省中山市并没有名称为“中山市古镇埃克森灯饰厂”的主体存在，同时，2008年5月5日，中山市埃克森灯饰电器有限公司成立，其主要投资者李华曾为科能公司投资者，且曾任科能公司的法定代表人。第五，科能公司为专业生产灯具产品的企业，具有生产涉案吊灯产品的能力，科能公司虽主张涉案吊灯产品的生产者冒用了科能公司的名义，但其未能举证证明此前曾有冒用其企业名称生产灯具产品的事实。上述事实相互印证，形成了证据力指向一致的证据链条，因此，本院认定，科能公司系涉案吊灯产品的制造、销售者。

经比对，涉案吊灯产品与金向东涉案专利设计均由主灯柱、六个灯杯及相关配件组成，涉案吊灯产品的主灯柱、上支架、下支架三个设计要部与金向东涉案专利设计相同，尽管涉案吊灯产品上的部分花纹与金向东的涉案专利设计存在差异，但上述差异均是细微、局部的差异，本院以普通消费者的视角对二者进行整体观察，确认涉案吊灯产品的外观与金向东的涉案专利设计相近似，涉案吊灯产品系侵犯金向东涉案外观设计专利权的产品。

科能公司制造、销售涉案侵权吊灯产品的行为，侵犯了金向东享有的涉案外观设计专利权，应承担相应的侵权责任。万隆汇洋公司虽向本院提供了熊建丽的个体工商户营业执照、万隆汇洋公司与陈文清签订的《租赁合同书》、《安全防火协议书》、《商品质量保证协议书》及市场相关管理规定等证据材料，但上述证据材料仍不能够确定涉案侵权吊灯产品的合法来源，万隆汇洋公司销售涉案侵权吊灯产品的行为，亦侵犯了金向东享有的涉案外观设计专利权，应承担相应的侵权责任。

综上，金向东主张科能公司应承担停止侵权、赔偿损失的法律责任，万隆汇洋公司应承担停止侵权的法律责任的诉讼主张，理由正当，本院予以支持。关于科能公司应赔偿金向东经济损失及因诉讼支出的合理费用的数额问题，金向东所提数额过高，本院不予全额支持，本院将根据本案具体情况，参考涉案灯具产品的销售价格，金向东在本案主张的专利产品的生产规模、销售价格、利润率，科能公司的企业规模、侵权期间、其主张的灯具产品的平均利润率等因素，综合考虑科能公司的侵犯方式、范围和后果等情况，确定本案的赔偿数额及因诉讼支出的合理费用数额。本院依照《中华人民共和国民法通则》第134条第1款第（1）项、第（7）项和《中华人民共和国专利法》第11条第2款、第56条第2款、第60条、第63条第2款的规定，判决如下：

（1）中山市科能照明电器有限公司停止制造、销售侵犯金向东“吊灯（CH0014/8+3）”外观设计专利权的吊灯产品；

（2）北京万隆汇洋家居建材市场有限公司停止销售侵犯金向东“吊灯（CH0014/8+3）”外观设计专利权的吊灯产品；

（3）中山市科能照明电器有限公司赔偿金向东经济损失2万元，赔偿金向东因本案诉讼支出的合理费用6 020元；

（4）驳回金向东的其他诉讼请求。

科能公司不服一审判决，提起上诉，请求撤销一审判决。其理由是：科能公司从未生产、销售过被控侵权产品，该产品外包装箱注明的公司与科能公司不是同一个公司，一审法院仅凭包装箱上的地址和电话推理作出的判决是不合法的。

金向东、万隆汇洋公司服从一审判决。

二审查明事实

二审法院查明的事实与一审相同。

二审审理结果

二审法院认为：金向东是涉案专利的专利权人，受到我国法律保护，他人未经许可，不得为生产经营目的制造、销售、进口其外观设计专利产品。

金向东主张科能公司制造和销售了涉案吊灯产品，其提交的经公证的证据真实性应予确认，其中有涉案吊灯产品外包装上的长方形标签，该标签标注的企业名称中的字号与科能公司相同，标注的厂址与科能公司注册地址基本相同，大陆营销中心的地址、电话号码、传真号码与科能公司网站上注明的销售中心地址、电话号码、传真号码一致。金向东提交的外包装上的椭圆形标签上也有同样的电话和传真号码。涉案吊灯产品使用“EXSN”和“埃克森”商标，并且在外包装标签和安装说明书中有“中山市古镇埃克森灯饰厂”、“广东省中山市古镇埃克森灯饰厂”的名称，经查，该灯饰厂并未登记注册，而其地址和电话与2008年5月5日成立的中山市埃克森灯饰电器有限公司相同，其主要投资者李华曾为科能公司投资者，且曾任科能公司的法定代表人。以上证据足以证明涉案吊灯产品与科能公司之间存在的关联性，科能公司虽然抗辩其未制造和销售过涉案吊灯产品，但未提供任何相反证据予以反驳，在其举证不力的情形下，应当承担败诉的法律后果。

一审法院认定涉案吊灯产品与金向东涉案专利属于相近似的外观设计是正确的。科能公司制造、销售涉案侵权吊灯产品的行为，侵犯了金向东享有的涉案专利权，应承担停止侵权、赔偿损失的民事责任。一审法院根据本案具体情况，参考涉案灯具产品的销售价格，金向东在本案主张的专利产品的生产规模、销售价格、利润率，科能公司的企业规模、侵权期间、其主张的灯具产品的平均利润率等因素，综合考虑科能公司的侵犯方式、范围和后果等情况，确定本案的赔偿数额及因诉讼支出的合理费用数额并无不当。

综上所述，科能公司的上诉理由缺乏事实和法律依据，其上诉请求本院不予支持。原审判决认定事实清楚，适用法律正确。依照《中华人民共和国民事诉讼法》第153条第1款第（1）项之规定，判决如下：

驳回上诉，维持原判。

一审案件受理费 5 800 元，由金向东负担 1 000 元，由中山市科能照明电器有限公司负担 2 800 元，由北京万隆汇洋家居建材市场有限公司负担 2 000 元。二审案件受理费 455 元，由中山市科能照明电器有限公司负担。

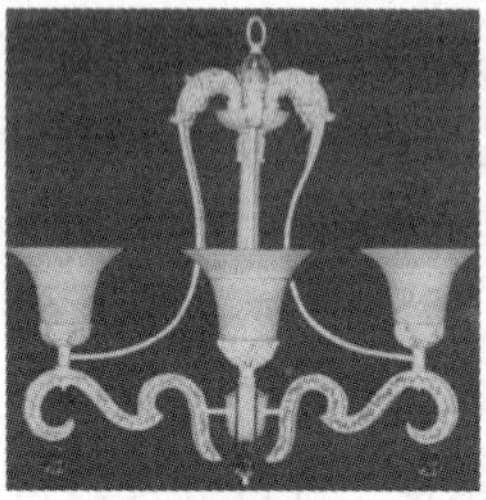
主视图

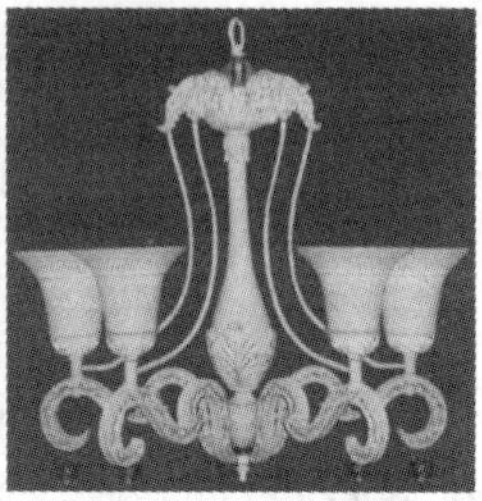
左视图

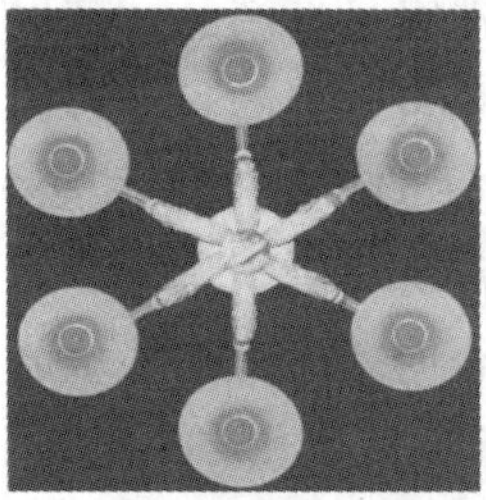
俯视图

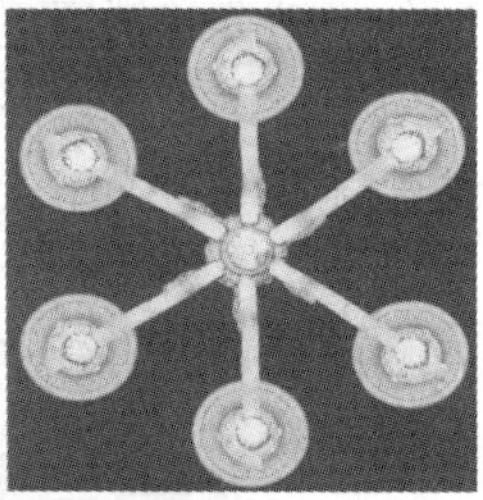
仰视图

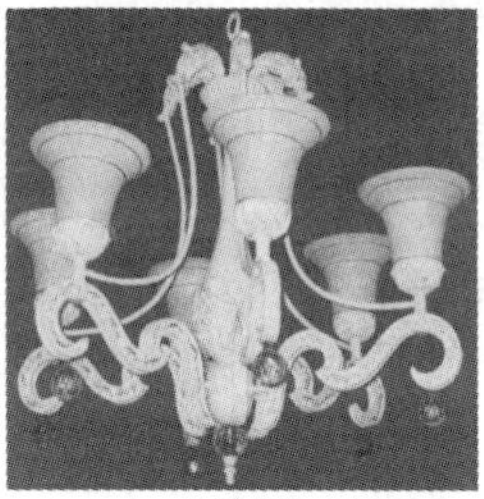
立体图

附图一　金向东涉案专利附图

立体视图 1

立体视图 2

立体视图 3

附图二　涉案吊灯产品附图

16. “水桶盖”外观设计专利权侵权纠纷案

——北京乐扣乐扣贸易有限公司诉浙江吉康塑胶有限公司、北京庭乐时光日用品销售有限责任公司

原告（被上诉人）：北京乐扣乐扣贸易有限公司
被告（上诉人）：浙江吉康塑胶有限公司
被告（原审被告）：北京庭乐时光日用品销售有限责任公司
案由：侵犯外观设计专利权纠纷

一审案号：北京市第一中级人民法院（2008）一中民初字第 5892 号
一审合议庭成员：仪军、芮松艳、高伟
一审结案日期：2008 年 10 月 20 日
二审案号：北京市高级人民法院（2009）高民终字第 931 号
二审合议庭成员：刘辉、岑宏宇、焦彦
二审结案日期：2009 年 2 月 20 日

判决要旨

在外观设计相近似判断时，一般消费者施以普通注意力不能察觉的局部细微差别，对整体视觉效果不产生影响。

经公证的民事法律行为、有法律意义的事实和文书，应当作为认定事实的根据，但有相反证据足以推翻该项公证的除外。

起诉与答辩

原告北京乐扣乐扣贸易有限公司（简称乐扣乐扣公司）诉称：原告是名称为“水桶盖”的外观设计专利（专利号为 ZL200430103954.2）（简称本专利）的使用权人，受专利权人韩国哈纳考比株式会社许可，独占使用本专利。2006 年 8 月，原告发现被告浙江吉康塑胶有限公司（简称吉康公司）生产和销售的两款塑料水杯杯盖的外观形状与本专利完全相同。2007 年 7 月 13 日，原告从北京家乐福商业有限公司双井店处公证购买了上述被控侵权产品，原告发现该被控侵权产品由被告北京庭乐时光日用品销售有限责任公司（简称庭

乐时光公司）代理销售。另外，被告吉康公司在其公司网站上也在销售被控侵权产品。该被控侵权产品与本专利产品类别完全一样，都为水杯杯盖。被控侵权产品与本专利产品外观形状完全相同，属于相同的外观设计。二被告未经原告许可，生产、销售侵犯原告外观设计专利权产品的行为不仅侵犯了原告的外观设计专利使用权，并给原告造成了严重的经济损失。请求法院判令二被告：（1）立即停止侵犯原告专利权的行为；（2）立即销毁侵权产品及其生产模具；（3）共同赔偿原告经济损失30万元；（4）共同承担本案的全部诉讼费用。

被告吉康公司和庭乐时光公司未提交书面答辩意见，其当庭辩称：（1）原告提交的公证载明的获取被控侵权产品的形式不合法，公证申请人与本案没有利害关系。（2）被控侵权产品与本专利并不相同或近似，本专利盖的长度较长，基本到杯盖的外轮廓，而被控侵权产品较短，盖上后离外轮廓较远。被控侵权产品盖的后部有一突起，本专利没有。（3）原告未提交证据证明许可使用费已实际支付，原告主张的赔偿数额没有任何证据支持。综上，请求法院依法驳回原告的全部诉讼请求。

一审查明事实

一审法院查明：申请日为2004年10月20日、名称为水桶盖、专利号为ZL200430103954.2的外观设计专利于2005年9月14日获得授权，该外观设计授权公告视图包括主视图、仰视图、俯视图、左视图、右视图、后视图，专利权人是韩国哈纳考比株式会社。2006年6月5日，原告乐扣乐扣公司与韩国哈纳考比株式会社签订《专利实施许可合同》，双方约定：原告乐扣乐扣公司在中国大陆地区独占使用本专利及专利号为ZL200430103955.7的外观设计专利，合同有效期自2006年6月5日至2014年10月20日。在合同有效期内，原告应支付300万元作为许可合同的启动费用，并且按每计费周期许可专利的产品销售额1%的等值人民币向韩国哈纳考比株式会社支付专利许可费用。该《专利实施许可合同》于2007年7月26日在中华人民共和国国家知识产权局备案。原告没有提交上述专利许可费用已经支付的证据。

2007年7月13日，原告乐扣乐扣公司的委托代理人李尊霞以北京康信知识产权代理有限责任公司的名义于北京家乐福商业有限公司双井店购买了“10元品建夏口杯”两个和“中方形小号密封罐”一个，并对所购商品进行了拍照，北京家乐福商业有限公司双井店出具了发票。“10元品建夏口杯”和“中方形小号密封罐”杯底贴的标签上标有“浙江吉康塑胶有限公司，代理商：北京庭乐时光日用品销售有限责任公司”，“中方形小号密封罐”的挂签上标有"浙江吉康塑胶有限公司"。北京市国信公证处对上述过程进行了公证，并出具了（2007）京国证民字第 06945 号公证书。同日，北京康信知识产权代理有限责任公司代理人任晓东前往北京市国信公证处，对登录浏览吉康公司网站（www. jikangplastic. com）相关网页的全过程进行了公证，在该网站上吉康公司销售多款水杯，北京市国信公证处出具了（2007）京国证民字第 06946 号公证书。

原告为本案诉讼支付公证费 1 400 元、购买涉案侵权产品费用 23. 90 元、专利登记簿副本制作费 200 元及工商登记查档费 500 元。

上述事实有本专利的授权公告文本、专利登记簿副本、《专利实施许可合同》、专利实施许可合同备案证明、（2007）京国证民字第 06945 号公证书、（2007）京国证民字第 06946 号公证书、《北京家乐福商业有限公司双井店销售商品专用发票》、公证费发票、专利登记簿副本制作费发票、工商登记查档费发票以及当事人陈述等证据在案佐证。

一审审理结果

一审法院认为：《专利法》第 11 条第 2 款规定，外观设计专利权被授予后，任何单位或者个人未经专利权人许可，都不得实施其专利，即不得以生产经营为目的制造、销售其外观设计专利产品。原告乐扣乐扣公司通过与专利权人签订《专利实施许可合同》，取得了本专利在中国大陆地区的独占实施许可权，因此，任何单位或者个人未经专利权人许可，都不得以生产经营为目的制造、销售其外观设计专利产品。

将被控侵权产品与本专利的授权公告图片相比，两者产品主体都近似圆柱体，上部向上突起，位于突起中部大概占 1/2 处有一凹槽，凹槽边缘有一盖，盖近似长方形，前端为弧形，后端中部有一呈长方形的小突起，凹槽前端有一出水孔，长方形盖前段上部有一圆形突起，与出水孔对应，上述长方形盖盖上时恰好盖住出水孔。被告认为本专利的长方形盖的长度较长，基本到杯盖的外轮廓，而被控侵权产品较短，盖上后离外轮廓较远以及被控侵权产品盖的后部有一突起，而本专利没有的诉讼主张由于没有事实依据，本院不予支持。因此，被控侵权产品与本专利相同。被告吉康公司生产和销售被控侵权产品的行为已经构成对本专利的侵害，依法应当承担停止侵权行为、赔偿损失的民事责任。对于原告主张被告应销毁侵权产品及生产模具的诉讼请求，因上述行为已被停止侵权这一责任承担方式所涵盖，因此在被告承担停止侵权这一民事责任的情况下，对原告的该主张本院不予支持。

《专利法》第 63 条第 2 款规定，为生产经营目的销售不知道是未经专利权人许可而制造并售出的专利产品的，能证明其产品具有合法来源的，不承担赔偿责任。被告庭乐时光公司是吉康公司的代理销售商，其销售的上述侵权商品系由吉康公司提供。原告并无证据证明该被告明知或应知所销售的侵权商品是未经专利权人许可而制造并售出的专利产品，故庭乐时光公司仅应当承担停止销售被控侵权产品的民事责任。原告主张庭乐时光公司应承担赔偿经济损失的民事责任因缺乏事实和法律依据，本院不予支持。

因原告并未提供证据证明其因被控侵权行为而遭受的损失或被告因此而获得的利益，故本院综合考虑本专利许可的性质，被告产品的销售范围以及外观对单个产品的利润的影响等因素，并考虑原告为本案诉讼所支出的合理费用，酌情确定被告吉康公司应当承担的侵权赔偿数额。

综上，依照《专利法》第 11 条第 2 款、第 12 条、第 57 条第 1 款、第 60 条、第 63 条第 2 款的规定，本院判决如下：

（1）被告浙江吉康塑胶有限公司立即停止生产、销售侵犯 ZL200430103954.2 号外观设计专利的产品；

（2）被告北京庭乐时光日用品销售有限责任公司立即停止销售侵犯 ZL200430103954.2 号外观设计专利的产品；

（3）被告浙江吉康塑胶有限公司在本判决生效之日起 15 日内，赔偿原告北京乐扣乐扣贸易有限公司经济损失（含诉讼合理支出）10 万元；

（4）驳回原告的其他诉讼请求。

吉康公司不服一审判决，提起上诉，请求撤销原审判决第一项及第三项。其理由为：（1）被控侵权产品与涉案专利有实质不同；（2）由于申请人与申请公证的事项没有利害关系，本案公证书违反《中华人民共和国公证法》（简称《公证法》）的有关规定，原审判决对该公证书的采信也违反了《公证法》的规定；（3）原审判决中确定的赔偿数额略高，没有事实依据。

乐扣乐扣公司、庭乐时光公司服从一审判决。

二审查明事实

二审法院查明的事实与一审相同。

二审审理结果

二审法院认为：外观设计专利权被授予后，任何单位或者个人未经专利权人许可，都不得实施其专利，即不得以生产经营为目的制造、销售其外观设计专利产品。乐扣乐扣公司作为涉案专利的独占使用权人，有权向人民法院提起侵犯专利权诉讼。

将被控侵权产品与涉案专利的授权公告图片相比，两者产品主体都近似圆柱体，上部向上突起，位于突起中部大概占 1/2 处有一凹槽，凹槽边缘有一盖，盖近似长方形，前端为弧形，后端中部有一呈长方形的小突起，凹槽前端有一出水孔，长方形盖前段上部有一圆形突起，与出水孔对应，上述长方形盖盖上时恰好盖住出水孔。因此，被控侵权产品与涉案专利相同。吉康公司关于被控侵权产品与涉案专利不相同的上诉主张于法无据，本院不予支持。

经公证的民事法律行为、有法律意义的事实和文书，应当作为认定事实的根据，但有相反证据足以推翻该项公证的除外。本案中，乐扣乐扣公司提交了经公证机关依法出具的公证文书，用以证明侵权事实。在吉康公司未提交该公证文书违反相关法律规定的证据并且该公证文书未被撤销的情况下，本院对该公证文书的有效性予以认定。吉康公司关于公证书违反法律规定的上诉主张没有法律依据，不予支持。

因乐扣乐扣公司并未提供证据证明其因吉康公司涉案被控侵权行为而遭受的损失或吉康公司因此而获得的利益，故原审判决综合考虑涉案专利许可的性质，被控侵权产品的销售范围以及外观对单个产品的利润的影响等因素、乐扣乐扣公司为本案诉讼所支出的合理费用，酌情确定吉康公司应当承担的侵权赔偿数额，有事实和法律依据，并无不妥。吉康公司关于原审判决确定赔偿数额略高的上诉主张不能成立。

综上所述，原审判决认定事实清楚，适用法律正确。吉康公司的上诉理由不能成立，其上诉请求不予支持。据此，依照《中华人民共和国民事诉讼法》第 153 条第 1 款第（1）项之规定，判决如下：

驳回上诉，维持原判。

一审案件受理费 5 800 元，由浙江吉康塑胶有限公司负担 3 000 元，由北京乐扣乐扣贸易有限公司负担 2 800 元；二审案件受理费 2 300 元，由浙江吉康塑胶有限公司负担。

17. “用于数字示波器的视频触发装置”实用新型专利侵权纠纷案

——北京普源精电科技有限公司诉深圳市安泰信电子有限公司、北京力高新达商贸有限公司

原告（被上诉人）： 北京普源精电科技有限公司
被告（上诉人）： 深圳市安泰信电子有限公司
被告（原审被告）： 北京力高新达商贸有限公司
案由： 侵犯实用新型专利权纠纷

一审案号： 北京市第二中级人民法院（2008）二中民初字第14116号
一审合议庭成员： 何暄、宋光、梁立君
一审结案日期： 2009年4月23日
二审案号： 北京市高级人民法院（2009）高民终字第4014号
二审合议庭成员： 刘辉、岑宏宇、钟鸣
二审结案日期： 2009年12月15日

判决要旨

原告依据涉案专利独立权利要求保护范围起诉，在诉讼期间其专利独立权利要求被宣告人无效，诉讼请求因而被驳回后，原告依据涉案专利从属权利要求另行起诉的，其基于不同的事实和证据提起诉讼符合民事诉讼法的规定，不属于重复起诉，法院应当受理。对于功能性限定的技术特征，要结合说明书合理地确定能够实现该功能的技术手段。

起诉与答辩

原告北京普源精电科技有限公司（简称普源精电公司）诉称：普源精电公司是“用于数字示波器的视频触发装置”的实用新型专利权人。2006年12月，普源精电公司购买了由北京力高新达商贸有限公司（简称力高新达公司）销售的、由被告深圳市安泰信电子有限公司（简称安泰信公司）制造的ADS7062SA、ADS7022S数字示波器，经比较，发现上述两款数字示波器中的视频触发装置具备涉案专利的全部必要技术特征。普源精电公司认为，安泰信

公司和力高新达公司未经许可，制造、销售 ADS7062SA、ADS7022S 数字示波器的行为侵犯了普源精电公司的专利权。故普源精电公司提起诉讼，请求：（1）判令安泰信公司停止制造、销售涉案侵权产品，销毁制造涉案侵权产品的模具及其他专用设备、材料。（2）判令安泰信公司赔偿普源精电公司经济损失 50 万元以及因本案诉讼支出的合理费用 8 万元。（3）判令安泰信公司在全国性报纸和杂志上刊登向普源精电公司赔礼道歉的声明。（4）判令力高新达公司停止销售涉案侵权产品。

被告安泰信公司辩称：（1）普源精电公司已就相同事实提起过诉讼，并在北京市第二中级人民法院审理完毕，本案属于重复诉讼。（2）司法鉴定机构已经对相关技术问题进行了鉴定，并作出了不侵权的结论。（3）安泰信公司制造的 ADS7062SA、ADS7022S 数字示波器没有落入涉案专利的保护范围，不构成侵权。据此，请求驳回普源精电公司的诉讼请求。

被告力高新达公司辩称：力高新达公司销售的 ADS7062SA、ADS7022S 数字示波器来自于安泰信公司，力高新达公司对于产品是否侵权并不清楚，今后将不再销售上述产品。

一审查明事实

一审法院查明：2003 年 4 月 24 日，李维森、王铁军、王悦向国家知识产权局提出了名称为“用于数字示波器的视频触发装置”的实用新型专利申请。国家知识产权局于 2004 年 4 月 28 日授予李维森、王铁军、王悦专利权，专利号为 ZL032504926（简称本专利）。2005 年 6 月 24 日，本专利的权利人变更为普源精电公司。目前，本专利权处于有效状态。

本专利权利要求书记载的内容为：

1. 一种用于数字示波器的视频触发装置，包括顺序串联连接的视频极性选择器、增益放大器和行场信号分离器，其特征在于：还包括峰值检波器、基准电平发生器和电平比较器，其中：峰值检波器，从所获取的视频信号中检测出视频峰值信号，它的输入端连接增益放大器的输出端，以获取增益放大器输出的视频信号，其输出端连接电平比较器的第一输入端，将所述峰值信号送给电平比较器；基准电平发生器，提供与所述峰值信号进行比较的标准电平信号，其输出端连接所述电平比较器的第二输入端；电平比较器，其输出端连接所述增益放大器的反馈输入端，用于比较所述峰值信号和标准电平信号，将比较得到的信号差值输出到所述增益放大器。

2. 根据权利要求 1 所述的用于数字示波器的视频触发装置，其特征在于，所述装置还包括误差信号放大器，连接在电平比较器的输出端和增益放大器的输入端之间，用于放大电平比较器输出的差值信号。

3. 根据权利要求 2 所述的用于数字示波器的视频触发装置，其特征在于：所述装置还包括滤波器，该滤波器连接在所述误差信号放大器和所述增益放大器之间，用于滤出所述误差信号放大器输出信号中的噪声信号。

4. 根据权利要求 3 所述的用于数字示波器的视频触发装置，其特征在于：所述装置还包括时间调整器，连接在所述误差信号放大器和所述滤波器之间，或者连接在所述滤波器和所述增益放大器之间，用于调整送给所述增益放大器的视频误差信号的相位，以与视频信号的相位相适应。

5. 根据权利要求 2 所述的用于数字示波器的视频触发装置，其特征在于：所述装置还包括滤波和时间调整器，连接在所述误差信号放大器和所述增益放大器之间，用于滤出所述误差信号放大器输出信号中的噪声信号以及与视频信号的相位相适应。

6. 根据权利要求 4 或 5 所述的用于数字示波器的视频触发装置，其特征在于：所述装置还包括缓冲驱动器，连接在所述增益放大器和行场信号分离器之间，以缓冲并驱动所述增益放大器输出的视频信号，保证输入到行场信号分离器的视频信号满足行场分离器输入信号的需求。

7. 根据权利要求 6 所述的用于数字示波器的视频触发装置，其特征在于：所述峰值检波器为二极管峰值检波器。

8. 根据权利要求 7 所述的用于数字示波器的视频触发装置，其特征在于：所述基准电平发生器为稳压管。

在专利说明书中，记载了以下内容："基准电平比较器即一个运算器，比较后输出一个幅度变化相对较小的差值信号"，"在本实用新型的另外的实施例中，所述电平比较器和误差信号放大器可以是一个比较放大器，由峰值检波器输出的峰值信号和基准电平比较器提供的电平值在比较放大器内进行比较和放大，然后输出至滤波器"。

2006 年 12 月，普源精电公司从力高新达公司购买了由安泰信公司制造的 ADS7062SA、ADS7022S 两款数字示波器，其中，ADS7062SA 数字示波器每台售价为 3 854 元，ADS7022S 数字示波器每台售价为 2 487 元。普源精电公司认为，上述两种型号产品的视频触发装置相同，均体现为由 RC56、RC57、UC8B 三个元器件组成的功能模块，具备涉案专利的全部必要技术特征，落入了本专利权利要求 1 的保护范围，系被控侵权物。同年 12 月，普源精电公司曾在本院起诉安泰信公司和力高新达公司，案号为（2007）二中民初字第 1945 号。本院在审理该案过程中，安泰信公司认可 ADS7062SA、ADS7022S 两种型号数字示波器的视频触发装置相同，但是认为没有落入本专利权利要求 1

的保护范围。本院曾于2007年9月委托北京九州世初知识产权司法鉴定中心对相关技术问题进行鉴定。在鉴定过程中，国家知识产权局专利复审委员会于2007年9月26日对本专利作出了无效宣告请求审查决定，宣告本专利权利要求1、2无效。

2007年11月24日，北京九州世初知识产权司法鉴定中心出具了《鉴定报告书》，认为：

第一，在本专利权利要求全部有效的前提下，权利要求1为最大保护范围，其全部必要技术特征包括：

A1. 一种用于数字示波器的视频触发装置；

A2. 包括顺序串联连接的视频极性选择器、增益放大器、行场信号分离器；

A3. 还包括峰值检波器，从获取的视频信号中检测出视频峰值信号，它的输入端连接增益放大器的输出端，以获取增益放大器输出的视频信号，其输出端连接电平比较器的第一输入端，将所述峰值信号送给电平比较器；

A4. 还包括基准电平发生器和电平比较器，基准电平发生器提供与所述峰值信号进行比较的标准电平信号，其输出端连接所述电平比较器的第二输入端；电平比较器输出端连接所述增益放大器的反馈输入端，用于比较所述峰值信号和标准电平信号，将比较得到的信号差值输出到所述增益放大器。

第二，安泰信公司制造的ADS7062SA、ADS7022S两种型号数字示波器的视频触发装置包括以下技术特征：

B1. 用于ADS7000系列数字存储示波器的视频触发装置；

B2. 包括顺序串联连接的增益放大器、视频极性选择器、行场信号分离器；

B3. 还包括峰值检波器，从获取的视频信号中检测出视频峰值信号，输入端连接缓冲驱动器3的输出端，输出端连接信号放大器的输入端；

B4. 还包括高通和缓冲驱动器3，高通用来滤除缓冲驱动器2输出信号中的低频分量和直流分量，去除增益放大器和缓冲驱动器2直流漏电流引起的电平漂移对峰值检波器输入信号的影响，其输出端连接缓冲驱动器3；缓冲驱动器3用于隔离前后级信号之间的影响，其输出端连接峰值检波器；

B5. 还包括信号放大器，该信号放大器连接在峰值检波器的输出端和滤波器的输入端之间，用于放大视频峰值信号；

B6. 还包括滤波器，该滤波器连接在所述信号放大器和所述增益放大器之间，用于滤除信号放大器输出的信号中的高频噪声。

第三，经比较，B1与A1相同、B2与A2等同、B3与A3等同。B4与A4

相比较，A4 由电平比较器和基准电平发生器构成的整体模块接在峰值检波器的输出端，而 B4 由高通和缓冲驱动器 3 构成的整体模块接在峰值检波器的输入端。两模块一个位于峰值检波器前，一个位于峰值检波器后，两模块的外部区别只是电路中视频信号峰值检波是在模块前还是模块后的不同。A4 技术方案的工作方式为：从增益放大器输出的视频峰值信号经峰值检波器检测出视频峰值信号，视频峰值信号输出至电平比较器的第一输入端；基准电平发生器提供与峰值信号进行比较的标准电平信号，标准电平信号输入电平比较器的第二输入端；峰值信号与基准电平信号经电平比较器比较，得到的信号差值输出到误差信号放大器。它是作为一个整体模块实现的功能，即此模块的实质是由运算放大器构成的比较器电路，通过比较电路得到视频峰值信号与标准电平信号的差值信号，利用差值信号控制增益放大器的增益调整。在 B4 中，没有采用由基准电平发生器和电平比较器构成的整体模块，而是由高通和缓冲驱动器 3 构成的整体模块。其工作方式为：从增益放大器输出的视频信号经高通滤波器，隔离直流分量，去除增益放大器和缓冲驱动器 2 直流漏电流对峰值检波器输入信号的影响；从高通滤波器输出的信号经缓冲驱动器 3，缓冲驱动器 3 隔离前后级视频信号之间的影响，输出视频信号到峰值检波器，峰值检波器检测出视频峰值信号，视频峰值信号直接输出到信号放大器。在功能方面，B4 的视频触发电路中的增益放大器采用的是三极管，三极管的直流漂移比 A4 的视频触发电路中采用的运算放大器大很多，并采用了交流耦合放大器工作方式，通过多个电容器隔离各级电路产生的直流漂移，得到稳定的增益控制。因此，B4 与 A4 既不相同亦不等同。

同时，该鉴定报告还论及了另外两种情形，即如果本专利权利要求 1、2 无效，其最大保护范围体现为由权利要求 1、2、3 或 1、2、5 组成的两种技术方案。将这两种技术方案与安泰信公司制造的 ADS7062SA、ADS7022S 两种型号数字示波器的视频触发装置比较后，被控侵权物具备本专利的 2、3 或 2、5 特征，但是，由于存在上述 B4 与 A4 不等同的情形，故被控侵权物仍然没有落入这两种技术方案的保护范围中。

本院组织双方当事人以及鉴定人对该鉴定报告进行了质证，安泰信公司对鉴定报告不持异议，普源精电公司对 B4 与 A4 不构成等同提出质疑，其认为在被控侵权产品的视频触发装置中，由 RC56、RC57、UC8B 三个元器件组成的功能模块就是本专利的电平比较器。北京九州世初知识产权司法鉴定中心在《答复意见》中称，在被控侵权产品的视频触发装置中不存在电平比较功能。

2007 年 12 月 20 日，本院在以本专利全部有效的前提下，对（2007）二中民初字第 1945 号案件作出判决，驳回了普源精电公司的诉讼请求。普源精电公司不服该判决，向北京市高级人民法院提出了上诉。在北京市高级人民法院审理过程中，因普源精电公司和安泰信公司对国家知识产权局专利复审委员会就本专利作出的无效宣告请求审查决定未提起行政诉讼，该决定生效。北京市高级人民法院维持了本院的上述判决，但是在二审判决书中明确指出，鉴于在二审期间本专利权利要求 1、2 项已无效，本专利权的保护范围发生了变化，属于二审期间出现的新的重大事实，普源精电公司以本专利权利要求 1 有效为前提提起的诉讼已无事实依据，应予驳回，普源精电公司可以根据重新确定的有效的专利权保护范围另行起诉。

本专利权利要求原 1、2 项被宣告无效后，成为前序技术特征，分别与权利要求 3、权利要求 5 组成了两项并列的技术方案，即权利要求原 1、2 项与权利要求 3，权利要求原 1、2 项与权利要求 5 均是最大保护范围。普源精电公司根据北京市高级人民法院上述判决的精神，提起了本案诉讼，仍然指控安泰信公司制造的 ADS7062SA、ADS7022S 两种型号数字示波器中的视频触发装置为本案被控侵权物，其落入了由权利要求原 1、2 项和 3 组成的保护范围，其中，由 RC55、RC56、RC57、CC49、UC8B 五个元器件组成的功能模块实现了本专利的电平比较和放大功能。

2008 年 11 月 19 日，普源精电公司委托中国计量科学研究院对被控侵权产品的视频触发装置进行了通电测试。公证人员对测试的全过程进行了公证。测试结果显示：该视频触发装置存在电平比较功能。

2008 年 11 月 25 日，普源精电公司委托北京智慧知识产权司法鉴定中心对被控侵权物与本专利技术方案是否相同或等同进行鉴定。该中心在鉴定过程中，除对中国计量科学研究院的上述测试进行了验证测试外，还对 RC55、RC56、RC57、CC49、UC8B 等元器件进行了功能测试。公证人员对上述测试过程进行了公证。在此基础上，北京智慧知识产权司法鉴定中心于 2008 年 12 月 14 日出具了《司法鉴定意见书》。该鉴定意见书认为：

第一，由本专利原权利要求 1、2 和权利要求 3 记载的全部必要技术特征包括：

a1. 一种用于数字示波器的视频触发装置；

a2. 包括顺序串联连接的视频极性选择器、增益放大器和行场信号分离器；

a3. 还包括峰值检波器，从所获取的视频信号中检测出视频峰值信号，其输入端连接增益放大器的输出端，以获取增益放大器输出的视频信号，其输出端连接电平比较器的第一输入端，将所述峰值信号送给电平比较器；

a4. 还包括基准电平发生器，提供与所述峰值信号进行比较的标准电平信号，其输出端连接所述电平比较器的第二输入端；

a5. 还包括电平比较器和误差信号放大器，电平比较器输出端连接误差信号放大器的反馈输入端，用于比较所述峰值信号和标准电平信号，将比较得到的信号差值输出到误差信号放大器；误差信号放大器连接在电平比较器的输出端和滤波器的输入端之间，用于放大电平比较器输出的差值信号；

a6. 还包括滤波器，连接在所述误差信号放大器和所述增益放大器之间，用于滤除所述误差信号放大器输出信号中的噪声信号。

第二，被控侵权物具备以下技术特征：

b1. 用于 ADS7062SA 型号数字示波器的视频触发装置；

b2. 包括顺序串联连接的增益放大器、视频极性选择器和行场信号分离器；

b3. 还包括峰值检波器，输入端连接视频极性选择器的输出端，从获取的视频信号中检测出视频峰值信号，输出端连接电平运算放大器；

b4. 还包括基准电平，提供标准电平信号，其输出端连接电平运算放大器；

b5. 还包括电平运算放大器，输出端连接滤波器，用于将所述视频峰值信号与标准电平信号进行运算得到一个信号差值，再将该差值信号放大后输出；

b6. 还包括滤波器，连接在所述电平运算放大器和所述增益放大器之间，用于滤除所述电平运算放大器输出信号中的噪声信号。

第三，经比较，b1 与 a1、b4 与 a4、b6 与 a6 相同，b2 与 a2、b3 与 a3、b5 与 a5 等同。

一审审理结果

一审法院认为：原告普源精电公司作为“用于数字示波器的视频触发装置”实用新型专利的专利权人，其依法享有的专利权合法有效，受我国专利法的保护，任何单位或者个人未经专利权人许可，都不得实施其专利，即不得为生产经营目的制造、使用、许诺销售、销售、进口其专利产品。

根据我国民事诉讼法的规定，当事人就同一事实不得重复起诉。本案中，原告普源精电公司起诉所依据的专利权与（2007）二中民初字第 1945 号案件中所依据的权利相比，其专利权的保护范围发生了变化，据此，专利技术方案与被控侵权物的技术方案的对比事实也相应地发生了变化，因此，普源精电公司提起本案诉讼不属于重复起诉。

在进行专利侵权判定比较时，应当以专利权利要求中记载的技术方案的全部必要技术特征与被控侵权物的全部技术特征逐一进行对应比较。如果被控侵权物的技术特征包含了专利权利要求中记载的全部必要技术特征，即落入专利权的保护范围。当被控侵权物中有一个或者一个以上技术特征经与专利独立权利要求保护的技术特征相比，经过分析可以认定二者是相等同的技术特征，亦应当认定被控侵权物落入了专利权的保护范围。

在本案审理中，双方对于被控侵权物具备本专利的 a1、a2、a3、a6 特征无异议。a4 为视频触发电路反馈通道基准电平发生器及与其他功能模块的连接关系。基准电平发生器提供一个标准电平信号，其输出端连接所述电平比较器的第二输入端，该标准电平信号在电平比较器中与视频峰值信号进行比较。b4 为视频触发电路反馈通道中基准电平及与其他功能模块的连接关系。该基准电平是一个 -5V 稳压电源，提供 -5V 的标准电平信号，其输出端连接电平运算放大器，-5V 的标准电平信号在电平运算放大器中与视频峰值信号进行计算。二者均是提供一个标准电平信号，并将该信号输入到下一个功能模块中与视频峰值信号进行比较、计算，二者的工作方式相同，实现的功能、效果也完全相同。因此，b4 与 a4 相同。

无论是在（2007）二中民初字第 1945 号案件中，还是在本案中，双方争议的焦点始终在于被控侵权物中是否具备本专利的电平比较器功能及其在连接方式上是否与之相同或等同。在专利文件中，某一结构或部件的名称并不重要，关键在于判断被控侵权物中是否具备该技术特征时，要看被控侵权物是否具备该结构或部件的功能以及在实现该功能时所采用的技术手段是否相同。本专利电平比较器的功能是将峰值信号与标准电平信号进行比较，然后将比较后的信号差值输出到增益放大器。而实现该功能的技术手段体现为功能模块及其相关连接方式。对该功能及其实现该功能的技术手段除了权利要求书的字面解释外，在说明书中还有相关阐述。根据我国专利法的规定，实用新型专利权的保护范围以权利要求书为准，说明书和附图可以用于解释权利要求。在本专利的说明书中，对电平比较器的功能还描述为“基准电平比较器即一个运算器，比较后输出一个幅度变化相对较小的差值信号”，因此，将本权利要求书与说明书结合起来看，可以确定本专利的电平比较器的功能是运算、比较。另外的一个问题是，电平比较器是否是一个独立的模块？这在权利要求书中没有明确指出。对此，本院认为，本专利的电平比较器是一个功能性特征，在专利侵权判断中，对于功能性限定特征的保护应当遵循仅仅涵盖了说明书中记载的具体实现方式及其等同方式的规则。在本专利说明书中恰恰包含有对此功能的限定，即“在本实用新型的另外的实施例中，所述电平比较器和误差信号放大器可以是一个比较放大器，由峰值检波器输出的峰值信号和基准电平比较器提供的电平值在比较放大器内进行比较和放大，然后输出至滤波器”。据此，可以认定电平比较器和误差信号放大器处在一个模块上，以实现比较、放大功能。在一项发明中，必要技术特征是根据功能划分的，鉴于电平比较器和误差信号放大器处在一个模块上，共同实现同一个功能，因此，本专利的电平比较器和误差信号放大器应当作为一个必要技术特征看待。

在被控侵权物中，首先，电平运算放大器的功能是将视频峰值信号与标准电平信号进行运算、比较后得到一个信号差值，再将该差值信号放大后输出，从而利用该差值信号控制增益放大器的增益调整。这与本专利的电平比较器和误差信号放大器的功能相同。其次，电平运算放大器也是一个单独的模块，它和其他功能模块的连接关系与本专利的电平比较器和误差信号放大器的连接关系相同。综上，被控侵权物中的电平运算放大器与本专利中的电平比较器、误差信号放大器相比较，二者是以基本相同的手段，实现基本相同的功能，达到基本相同的效果，并且本领域的普通技术人员无须经过创造性劳动就能够联想到的，属于等同的技术特征。此外，北京九州世初知识产权司法鉴定中心出具的《鉴定报告书》认为在被控侵权物中不存在电平比较功能，但是，根据中国计量科学研究院对被控侵权物进行的通电测试显示是存在电平比较功能的。

综上所述，本院认定被控侵权物落入了本专利的保护范围，构成对原告普源精电公司享有的专利权的侵犯。被告安泰信公司、力高新达公司应依法承担相应的法律责任。对原告普源精电公司要求判令被告安泰信公司停止制造、销售被控侵权产品，并赔偿损失的请求，本院予以支持。关于赔偿数额，普源精电公司未提出明确的证据，本院将参照安泰信公司制造、销售被控侵权产品的时间长短、被控侵权产品的销售单价、被控侵权物在被控侵权产品中所起的作用等因素，酌情确定本案的具体赔偿数额。对于原告普源精电公司要求被告安泰信公司支付其因本案诉讼支出的合理费用的请求，本院对其中的合理部分予以支持。被告力高新达公司销售的被控侵权产品系来自于被告安泰信公司，对原告普源精电公司要求判令力高新达公司停止销售被控侵权产品的请求，本院予以支持。鉴于本院判处被告停止侵权的方式已能够有效制止侵权行为，故对原告普源精电公司请求判令被告安泰信公司销毁制造涉案侵权产品的模具及其他专用设备、材料的请求，本院不予支持。另鉴于原告普源精电公司所主张的专利权系财产性权利，对其要求被告安泰信公司赔礼道歉的诉讼请求，本院亦不予支持。

本院依照《中华人民共和国专利法》第 11 条第 1 款、第 56 条第 1 款、第 63 条第 2 款，《中华人民共和国民法通则》第 134 条第（1）项、第（7）项，《最高人民法院〈关于审理专利纠纷案件适用法律问题的若干规定〉》第 17 条、第 21 条之规定，判决如下：

（1）深圳市安泰信电子有限公司、北京力高新达商贸有限公司于本判决生效之日起，停止对北京普源精电科技有限公司享有的“用于数字示波器的视频触发装置”（专利号为 ZL032504926）专利权的涉案侵权行为；

（2）深圳市安泰信电子有限公司于本判决生效之日起十日内，赔偿北京普源精电科技有限公司经济损失以及因本案诉讼支出的合理费用共计 30 万元；

（3）驳回北京普源精电科技有限公司的其他诉讼请求。

安泰信公司不服一审判决，提起上诉，请求撤销原审判决，由普源精电公司承担本案全部诉讼费用。其上诉理由是：一审法院程序不当，影响作出正确判决，本案属于重复诉讼，不符合民事诉讼法的规定；本案依法不应再次进行司法鉴定。原审判决采信的司法鉴定意见书是普源精电公司单方委托的，鉴定过程采用的测试方法错误，导致鉴定结论错误。从涉案专利说明书附图 2 中可以清楚地看到基准电压和比较电压分别输入运算放大器的 +、－端，完成比较；而被控侵权产品的原理图中，基准电压和视频峰值检波信号都输入在运算放大器的同一个输入端上，因此，安泰信公司的产品根本不存在与“电平比较器”基本相同的结构，也实现不了“用于比较所述峰值信号和标准电平信号”的功能，没有落入涉案专利权保护的范围。

普源精电公司、力高新达公司服从一审判决。

二审查明事实

二审法院查明的事实和一审相同。

二审审理结果

二审法院认为：普源精电公司是本专利的专利权人，依法享有专利权，任何单位或者个人未经专利权人许可，都不得实施其专利，即不得为生产经营目的制造、使用、许诺销售、销售、进口其专利产品。

普源精电公司在 2006 年 12 月起诉时是以本专利权利要求 1 的保护范围作为起诉的依据，而在本院审理（2008）高民终字第 318 号案件过程中，专利复审委员会作出的第 10517 号无效决定发生法律效力，该决定宣告本专利权利要求 1、2 无效，据此，本院以普源精电公司据以主张权利的本专利权利要求 1 已被无效为由驳回普源精电公司的诉讼请求。普源精电公司并不因此丧失依据本专利有效的权利要求起诉的权利，其基于不同的事实和证据提起本案诉讼符合民事诉讼法的规定，不属于重复起诉。

根据《最高人民法院〈关于审理专利纠纷案件适用法律问题的若干规

定〉》,专利权的保护范围应当以权利要求书中明确记载的必要技术特征所确定的范围为准，也包括与该必要技术特征相等同的特征所确定的范围，而等同特征是指与所记载的技术特征以基本相同的手段，实现基本相同的功能，达到基本相同的效果，并且本领域的普通技术人员无须经过创造性劳动就能够联想到的特征。

本案争议的焦点是 a5 与 b5 是否构成等同的技术特征。本专利中：a5. 还包括电平比较器和误差信号放大器，电平比较器输出端连接误差信号放大器的反馈输入端，用于比较所述峰值信号和标准电平信号，将比较得到的信号差值输出到误差信号放大器；误差信号放大器连接在电平比较器的输出端和滤波器的输入端之间，用于放大电平比较器输出的差值信号；被控侵权产品中：b5. 还包括电平运算放大器，输出端连接滤波器，用于将所述视频峰值信号与标准电平信号进行运算得到一个信号差值，再将该差值信号放大后输出。《专利法》第 56 条第 1 款规定，实用新型专利的保护范围以权利要求的内容为准，说明书和附图可以用于解释权利要求。本专利电平比较器的功能是将峰值信号与标准电平信号进行比较，然后将比较后的信号差值输出到增益放大器。而实现该功能的技术手段体现为功能模块及其相关连接方式。在本专利说明书中记载有“基准电平比较器即一个运算器，比较后输出一个幅度变化相对较小的差值信号”以及“在本实用新型的另外的实施例中，所述电平比较器和误差信号放大器可以是一个比较放大器，由峰值检波器输出的峰值信号和基准电平比较器提供的电平值在比较放大器内进行比较和放大，然后输出至滤波器”的内容。因此，本专利所属技术领域的普通技术人员根据本专利权利要求和说明书，可以确定本专利的电平比较器的功能是运算、比较。电平比较器在权利要求中并未记载为一个独立的模块，电平比较器和误差信号放大器处在一个模块上，以实现比较、放大功能。在被控侵权产品中，电平运算放大器的功能是将视频峰值信号与标准电平信号进行运算、比较后得到一个信号差值，再将该差值信号放大后输出，从而利用该差值信号控制增益放大器的增益调整。这与本专利的电平比较器和误差信号放大器的功能相同。此外，电平运算放大器也是一个单独的模块，它和其他功能模块的连接关系与涉案专利的电平比较器和误差信号放大器的连接关系相同。因此，被控侵权产品中的电平运算放大器与本专利中的电平比较器、误差信号放大器相比较，二者是以基本相同的手段，实现基本相同的功能，达到基本相同的效果，并且本领域的普通技术人员无须经过创造性劳动就能够联想到的，属于等同的技术特征。

在北京九州世初知识产权司法鉴定中心《鉴定报告书》中未记载进行了通电测试，而根据中国计量科学研究院对被控侵权物进行的通电测试显示是存在电平比较功能的。北京智慧知识产权司法鉴定中心出具的《司法鉴定意见书》，亦进行了通电验证测试。因此，中国计量科学研究院出具的《测试证书》和北京智慧知识产权司法鉴定中心出具的《司法鉴定意见书》虽然是普源精电公司单方委托的，但是两份证据可以互相印证，安泰信公司未提供充分证据予以反驳。故一审法院采信北京智慧知识产权司法鉴定中心出具的《司法鉴定意见书》并无不当。一审法院认定被控侵权产品落入了本专利权的保护范围，参照安泰信公司制造、销售被控侵权产品的时间长短、被控侵权产品的销售单价、被控侵权物在被控侵权产品中所起的作用等因素，酌情确定具体赔偿数额及合理支出费用是正确的。

综上所述，安泰信公司的上诉理由缺乏事实和法律依据，其上诉请求本院不予支持。原审判决认定事实清楚，适用法律正确。依照《中华人民共和国民事诉讼法》第 153 条第 1 款第（1）项之规定，判决如下：

驳回上诉，维持原判。

一审案件受理费 9 600 元，由北京普源精电科技有限公司负担 1 600 元，由深圳市安泰信电子有限公司负担 8 000 元；二审案件受理费 5 800 元，由深圳市安泰信电子有限公司负担。

18. “带调节装置的座椅靠背”发明专利侵权纠纷案

——舒克阿设备制造股份公司诉北京三江华晨汽车销售服务有限公司、长春市新发展塑胶工业有限公司、沈阳金杯江森自控汽车内饰件有限公司

原告（上诉人）： 舒克阿设备制造股份公司

被告（被上诉人）： 北京三江华晨汽车销售服务有限公司

被告（被上诉人）： 长春市新发展塑胶工业有限公司

被告（被上诉人）： 沈阳金杯江森自控汽车内饰件有限公司

案由： 侵犯发明专利权纠纷

一审案号： 北京市第一中级人民法院（2008）一中民初字第2530号

一审合议庭成员： 刘海旗、佟姝、钟华

一审结案日期： 2009年1月20日

二审案号： 北京市高级人民法院（2009）高民终字第2224号

二审合议庭成员： 张雪松、李燕蓉、张冬梅

二审结案日期： 2009年9月29日

判决要旨

如果在一项产品权利要求中不是采用结构或者组合的技术特征来限定该产品，而是采用产品的零部件或者方法的步骤在技术方案中所起的作用、功能或者所产生的效果来限定，则称为“功能性限定特征”。对于权利要求中所包含的功能性限定的特征，应当理解为覆盖了所有能够实现所述功能的实施方式，但是应当结合说明书和附图描述的该功能或者效果的具体实施方式及其等同的实施方式，确定该技术特征的内容。

起诉与答辩

原告舒克阿设备制造股份公司（简称舒克阿公司）诉称：原告是“带调节装置的座椅靠背”发明专利的专利权人。2007年8月，原告从第一被告处购得由第三被告生产的装有座椅靠背的华晨骏捷M2轿车驾驶员座椅，在拆开

该座椅后发现，其中使用的座椅靠背系由第二被告生产。原告对这一购买过程和座椅靠背拆解过程进行了公证。此外，第二被告还在其网站上宣传并许诺销售侵权座椅靠背。第一被告在销售上述座椅的同时，还销售带有上述座椅的轿车，并在其网站上许诺销售带有上述座椅的轿车。将涉案座椅靠背与本专利进行比对可知，涉案座椅靠背落入本专利权利要求 1、3、4、5、8、9 和 10 的保护范围。由于座椅靠背是座椅的一部分，因此，第一被告未经专利权人许可，以生产经营为目的，销售装有本专利座椅靠背的座椅的行为和销售、许诺销售装有该座椅的汽车的行为，侵犯了原告的专利权。第二被告未经专利权人许可，以生产经营为目的，制造、许诺销售和销售原告享有发明专利权的座椅靠背的行为，侵犯了原告的专利权。第三被告未经专利权人许可，以生产经营为目的，使用第二被告提供的座椅靠背，制造和销售装有该座椅靠背的座椅行为，侵犯了原告的专利权。综上，原告请求法院判令：（1）三被告立即停止侵权行为，即：①第一被告立即停止销售安装有侵犯原告专利权的座椅靠背的座椅，立即停止销售和许诺销售带有该座椅的车辆；②第二被告立即停止生产、销售和许诺销售侵犯原告专利权的座椅靠背；③第三被告立即停止生产和销售安装有侵犯原告专利权的座椅靠背的座椅。（2）第二被告和第三被告共同赔偿原告经济损失 50 万元。（3）第二被告和第三被告承担原告为本案支付的调查费 1 300 元、公证费 11 000 元、律师费 458 903 元，共计 471 203 元。（4）第一被告在无法提供安装有侵权座椅靠背的座椅合法来源情况下，连带承担赔偿责任。

被告北京三江华晨汽车销售服务有限公司（简称三江华晨公司）辩称：我公司销售给原告的产品系从北京经纬盛华商贸有限公司购进，具有合法来源。所销售的产品都是从沈阳华晨汽车有限公司和正规的配件公司合法进货取得，且我公司并不知道涉案座椅是否系侵权产品，因此请求法院驳回原告的诉讼请求。

被告长春市新发展塑胶工业有限公司（简称长春新发展公司）辩称：（1）原告的主体不适格，本专利专利权人为舒克阿设备制造有限公司，而非舒克阿设备制造股份公司。（2）我公司产品与本专利是完全不同的技术方案，没有侵犯原告的专利权，故请求法院驳回原告的诉讼请求。

被告沈阳金杯江森自控汽车内饰件有限公司（简称金杯江森公司）没有提交书面答辩意见。

一审查明事实

一审法院查明：原告于 1993 年 9 月 28 日向原中华人民共和国专利局提出

了名称为“带调节装置的座椅靠背”（简称本专利）的发明专利申请，2000年2月23日被授权公告，专利号为ZL93118221.2，专利权人为舒克阿公司。本专利授权公告文本载明的权利要求为：

“1. 带调节装置的座椅靠背，该调节装置对安装在框架上的柔性弓形件进行调节，以调节所述靠背的弯曲曲率，其特征在于，该座椅靠背具有一个与所述的柔性弓形件相连接的附加的胯部支撑件，该胯部支撑件由配件（16、23、28）构成，所述配件（16、23、28）与所述的柔性弓形件相连接并对准所说的座椅。

2. 按照权利要求1所述的靠背，其特征在于，该胯部支撑件可固定在柔性弓形件的上方区域上。

3. 按照专利要求1所述的靠背，其特征在于，该胯部支撑件可固定在柔性弓形件的下端。

4. 按照权利要求1所述的靠背，其特征在于，柔性弓形件和胯部支撑件可连接而组成一个单一的整体部件。

5. 按权利要求1至4任一所述的靠背，其特征在于，借助于至少一根导向杆，该柔性弓形件的底部区域可与框架的底部区域相连接。

6. 按照权利要求1所述的靠背，其特征在于，可借助于一空气缓冲器使该柔性弓形件或使与该柔性弓形件相连的板的尾部支靠在框架上。

7. 按权利要求1至4任一所述的靠背，其特征在于，至少有一个弹簧件安装在胯部支撑件的自由端与框架之间的后侧上。

8. 按权利要求1至4任一所述的靠背，其特征在于，柔性弓形件和/或胯部支撑件可由塑料制成。

9. 按权利要求1至4任一所述的靠背，其特征在于，柔性弓形件和/或胯部支撑件可由一块板制成。

10. 按权利要求1至4任一所述的靠背，其特征在于，柔性弓形件和/或胯部支撑件上可具有加强件。”

2007年8月9日，原告经北京市海淀区第二公证处公证从第一被告处购买了中华M2司机手动织物汽车座椅一个，单价为1 300元，发票上填写的货物名称为中华配件。在该座椅塑料外包装上粘贴的标识牌上无生产厂家的名称，仅有零件号和零件名称等字样。2007年8月21日，在该公证处的监督下，原告对该座椅进行了拆解，由公证人员对座椅靠背内的腰托构件进行了拍照，在涉案座椅靠背内的腰托构件上粘有印有第二被告企业名称的产品标识贴。北京市海淀区第二公证处对上述购买及拆解过程进行了公证。

2007年8月22日，原告在北京市海淀区第二公证处的监督下，通过互联网进入 www. ccxfz. com 网址，在标称为长春新发展塑胶工业有限公司的网页下，可见产品名称为“腰部舒适调节器（腰托）”的产品照片及相关说明。同日，原告还在该公证处，通过互联网进入 www. sjqc. cn 网址，在标称为北京三江金客（华晨）汽车销售服务有限公司的网页下，可见适配有涉案座椅车辆的销售信息及照片等资料，表明安装有涉案座椅的车辆为中华骏捷 1. 8L 轿车。北京市海淀区第二公证处对上述过程进行了公证。

原告将本专利权利要求与涉案座椅靠背内的腰托（简称涉案腰托）进行比对后认为，涉案腰托落入了本专利权利要求 1、3、4、5、8、9 和 10 的保护范围。

在本案庭审过程中，经法庭主持，对原告通过公证程序购买的座椅中的腰托进行了勘验，并根据原告的相关指控进行了对比。根据本专利权利要求 1 所公开的技术方案，权利要求 1 中所包含的必要技术特征为：带调节装置的座椅靠背；调节装置对安装在框架上的柔性弓形件进行调节，以调节所述靠背的弯曲曲率；一个与所述的柔性弓形件相连接的附加的胯部支撑件；胯部支撑件由配件 16、23、28 构成；所述配件 16、23、28 与所述的柔性弓形件相连接并对准所说的座椅。在对被控侵权产品进行勘验后可见：涉案腰托支撑体系整体结构，中间为平直形状，两侧各有向内倾斜的四条平直带，且对准座椅。涉案腰托采用的是支撑板，在腰托下部与框架底部进行可调节角度的连接。涉案腰托为整体注塑形成，且无加强件。原告在庭审中进一步明确以本专利附图 4 作为对比图，并认为附图 4 中的胯部支撑件和配件 23 构成一个整体。第二被告认为胯部支撑件系由配件 16、23、28 组成，同时认为涉案腰托为近似于刚性的塑料材料一次成形，不是组成的，且没有柔性弓形件，没有胯部支撑件，涉案腰托系对腰部进行支撑，而本专利是对胯部进行支撑，因此与本专利权利要求 1、3、4 既不相同也不等同。

在本专利说明书中关于现有技术一节有如下描述：……当将靠背的弯曲曲率调节成弯度最大时，人体的胯部区域得不到支撑，使得人长时间坐在该座椅上会出现身体不适的问题。本专利说明书对发明目的有如下描述：……以确保人体的背部特别是人体的胯部在该座椅靠背的弯曲区域的支配下得到适宜的支撑。

第一被告向本院提交了北京经纬盛华商贸有限公司的“增值税应税货物或劳物销货清单”、“销售单”、“配件入库单清单”等单据及“增值税发票”。第一被告称根据上述单据及发票所载明的内容，可以证实其所销售的汽车座椅系从北京经纬盛华商贸有限公司购进的。

此外，原告为支持其请求赔偿的数额，提交了 2008 年 1 月 17 日出版的

《新京报》B05 版，欲证明华晨汽车的销售量；为支持其提出的诉讼合理支出，提交了律师费、公证费及购买涉案座椅的发票。

另查，根据奥地利共和国维也纳新城州法院的公司登记，舒克阿设备制造有限公司于 2007 年 10 月 26 日将公司名称变更为舒克阿设备制造股份公司。2008 年 1 月 10 日，中华人民共和国驻奥地利共和国大使馆对上述登记予以认证。

上述事实，有原告提交的本专利专利要求书、说明书及附图，(2007) 京海民证字第 3857、3858 号公证书，涉案腰托实物，《新京报》相关报道，律师费、公证费及购买涉案座椅的发票，第一被告提交的增值税应税货物或劳物销货清单、销售单、配件入库单清单及增值税发票，庭审笔录及各方当事人的陈述等证据在案佐证。

一审审理结果

一审法院认为：根据双方当事人争议的焦点，本案的核心问题在于原告的诉讼主体是否适格及涉案腰托是否落入本专利的保护范围。

本专利说明书记载的专利权人为舒克阿设备制造有限公司，本案的原告为舒克阿设备制造股份公司。2007 年 10 月 26 日原告公司名称由舒克阿设备制造有限公司变更为舒克阿设备制造股份公司，上述变更登记的资料已经中华人民共和国驻奥地利共和国大使馆认证。因此原告为本专利的专利权人，其有权就本案提起诉讼，为本案适格原告。第二被告关于原告主体资格不适格的抗辩理由没有事实依据，本院不予采信。

根据本案查明的事实可以确认，本专利权利要求 1 为带调节装置的座椅靠背，调节装置对安装在框架上的柔性弓形件进行调节，以调节所述靠背的弯曲曲率，其特征在于，该座椅靠背具有一个与所述的柔性弓形件相连接的附加的胯部支撑件，该胯部支撑件由配件 16、23、28 构成，所述配件 16、23、28 与所述的柔性弓形件相连接并对准所说的座椅。通过上述描述可知，本专利权利要求 1 所限定的技术方案中应具备柔性弓形件及胯部支撑件（配件 16、23、28）这两个必要特征。而根据庭审对比可知，涉案腰托系由硬塑料一次注塑形成的中部平直、两侧具有向内倾斜带的支撑物，不具有柔性弓形件和胯部支撑件。同时，根据本专利说明书中载明的发明目的上看，亦与涉案腰托存在实质区别。由于存在上述实质上的区别，所以涉案腰托的相关部件与本专利权利要求 1 既不相同也不等同，不构成对本专利权利要求 1 的侵犯。同时，由于权利要求 3、4、5、8、9、10 引用权利要求 1，系权利要求 1 的从属权利要求，故涉案腰托同样不构成对本专利权利要求 3、4、5、8、9、10 的侵犯。

综上所述，鉴于本院已经认定被控侵权产品未落入本专利的保护范围，原告指控第一被告销售装有被控侵权产品的座椅，第二被告制造、销售、许诺销售被控侵权产品，第三被告制造、销售装有被控侵权产品的座椅侵犯其专利权的主张，缺乏事实及法律依据，本院予以驳回。

依照《中华人民共和国专利法》第11条之规定，判决如下：

驳回原告舒克阿设备制造股份公司的诉讼请求。

舒克阿公司不服一审判决，提出上诉，请求撤销一审判决，支持舒克阿公司的全部一审诉讼请求。其主要理由为：（1）一审判决对本专利权利要求1中的柔性弓形件、胯部支撑件的认定错误，本专利的柔性弓形件是一种具有一定刚性且在外力作用下可以产生弹性变形的通过被弯曲成弧形弯弓或被撑起而改变靠背的弯曲曲率的部件。（2）一审判决认定被控侵权产品涉案腰托与本专利发明目的有本质不同，不具有柔性弓形件、胯部支撑件错误。（3）一审判决认定涉案腰托不侵犯本专利权利要求1、3～5、8～10错误。

长春新发展公司、三江华晨公司、金杯江森公司服从一审判决。

二审查明事实

二审法院查明的事实与一审相同。

二审审理结果

二审法院认为：本案的核心问题在于本专利的权利要求1的保护范围如何理解及涉案腰托是否落入本专利的保护范围；如果构成侵权，如何承担民事责任。

根据本专利权利要求1记载的内容，权利要求1应具有如下必要技术特征：（1）为带调节装置的座椅靠背；（2）调节装置对安装在框架上的柔性弓形件进行调节，以调节所述靠背的弯曲曲率；（3）该座椅靠背具有一个与所述的柔性弓形件相连接的附加的胯部支撑件，该胯部支撑件由配件（16、23、28）构成；（4）所述配件（16、23、28）与所述的柔性弓形件相连接并正对准所说的座椅。根据庭审对比可知，涉案腰托系整体结构，中间为平直形状，两侧各有向内倾斜的四条平直带，且对准座椅。涉案腰托采用的是支撑板，在腰托下部与框架底部进行可调节角度的连接，腰托下部为倒梯形。涉案腰托为整体注塑形成，有加强筋。

由于本专利为带调节装置的座椅靠背，涉案被控侵权产品为安装在座椅靠背中的可调节的腰托，故涉案被控侵权产品具备本专利的第一个必要技术特征。

本专利权利要求1的必要技术特征二中对“柔性弓形件”未进行限定，故应该结合说明书，以本领域普通技术人员的通常理解来认识。由于柔性弓形件的特征记载在权利要求的前序部分，并且说明书亦载明“可调节靠背是众所周知的，具有可调节的弯曲曲率的靠背也被称为腰部支撑件”，故柔性弓形件应理解为具有刚性和弹性的在外力作用下可以发生弯曲变形的支撑件。涉案腰托为整体注塑形成、有加强筋，中间为平直形状，两侧各有向内倾斜的四条平直带的支撑板，等同于本专利的柔性弓形件。一审法院认为涉案腰托不具有柔性弓形件与事实不符，本院予以纠正。

本专利权利要求1的必要技术特征三限定了一个与柔性弓形件相连接的胯部支撑件，该胯部支撑件由配件（16、23、28）构成。结合本专利说明书对发明目的的记载可知，该胯部支撑件系以功能限定的技术特征，系用于支撑胯部的，这是本专利区别于现有技术的区别技术特征，是本专利的发明目的所在，故可否支撑胯部是重要的判断内容。涉案腰托产品名称为“腰托”，从其实际安装状态看，安装状态下的涉案腰托与座椅座位有一定距离，仅延及腰部，加之涉案腰托下部为倒梯形，而人体胯部位于腰部下方两侧和大腿之间，故涉案腰托即使在使用中亦不能达到支撑人体胯部的作用。因此，涉案腰托不具有支撑胯部的功能，与本专利的胯部支撑件存在实质区别，不具有本专利权利要求1的必要技术特征三，一审法院对此认定正确。长春新发展公司主张胯部支撑件由配件（16、23、28）构成，应同时包括16、23、28三个部件，对此本院认为，我国《专利法实施细则》规定，权利要求中的技术特征可以引用说明书附图中相应的标记，该标记应当放在相应的技术特征后并置于括号内，便于理解权利要求。附图标记不得解释为对权利要求的限制。结合本专利说明书中记载的实施例，胯部支撑件由配件（16、23、28）构成中的16、23、28应为附图标记，不能用来限制权利要求，故长春新发展公司的此项抗辩理由不能成立。

本专利权利要求1的必要技术特征四限定了所述胯部支撑件与柔性弓形件相连接并正对准所说的座椅，由于涉案腰托不具有胯部支撑件，故亦不具有此项技术特征。

由于涉案腰托不具有本专利权利要求1中的胯部支撑件，故不构成对本专利权利要求1的侵犯，一审法院对此认定正确。同时，由于权利要求3～5、8～10分别引用权利要求1，系权利要求1的从属权利要求，在涉案腰托不构成对本专利权利要求1的侵犯的情况下，同样不构成对本专利权利要求3～5、8～10的侵犯。鉴于被控侵权产品涉案腰托未落入本专利的保护范围，一审法院对舒克阿公司指控三江华晨公司销售装有被控侵权产品的座椅，长春新发展公司制造、销售、许诺销售被控侵权产品，金杯江森公司制造、销售装有被控侵权产品的座椅侵犯其专利权的主张不予支持正确。

综上，一审判决认定事实基本清楚，其认定涉案腰托不具有本专利权利要求 1 中的柔性弓形件虽然不妥，但认定涉案腰托不具有本专利权利要求 1 中的胯部支撑件正确；一审判决适用法律正确，判决结果并无不当。上诉人舒克阿公司所提上诉主张不能成立，对其上诉请求，本院不予支持。依照《中华人民共和国民事诉讼法》第 153 条第 1 款第（1）项之规定，判决如下：

驳回上诉，维持原判。

一审案件受理费 13 512 元，由舒克阿设备制造股份公司负担；二审案件受理费 13 512 元，由舒克阿设备制造股份公司负担。

19. “相反连接的连接器组件”实用新型专利无效行政纠纷案

——鸿海精密工业股份有限公司诉国家知识产权局专利复审委员会、唐树林

原告（上诉人）： 鸿海精密工业股份有限公司

被告（被上诉人）： 国家知识产权局专利复审委员会

第三人： 唐树林

案由： 实用新型专利权无效行政纠纷

一审案号： 北京市第一中级人民法院（2007）一中行初字第 1043 号

一审合议庭成员： 彭文毅、江建中、张晰昕

一审结案日期： 2008 年 6 月 2 日

二审案号： 北京市高级人民法院（2009）高行终字第 135 号

二审合议庭成员： 刘辉、岑宏宇、焦彦

二审结案日期： 2009 年 5 月 19 日

判决要旨

虽然实用新型专利的从属权利要求的附加技术特征所限定的特征包含了非产品的形状、构造特征，但从属权利要求引用了独立权利要求，即包括了独立权利要求的所有产品结构特征，因此，从属专利权利要求的技术方案整体上仍然是对产品的形状、构造或者其结合进行限定的技术方案，符合《专利法实施细则》第 2 条第 2 款的有关规定。

起诉与答辩

原告鸿海精密工业股份有限公司（简称鸿海公司）不服被告国家知识产权局专利复审委员会（简称专利复审委员会）于 2006 年 8 月 14 日作出的第 9303 号无效宣告请求审查决定（简称第 9303 号决定），在法定期限内起诉称：（1）对比文件 2 中的连接器由两个端部构成，该两端捋线缆与一装置相互连接。在该连接器中端部无法单独使用，而本专利的单独连接器可独立地与电路板连接使用，所以对比文件 2 中的一个端部无法在功能上与本专利的连接器等

同。(2) 对比文件 2 的连接器将两端部连为一个整体并将线缆与一装置相互连接，若将其两端部隔开，则无法达成两端部互连，为达成两端部之间的互连必须另增至少一个中间连接器，所以将连接器变化为独立的主体并非容易实现的。(3) 本专利权利要求 1 提供的技术方案实际解决了电路板上装设两个连接器时电路板刻印线路轨迹过长和交叉从而导致刻印线路轨迹之间互相干扰的问题，而对比文件 2 的连接器并非用于电路板上当然也不能解决电路板上刻印线路轨迹过长和交叉从而导致刻印线路之间相互干扰的问题。4. 唐树林未提供证据证明公知常识成立，鸿海公司对所谓公知常识也不认可，而专利复审委员会直接用对比文件 2 结合所谓公知常识否认本案专利权利要求 2、6 的创造性，有悖事实，证据不足。综上，请求人民法院依法撤销第 9303 号决定，责令专利复审委员会重新作出无效宣告审查决定。

被告专利复审委员会辩称：(1) 关于本专利权利要求 1 不具有创造性的认定。①本专利权利要求 1 请求保护的连接器组件包括第一主体的第一连接器和包括第二主体的第二连接器，但在该权利要求中没有限定第一、第二连接器是单独使用的，也没有限定第一、第二连接器的互连方式，因此，鸿海公司所称的本专利权利要求 1 相对于对比文件 2 的上述区别特征并不存在。②尽管对比文件 2 公开的反向连接器不是用于接插模组件，但本专利权利要求 1 并没有对连接器组件的种类及用途进行限定。③本专利权利要求 1 相对于对比文件 2 的区别仅在于，对比文件 2 中的相反连接器是由两个端部 54、56 构成，而本专利权利要求 1 中的连接器组件是由第一、第二连接器构成，由于“端部”与“连接器”两者的外部连接关系和功能相同，因此，两者之间的变化也是容易实现的。④本专利权利要求 1 没有记载解决“电路板上装设两个连接器时电路板上刻印线路轨迹过长交叉从而导致刻印线路轨迹之间互相干扰”的技术问题相应的技术特征。(2) 关于本专利权利要求 2 不具有创造性的认定。对比文件 2 已经公开了第一端部 54、第二端部 56 两者互为相反的梯形，因此该两端部所连接的两个外部连接器必然以互为相反的方式插入两端部，即相互颠倒的方式，由对比文件 2 公开的上述内容得到权利要求 2 中记载的所述区别技术特征属于无须举证的明显推理，推理结果是唯一的，显而易见的，因此，不需要对评价本专利权利要求 2 所采用的公知常识进行举证。(3) 关于权利要求 6 不具有创造性的认定。对比文件 2 给出了第一、第二端部具有防插反作用的技术启示，使得所属领域的技术人员能够采用本领域的常用技术手段得到权利要求 6 中具有防插反的作用的第一、第二连接器，而设有位置相反的键扣正是属于本领域中能够起到防插反作用的常用技术手段，这种设计不仅仅存在于电连接器领域，在生活领域中需要对插具有正反方向的连接装置均有应用，对于这种根据日常生活经验法则推定的事实无须举证即可认定。综上，第 9303 号决定认定事实清楚，适用法律正确、审查程序合法，请求人民法院予以维持。

第三人唐树林未陈述意见。

一审查明事实

一审法院查明：本专利系名称为“相反连接的连接器组件”的第 ZL98209089.7 号实用新型专利（简称本专利），申请日为 1998 年 5 月 11 日，优先权日为 1997 年 5 月 10 日，授权公告日为 1999 年 9 月 29 日，专利权人为鸿海公司。本专利授权公告的说明书载明：“本实用新型的目的在于提供一种包括两个连接器彼此相反连接的连接器组件，互连的两个单独连接器上相同位置的两相应端子的线路轨迹相对短一些，从而防止产生不必要的干扰。”

本专利授权公告的权利要求如下：

“1. 一种相反连接的连接器组件，其特征在于，它包括第一及第二连接器，所述第一连接器包括一个具有第一组端子的第一主体；所述第二连接器包括一个具有第二组端子的第二主体；所述第一连接器和第二连接器以前后向、头靠头的方式相对地排列。

2. 如权利要求 1 所述的连接器组件，其特征在于，第一模组件以正常方式插入所述第一连接器内，第二模组件颠倒地插入所述第二连接器内。

3. 如权利要求 1 所述的连接器组件，其特征在于，所述连接器组件还包括数个分别连接于所述第一连接器与所述第二连接器中各组端子的线路轨迹。

4. 如权利要求 3 所述的连接器组件，其特征在于，所述每一组端子包括一位于所述连接器组件的上排通孔中的端子和另一位于所述连接器组件的下排通孔中的端子。

5. 如权利要求 3 所述的连接器组件，其特征在于，所述各线路轨迹都是呈前后向相互平行排列的。

6. 如权利要求 1 所述的连接器组件，其特征在于，所述第一连接器包括一个键扣，它与所述第二连接器内的键扣在沿前后方向的位置上是相反的。

7. 如权利要求 1 所述的连接器组件，其特征在于，所述第二连接器沿着所述第二主体较低部分有一个长的凹槽。

8. 如权利要求 1 所述的连接器组件，其特征在于，所述第一和第二连接器中的一个连接器，相对于标准连接器呈反向设置，其包括：一个含有所述主体的外壳，所述主体上包括能分别安装数个上端子与下端子的上通孔与下通孔；所述外壳上有一装置模组件的中央凹槽；相对于以正常方式装入模组件的标准连接器上的键扣位置，在所述主体中心线的相反位置上设有一个能安装一上下颠倒模组件的键扣。

9. 如权利要求1所述的连接器组件，其特征在于，所述第一连接器包括一个有主体的外壳，所述主体又包括用以分别装有数个上端子和下端子的上通孔和下通孔；所述连接器组件还包括一个用于安装于非标准的第二连接器内的模组件，所述第二连接器具有数个与模组件上表面和下表面的相应接点相接的上端子和下端子的上通孔与下通孔；所述模组件以颠倒的状态安装在所述外壳内，其中，所述接点位于模组件的上/下表面的右/左边，与所述第二连接器上的右/左边的上/下端子连接，与所述第一个连接器的左/右边上的下/上端子连接。

10. 如权利要求1所述的连接器组件，其特征在于，所述两个连接器中的一个连接器为一种颠倒装有一模组件的连接器，在所述模组件的右/左边有一个凹槽，在其上表面与下表面有数个接点，所述连接器在左/右边处有一个键扣；所述连接器的上端子和下端子之间设有模组件中心槽，模组件的下表面接点与所述连接器的上端子连接，模组件上表面的接点与所述连接器的下端子连接。

11. 如权利要求1所述的连接器组件，其特征在于，所述第一连接器以正常方式装有第一块模组件，所述第二连接器以颠倒的方式安装模组件，所述连接器组件的所述第一连接器包括一个外壳，所述外壳的主体上有数个上端子和下端子；所述第二连接器包括一个外壳，所述外壳的主体上有数个上端子和下端子；所述模组件包括数个刻印在其上表面与下表面的接点；在所述模组的上/下表面，从右边数起的接点与从所述第一连接器右侧臂数起的相应上/下端子连接，而又与从所述第二连接器左侧臂数起的相应的下/上端子连接。

12. 如权利要求1所述的连接器组件，其特征在于，所述第一连接器具有一个外壳，所述外壳的主体上包括用来分别装置数个上端子和下端子的上通孔和下通孔；安装于所述第二连接器内的模组件，包括数个刻印在其上表面与下表面的接点；所述模组件上有数个上接点与下接点，从右边数起的模组件上/下表面的接点与从所述第二连接器右侧臂数起的上/下端子连接；颠倒安装于所述第一连接器内的模组件接点与从所述第一连接器左侧臂数起的下/上端子连接。”

本专利说明书载明：“本实用新型的目的在于提供一种包括两个连接器彼此相反连接的连接器组件，互连的两个单独连接器上相同位置的两相应端子的线路轨迹相对短一些，从而防止产生不必要的干扰。”

2006年1月10日，唐树林针对本专利向专利复审委员会提出无效宣告请求，认为本专利权利要求1、2、6、7不符合《专利法》第22条第3款的规定，并提交了5份证据，其中：

对比文件2系美国第US4618196号专利公报，公开日为1986年10月21日。该对比文件公开了一种反向连接器，该连接器包括第一端部54和第二端部56，所述第一端部包括一个具有第一组端子1a-25a的第一主体；所述第二端部包括一个具有第二组端子1b-25b的第二主体；所述第一端部54和第二端部56以前后向、头靠头的方式相对地排列；第一端部54呈倒梯形，而第二端部56呈与第一端部54相反的正梯形，即两个端部的上下接线排位置相反，两端部的外边框形状也互相颠倒以防止外部接线器插反。

2006年4月10日，鸿海公司向专利复审委员会提交了意见陈述书，认为：本专利所要解决的技术问题是缩短两个单独连接器上相同位置的两相应端子之间的线路轨迹，从而防止产生干扰。对比文件2揭示的连接器从结构上讲是一个连接器，不同于本专利权利要求1中具有第一、第二连接器的连接器组件。此外，对比文件2中的连接器与外部连接器对接，不能插接模组件，并且对比文件2中均没有任何关于将第二连接器颠倒插接，以及键扣和凹槽的记载，因此，本专利权利要求1、2、6、7符合《专利法》第22条第3款有关创造性的规定。

2006年6月8日，专利复审委员会进行了口头审理。在口头审理中，唐树林增加了新的无效理由：本专利权利要求2不符合《专利法实施细则》第2条第2款和第20条第1款的规定，并明确放弃使用对比文件1评述本专利权利要求1、2、6、7的创造性，明确使用对比文件2结合本领域公知常识评述本专利权利要求1、2、6、7的创造性。专利复审委员会接受了唐树林当庭增加的无效宣告理由。

2006年8月14日，专利复审委员会作出第9303号决定。该决定认为：

1. 关于证据

唐树林在提出无效宣告请求时提交了对比文件2及其部分中文译文作为证据，鸿海公司对该对比文件真实性没有异议，因此，对比文件2可以作为真实有效的证据采用。由于对比文件2的授权公告日早于本专利的优先权日1997年5月10日，可以用于评价本专利的创造性。

鸿海公司虽然认为对比文件2的译文不准确，但其在口头审理中没有具体指出译文的不准确之处，因此专利复审委员会对唐树林提交的对比文件2的中文译文的准确性予以认可，上述译文可以作为本案审查的依据。

2. 关于《专利法实施细则》第2条第2款

虽然本专利权利要求2的附加技术特征所限定的是模组件插入连接器的方

式，但权利要求 2 引用了权利要求 1，包括了权利要求 1 的所有技术特征，即包括权利要求 1 中所限定的关于“第一及第二连接器”、“具有第一组端子的第一主体”、“具有第二组端子的第二主体”以及“前后向、头靠头的方式相对地排列”的产品结构特征，因此，本专利权利要求 2 的技术方案整体上仍然是对产品的形状、构造或者其结合进行限定的技术方案，符合《专利法实施细则》第 2 条第 2 款的有关规定。

3. 关于《专利法实施细则》第 20 条第 1 款

虽然本专利权利要求 2 的附加技术特征中的模组件本身并非连接器的构造，而且插入方式也不是对连接器产品结构的限定，但由于权利要求 2 引用了权利要求 1，其包括了权利要求 1 限定的所有技术特征，并且权利要求 2 的技术方案中也没有任何含义不确定的词语，从权利要求 2 表述的技术内容中可以清楚限定出连接器组件技术方案所要保护的范围，因此，本专利权利要求 2 符合《专利法实施细则》第 20 条第 1 款的规定。

4. 关于《专利法》第 22 条第 3 款

本专利权利要求 1 与对比文件 2 的区别技术特征仅在于：本专利权利要求 1 中的连接器组件由第一、第二两个连接器构成，而对比文件 2 中的反向连接器由两个端部构成。由于对比文件 2 反向连接器中的两个端部 54、56 均具有接线端子，每个端部用于与外部的连接器对接，因此该反向连接器在功能上等同于两个背靠背的连接器，如果需要，将反向连接器变化为两个主体也是容易实现的，尽管对比文件 2 的反向连接器不是用于接插模组件，但本专利权利要求 1 中并没有对其连接器的种类及用途进行限定，从权利要求 1 的技术方案中体现不出本专利的连接器是用于插接模组件的技术特征，因此，本领域技术人员在对比文件 2 的基础上得到权利要求 1 的技术方案是显而易见的，本专利权利要求 1 相对于对比文件 2 不符合《专利法》第 22 条第 3 款有关创造性的规定。

对比文件 2 披露了采用相互颠倒的方式插入两个部件的技术特征，由于本专利的模组件连接器与对比文件 2 的针孔式连接器都是用于印刷电路板外接电路中的常用手段，因此将对比文件 2 的两连接器颠倒插入的技术启示应用于模组件并不需要克服技术困难，属于容易想到的引用。因此，在其引用的权利要求 1 不具有创造性的情况下，本专利权利要求 2 相对于对比文件 2 和本领域公知常识的结合也不符合《专利法》第 22 条第 3 款有关创造性的规定。

对比文件 2 所述的第一端部与第二端部的上下接线排位置相反，其外边框形状也互相颠倒以防止外部接线器插反。由于上述前后方向或上下方向的限定只是相对于不同参照物而言，而本专利权利要求 6 中也没有对其所限定的前后方向的位置进行说明，并且在连接器上设置键扣用于防止模组件插反也属于本领域公知常识，因此，在其引用的权利要求 1 不具有创造性的情况下，本专利权利要求 6 相对于对比文件 2 和本领域公知常识的结合也不符合《专利法》第 22 条第 3 款有关创造性的规定。

由于对比文件 2 中没有披露关于反向连接器的第一端部或第二端部中的任何一个具有一个长的凹槽的技术特征，并且没有证据表明采用上述具有长凹槽的第二连接器属于本领域公知常识，而在本专利权利要求 7 的技术方案中由于采用了上述具有长凹槽的第二连接器的结构可以避免与模组件上表面的元件发生干扰，取得了技术效果，因此，本专利权利要求 7 的技术方案相对于对比文件 2 和本领域公知常识具有实质性特点和进步，符合《专利法》第 22 条第 3 款有关创造性的规定。

基于上述理由，专利复审委员会作出第 9303 号决定，宣告本专利权的权利要求 1～2、6 项无效。在权利要求 3～5、7～12 的基础上维持本专利权有效。

上述事实，有第 9303 号决定、口头审理记录表、对比文件 2、当事人的陈述等证据在案佐证。

一审审理结果

一审法院认为：创造性，是指同申请日以前已有的技术相比，该实用新型有实质性特点和进步。

将本专利权利要求 1 与对比文件 2 相比较，二者的区别在于：本专利权利要求 1 中的连接器组件由第一连接器和第二连接器构成，而对比文件 2 中的反向连接器由两个端部构成。由于对比文件 2 反向连接器的两个端部均各自具有与外部的连接器对接的接线端子，在功能上相互独立，在此基础上，将对比文件 2 反向连接器的两个端部分离成两个背靠背的连接器的独立结构，是本领域技术人员很容易实现的。因此，本专利权利要求 1 相对于对比文件 2 不具有实质性特点和进步，不具备创造性。

虽然对比文件 2 反向连接器不是用于接插模组件，但本专利权利要求 1 并未限定该连接器的种类及用途。本专利的目的是使“互连的两个单独连接器上相同位置的两相应端子的线路轨迹相对短一些，从而防止产生不必要的干扰”，并非鸿海公司所称的“实际解决了电路板上装设两个连接器时电路板上刻印线路轨迹过长和交叉从而导致刻印线路轨迹之间互相干扰的问题”，并且，本专利权利要求 1 也没有记载解决电路板上装设两个连接器时电路板刻印线路轨迹过长和交叉从而导致刻印线路轨迹之间互相干扰问题的技术特征，因此，鸿海公司认为本专利权利要求 1 解决了电路板上装设两个连接器时电路板刻印线路轨迹过长和交叉从而导致刻印线路轨迹之间互相干扰的问题，而对比文件 2 的反向连接器并非用于电路板，不能解决上述问题，缺乏事实依据，本院不予支持。

将本专利权利要求 2 与对比文件 2 相比较，对比文件 2 的第一端部 54 呈倒梯形，而第二端部 56 呈与第一端部 54 相反的正梯形，也就是说，外部连接器是采用颠倒插入的方式与两端部连接，而本专利权利要求 2 的技术方案也是模组件采用相互颠倒的方式插入两连接器，虽然对比文件 2 反向连接器不是用于接插模组件，但将对比文件 2 的两连接器颠倒插入的技术启示用于模组件，不需要付出创造性劳动，因此，在本专利权利要求 1 不具备创造性的前提下，权利要求 2 相对于对比文件 2 也不具有实质性特点和进步，不具备创造性。

将本专利权利要求 6 与对比文件 2 相比较，对比文件 2 披露了两个端部的上下接线排位置相反，两端部的外边框形状也互相颠倒，给出了防止外部接线器插反的技术启示，至于采用方向相反的键扣以解决防止插反的技术问题，是本领域的常用技术手段。因此，在本专利权利要求 1 不具备创造性的前提下，权利要求 6 相对于对比文件 2 和公知常识的结合也不具有实质性特点和进步，不具备创造性。

综上所述，专利复审委员会作出的第 9303 号决定，认定事实清楚，适用法律并无不当，本院予以维持。本院依据《中华人民共和国行政诉讼法》第 54 条第（1）项之规定，判决如下：

维持被告国家知识产权局专利复审委员会作出的第 9303 号无效宣告请求审查决定。

鸿海公司不服一审判决，提出上诉，请求撤销一审判决，部分撤销专利复审委员会作出的第 9303 号决定，判令专利复审委员会重新作出行政决定，本案诉讼费用全部由专利复审委员会承担。其上诉理由是：原审判决对于本专利权利要求 1 的创造性认定有误，对比文件 2 的反向连接器是用于连接外部装置，其分离的两单独端部是位于电路板的两表面，而非本专利权利要求 1 所述的“以前后向、头靠头的方式相对地排列”，因此，本专利权利要求 1 相对于对比文件 2 具备实质性特点和进步；在本专利权利要求 1 具备创造性的基础上，本专利权利要求 2 也具备创造性；关于本专利权利要求 6，原审判决认为“采用方向相反的键扣以解决防止插反的技术问题，是本领域的常用技术手段”亦属认定有误。

专利复审委员会、唐树林服从一审判决。

二审查明事实

二审法院查明的事实和一审相同。另外，在二审诉讼中，鸿海公司明确表示：如果本专利权利要求1不具备创造性，不再坚持本专利权利要求2具备创造性的主张。

二审审理结果

二审法院认为：《专利法》第22条第3款规定，实用新型的创造性是指同申请日以前已有的技术相比，该实用新型有实质性特点和进步。

将本专利权利要求1与对比文件2相比较，二者的区别在于：本专利权利要求1中的连接器组件由第一连接器和第二连接器构成，而对比文件2中的反向连接器由两个端部构成。鸿海公司称本专利权利要求1中的第一连接器和第二连接器位于同一平面上，但该项特征没有记载在本专利权利要求书中。鸿海公司认为本专利权利要求1解决了电路板上装设两个连接器时电路板刻印线路轨迹过长和交叉从而导致刻印线路轨迹之间互相干扰的问题，但相应的技术特征没有体现在权利要求中。本专利权利要求1的技术方案并没有限定连接器的种类及用途，由于对比文件2反向连接器的两个端部均各自具有与外部的连接器对接的接线端子，每个端部用于与外部的连接器对接，在功能上相互独立，故根据对比文件2的技术启示，将对比文件2反向连接器的两个端部分离成两个背靠背的连接器的独立结构，是本领域技术人员很容易实现的。因此，本专利权利要求1相对于对比文件2不具有实质性特点和进步，不具备创造性。

将本专利权利要求6与对比文件2相比较，对比文件2披露了两个端部的上下接线排位置相反，两端部的外边框形状也互相颠倒，从而给出了防止外部接线器插反的技术启示，至于采用方向相反的键扣以解决防止插反的技术问题，是本领域的常用技术手段。因此，在本专利权利要求1不具备创造性的前提下，权利要求6相对于对比文件2和公知常识的结合也不具有实质性特点和进步，不具备创造性。

综上所述，鸿海公司的上诉理由缺乏事实和法律依据，不能成立，其上诉请求本院不予支持。原审判决认定事实清楚，适用法律正确。依照《中华人民共和国行政诉讼法》第61条第（1）项之规定，判决如下：

驳回上诉，维持原判。

一审案件受理费100元，由鸿海精密工业股份有限公司负担。二审案件受理费100元，由鸿海精密工业股份有限公司负担。

20．“婴儿车可单手收合结构”实用新型专利权无效行政纠纷案

——平湖市贝斯特童车有限公司诉国家知识产权局专利复审委员会、中山市隆成日用制品有限公司

原告（上诉人）：平湖市贝斯特童车有限公司
被告（被上诉人）：国家知识产权局专利复审委员会
第三人：中山市隆成日用制品有限公司
案由：实用新型专利权无效行政纠纷

一审案号：北京市第一中级人民法院（2008）一中行初字第 1450 号
一审合议庭成员：姜颖、芮松艳、高伟
一审结案日期：2008 年 12 月 24 日
二审案号：北京市高级人民法院（2009）高行终字第 335 号
二审合议庭成员：刘继祥、岑宏宇、钟鸣
二审结案日期：2009 年 4 月 20 日

判决要旨

在进行新颖性判断时，应当将一项权利要求所要求保护的技术方案作为一个整体来看待。与对比文件所对应的技术特征，要根据说明书所记载的该技术特征的功能、效果、作用进行判断。功能、效果、作用不同，不能视为相同的技术特征。两项技术方案中，虽然具有相同的部件，但是部件与部件之间的连接关系或者位置关系不同的，两者也不属于相同的技术方案。

起诉与答辩

原告平湖市贝斯特童车有限公司（简称贝斯特公司）不服被告国家知识产权局专利复审委员会（简称专利复审委员会）于 2008 年 6 月 20 日作出的第 11728 号无效宣告请求审查决定（简称第 11728 号决定），起诉称：（1）第 11728 号决定认定事实错误。①第 11728 号决定认定证据 2 的安全装置相当于本专利的按键存在错误。从整体结构和功能的对应关系上看，证据 2 中的握把 30 相当于本专利的按键，接板 61 相当于驱动杆。②第 11728 号决定认定证据

1 中的凸块 351 相当于本专利的按键存在错误。从整体结构和功能的对应关系上看，证据 1 中的拨动片 334 相当于本专利的按键，转环 33 相当于驱动杆。(2) 相对于证据 2，权利要求 1、7 不具备新颖性。①被告认定权利要求 1 与证据 2 相比的区别不存在。证据 2 中的接板 61 相当于驱动杆，接板 61 铰接在把手杆上。接板 61 的连接钢索的部位相当于第一端，接板 61 连接拉杆 62 的部位相当于第二端。证据 2 的握把 30 相当于本专利的按键，接板 61 也大致位于握把 30 底部的上方。对比文件 2 的特别之处是按键本身构成了壳体，当按键移动时，可以看成按键在其本身的壳体内滑动。证据 2 与权利要求 1 的区别仅仅在于证据 2 的握把 30 通过其他部件间接地驱动接板 61，而权利要求 1 的按键则直接驱动驱动杆。由于权利要求 1 并未限定按键推动驱动杆的具体方式，因此，上述决定所认定的区别特征都已经在证据 2 中公开了，权利要求 1 相对于证据 2 没有新颖性。②权利要求 7 与权利要求 1 相比，增加了用于防止意外收合的安全锁块，证据 2 的收合控制器 20 上还设置有压板 44 与凸点 474 组成的安全锁，其功能和作用与权利要求 7 的安全锁块完全相同。因此，在权利要求 1 不具备新颖性的基础上，权利要求 7 也不具备新颖性。(3) 权利要求 1、7 相对于证据 1、2 的组合不具备创造性。①证据 1 中的拨动片 334 在壳体内的转动实际上就是滑动，因此权利要求 1 与证据 1 的差别仅仅在于钢索的驱动部件是驱动杆而非转盘。但是，钢索、驱动杆的驱动方式在证据 2 中已经被披露。对于本领域技术人员来说，在对比文件 2 的启示之下，在对比文件 1 的壳体内设置 2 个转动部件的机构是显而易见的。对比文件 2 的两个接板设置在壳体之外，并且有连杆作为按键与转动部件之间的连接部件。当需要将其设置在壳体之内、需要减小机构体积时，本领域普通技术人员会根据常识，去除中间部件、使按键直接与驱动杆连接，从而得到权利要求 1 的技术方案。②权利要求 7 与权利要求 1 相比，增加了用于防止意外收合的安全锁块，证据 1 的按掣装置和证据 2 的收合控制器上也设置有安全锁，其功能和作用与权利要求 7 的安全锁块完全相同。因此，在权利要求 1 不具备创造性的基础上，权利要求 7 也不具备创造性。综上，请求人民法院撤销第 11728 号决定。

被告专利复审委员会辩称：(1) 按键是指可以按动的键，特征的对比应基于权利要求书的限定，而不应把过多的说明书中的内容带进来。证据 1 中的拨动片 334、转环 33 与本专利的按键、驱动杆的结构和功能有本质的区别，不具有可比性。(2) 与证据 2 相比权利要求 1、7 具有区别技术特征驱动杆，因此，权利要求 1、7 具有新颖性。(3) 证据 1、2 没有公开本专利驱动杆的驱动方式，并且其结构完全不同，因此，权利要求 1、7 具有创造性。综上，第 11728 号决定认定事实清楚、适用法律正确，请求人民法院依法驳回原告的诉讼请求，维持第 11728 号决定。

第三人中山市隆成日用制品有限公司（简称隆成公司）述称：1. 本专利的按键具有一压掣端和一推掣端并可于壳体内滑动。证据 1 的拨动片 334 和证据 2 中的握把 30 都不能在壳体内滑动。2. 被告作出的第 11728 号决定认定事实清楚、适用法律正确，请求人民法院驳回原告的诉讼请求，维持第 11728 号决定。

一审查明事实

一审法院查明：本专利是名称为“婴儿车可单手收合结构”的实用新型专利，申请日是 2000 年 7 月 26 日，授权公告日是 2001 年 8 月 1 日，专利号为 ZL00228933.4，专利权人为隆成公司。本专利授权公告的权利要求书如下：

“1. 一种婴儿车可单手收合结构，包括一骨架、可移动骨架之轮组以及一装置于该骨架握把处之收合控制器。其特征在于该收合控制器包含有：

一壳体，该壳体具有一容置空间；

一按键，该按键具有一压掣端以及一推掣端，并可于壳体内滑动；

一对钢索，其一端连接收合控制器，另一端则连接于释放关节；

一对驱动杆，该驱动杆主要以枢接的方式枢接于把手上，并分别具有第一端与第二端，且位于按键之上方，其中之第一端分别连接钢索。

2. 根据权利要求 1 所述之婴儿车可单手收合结构，其特征在于该骨架包含有手把管、前脚管、后脚管以及释放关节。

3. 根据权利要求 1 所述之婴儿车可单手收合结构，其特征在于该关节组至少包含有一卡掣杆以及一回复弹簧。

4. 根据权利要求 1 所述之婴儿车可单手收合结构，其特征在于该壳体具有上壳体及下壳体。

5. 根据权利要求 1 所述之婴儿车可单手收合结构，其特征在于该驱动杆呈上下重叠之方式同一枢接点枢接于把手上。

6. 根据权利要求 2 所述之婴儿车可单手收合结构，其特征在于该手把管包含有一握把部以及两手把下管。

7. 一种婴儿车可单手收合结构，包括一骨架、可移动骨架之轮组以及一装置于该骨架握把处之收合控制器。其特征在于该收合控制器包含有：

一壳体，该壳体具有一容置空间；

一按键，该按键具有一压掣端以及一推掣端，一挡边及一释放槽，该按键可于壳体内滑动；一对钢索，该钢索一端连接收合控制器，另一端则连接于释放关节；

一对驱动杆，该驱动杆主要以枢接的方式于把手上，并分别具有第一端与第二端，且位于按键之上方，其中之第一端分别连接钢索；

一安全锁块，该安全锁块枢接于壳体内部，且具有一拨动端及一阻挡端，该阻挡端于常态下位于按键挡边之上方。

8. 根据权利要求 7 所述之婴儿车可单手收合结构，其特征在于该安全锁块配合一扭转弹簧共同枢接。"

针对本专利，贝斯特公司于 2007 年 12 月 27 日向专利复审委员会提出无效宣告请求，理由是：本专利权利要求 1～4、6～8 相对于证据 2 不符合《专利法》第 22 条第 2 款的规定；权利要求 1～8 相对于证据 1、2 的结合不符合《专利法》第 22 条第 3 款的规定；权利要求 1 相对于证据 1 不符合《专利法》第 22 条第 3 款的规定；权利要求 5 相对于证据 5 不符合《专利法》第 22 条第 3 款的规定，同时提交了 2 份证据，其中：

证据 1：授权公告号为 CN2254424Y 的中国实用新型专利说明书，授权公告日为 1997 年 5 月 21 日。证据 1 公开了一种可单手收合的婴儿车（参见说明书第 1 页最后一段～第 7 页，附图 1、3、4、8、9），包括骨架 10、轮组 15 以及于把手柄中间设置的按掣装置 30，该按掣装置包含有：前盖 31 及后盖 32，该前后盖之间有一容置空间；控制座 35，其上具有凸块 351，内具有凸片 352，该凸块 351 可于壳体内滑动；拨动片 334、转盘 33、转盘 33 上的环片 333、卡槽 332，一根挠性线 34，其通过卡槽 332 固定在按掣装置中，并延伸至两侧卡掣装置 20 的位置处。

证据 2：授权公告号为 CN2333600Y 的中国实用新型专利说明书，授权公告日为 1999 年 8 月 18 日。证据 2 公开了一种可单手操作收合的婴儿车（参见说明书第 1 页～第 4 页，图 1～3、7、8），该婴儿车包括骨架、可移动骨架的轮组、手把横杆 111 上的收合控制器 20，该收合控制器 20 是包括握把 30 以及连动杆 60、拉杆 62、接板 61 和牵引线 64 所构成的联动装置，其还包括上盖 40 和下盖 50 组成的壳体，该壳体具有容置空间；该收合控制器 20 上还设置有压板 44，其可于壳体内滑动；所述牵引线 64 相当于一对钢索，一端连接拉板 6，一端连接下面的释放关节，一对接板 61，分别一端铰接于骨架两侧的推杆 11 上，另一端分别连接到拉杆 62 的两端，接板 61 的中端连接牵引线 64。

专利复审委员会于 2008 年 5 月 15 日举行了口头审理，在口头审理中贝斯特公司明确其无效宣告请求的理由和范围是：本专利权利要求 1～4、6～8 相对于证据 2 不符合《专利法》第 22 条第 2 款的规定；本专利权利要求 1～8 相对于证据 1、2 的结合不符合《专利法》第 22 条第 3 款的规定。放弃本专利权利要求 1 相对于证据 1 不符合《专利法》第 22 条第 3 款的无效理由；以及本专利权利要求 5 相对于证据 5 不符合《专利法》第 22 条第 3 款的无效理由；证据 5 属于笔误，放弃对其的使用。

2008 年 6 月 20 日，专利复审委员会作出第 11728 号决定。专利复审委员会在该决定中认定：

1. 关于权利要求 1～4、6～8 是否符合《专利法》第 22 条第 2 款的规定

证据 2 公开了一种可单手操作收合的婴儿车（参见说明书第 1 页～第 4 页，图 1～3、7、8），该婴儿车包括骨架、可移动骨架的轮组、手把横杆 111 上的收合控制器 20，该收合控制器 20 是包括握把 30 以及连动杆 60、拉杆 62、接板 61 及牵引线 64 所构成的联动装置，其还包括上盖 40 和下盖 50 组成的壳体，该壳体具有容置空间；该收合控制器 20 上还设置有压板 44（相当于本专利权利要求 1 中的按键），其上表面为压掣端，下表面与凸点 474 接触的部分为推掣端，并可于壳体内滑动；所述牵引线 64 相当于一对钢索，一端连接拉板 6，一端连接下面的释放关节，一对接板 61，分别一端铰接于骨架两侧的推杆 11 上，另一端分别连接到拉杆 62 的两端，接板 61 的中端连接牵引线 64。

本专利权利要求 1 与证据 2 相比，区别在于：本专利权利要求 1 中收合控制器还包括一对驱动杆，该驱动杆主要以枢接的方式枢接于把手上，并分别具有第一端与第二端，且位于按键之上方，其中之第一端分别连接钢索。本专利权利要求 1 的技术方案是一对驱动杆枢接于把手上，且位于按键上方，这样通过用一个手指按压按键来按压这一对驱动杆，由此带动驱动杆端部拉动钢索实现婴儿车的单手收合，这些是由婴儿车骨架握把处的收合控制器来完成的，而证据 2 中是通过一个手指按压压板 44，将里面的凸点 474 按下，使得定位销 47 可以没入穿孔 431，然后用手拉动握把 30，带动连动杆 60 及拉杆 62，然后带动接板 61，由此带动接板 61 端部拉动钢索实现婴儿车的单手收合，其机械结构、技术方案与本专利不同，且上述区别特征不属于惯用手段的直接置换。因此，权利要求 1 相对于证据 2 具有《专利法》第 22 条第 2 款规定的新颖性。

贝斯特公司认为：证据 2 中握把 30 相当于本专利权利要求 1 中的按键；证据 2 的接板 61 相当于本专利的驱动杆，其枢接在把手上，并位于相当于按键的握把 30 的上方。对此专利复审委员会认为：证据 2 说明书第 3 页最后一段公开了“当用户欲收合婴儿车 1 时，则可以用手握持握把 40，且可以该只手的拇指按下压板 44，而令压板 44 可向下抵压定位销 47 的凸点 474，使得定位销 47 的凸点 474 可没入穿孔 431 中，此时，可以该只手拉动握把 30，使得握把 30 可以手把横杆 111 为旋转圆心向后旋摆一角度，而令定位销 47 的凸点 474 可容置于直孔 432 中，同时，在握把 30 向后旋摆角度时，可拉动连动杆 60 并且借由拉杆 62 带动牵引线 64 向后拉动”，从上述内容可知，相当于按键

的部件是压板 44 而不是握把 40。此外，从证据 2 附图 2 中可以明显看出两个接板 61 是分别与手把横杆 111 两侧的推杆 11 铰接的，推杆 11 并不对应于本专利权利要求 1 中的把手，把手应该是用于手推的部分，证据 2 中相当于权利要求 1 中把手的部位应当是手把横杆 111，且证据 2 中接板 61 与相当于按键的压板 44 的关系只能是前后，并不是上下的关系，并且证据 2 说明书文字部分也没有公开接板 61 位于压板 44 的上方，因此对于贝斯特公司的主张，不予支持。

由于独立权利要求 7 的技术方案中也包括上述区别特征："收合控制器还包括一对驱动杆，该驱动杆主要以枢接的方式枢接于把手上，且位于按键之上方"，因此基于与权利要求 1 相同的理由，该权利要求 7 相对于证据 2 也具有《专利法》第 22 条第 2 款规定的新颖性。

由于独立权利要求 1、7 具有新颖性，因此引用上述权利要求的从属权利要求 2 ~4、6、8 相对于证据 2 也具有《专利法》第 22 条第 2 款规定的新颖性。

2. 关于权利要求 1 ~8 是否符合《专利法》第 22 条第 3 款的规定

证据 1 公开了一种可单手收合的婴儿车（参见说明书第 1 页最后一段 ~第 7 页，附图 1、3、4、8、9），包括骨架 10、轮组 15 以及与把手柄中间设置的按掣装置 30（相当于本专利权利要求 1 中的收合控制器），该按掣装置包含有：前盖 31 及后盖 32，该前后盖之间有一容置空间；控制座 35，其上具有凸块 351（相当于权利要求 1 中的按键），内具有凸片 352，该凸块 351 具有压掣端和推掣端，并可于壳体内滑动；拨动片 334、转盘 33、转盘 33 上的环片 333、卡槽 332，一根挠性线 34，其通过卡槽 332 固定在按掣装置中，并延伸至两侧卡掣装置 20（相当于权利要求 1 的释放关节）的位置处。

本专利权利要求 1 与证据 1 相比，区别在于：权利要求 1 的收合控制器包括一对驱动杆，该驱动杆主要以枢接的方式枢接于把手上，并分别具有第一端与第二端，且位于按键之上方，其中之第一端分别连接钢索。专利复审委员会认为：本专利权利要求 1 的技术方案是一对驱动杆枢接于把手上，且位于按键上方，这样通过用一个手指按压按键来按压这一对驱动杆，由此带动驱动杆端部拉动钢索就可以实现婴儿车的单手收合。而证据 1 是通过按压控制座 35 上的凸块 351 使凸片 352 往下位移而与环片 333 产生位差，用手指部分将拨动片 334 向上转动，由此带动转盘 33 两侧的挠性线 334 往上拉动实现婴儿车的单手收合。证据 2 中是通过一个手指按压压板 44，将里面的凸点 474 按下，使得定位销 47 可以没入穿孔 431，然后用手拉动握把 30，带动连动杆 60 及拉杆 62，然后带动接板 61，由此带动接板 61 端部拉动钢索实现婴儿车的单手收合。证据 1、2 的机械结构、技术方案与本专利有本质的区别，并且效果不同，本专利的技术方案用手指按一下按键就可以简单地实现单手收合婴儿车的目的，而证据 1、2 在按下按键后还需要拉动或转动另一个部件才可以实现单手收合婴儿车。由此可见，权利要求 1 与证据 1 相比存在实质性的区别，该区别带来了有益的效果。证据 2 公开的内容如前所述，其也没有公开该区别特征，详细理由见上述对权利要求 1 相对于证据 2 不具有新颖性的评述，也没有给出获得该区别特征的技术启示，并且证据 1、2 的结构完全不同，无法结合证据 1 和 2 来获得权利要求 1 的技术方案，因此权利要求 1 相对于证据 1 和 2 的结合具有《专利法》第 22 条第 3 款规定的创造性。

由于独立权利要求 7 的技术方案中也包括上述区别特征："收合控制器包括一对驱动杆，该驱动杆主要以枢接的方式枢接于把手上，并分别具有第一端与第二端，且位于按键之上方，其中之第一端分别连接钢索"，因此基于与权利要求 1 相同的理由，该权利要求 7 相对于证据 1 和 2 的结合也具有《专利法》第 22 条第 3 款规定的创造性。

由于独立权利要求 1、7 具有创造性，因此引用上述权利要求的从属权利要求 2 ~6、8 相对于证据 1、2 的结合也具有《专利法》第 22 条第 3 款规定的创造性。专利复审委员会据此作出第 11728 号决定，维持本专利权全部有效。

上述事实有本专利授权公告文本、证据 1、证据 2、第 11728 号决定以及当事人陈述等证据在案佐证。

一审审理结果

一审法院认为：

1. 关于被告对证据 1、2 中公开的技术特征的认定是否正确

原告主张被告认定证据 2 中的压板 44 相当于本专利权利要求 1 中的按键存在错误。证据 2 中的握把 30 应该相当于本专利的按键，而不是压板 44。本院认为，根据证据 2 的记载可知，只有当按下压板 44 后才能推动握把 30，进而牵动钢索以拉动释放关节，以防止意外的收合动作伤害到婴儿。因此，上述压板 44 所起的作用与本专利权利要求 7 所提到的安全锁块的作用相同，都是为了防止意外的收合动作。而本专利权利要求 1 中的按键所起的作用是为了驱动其他部件进而牵动钢索以拉动释放关节。因此，压板 44 与本专利权利要求 1 中的按键所起的作用不同，被告关于压板 44 相当于本专利权利要求 1 中的按键的认定错误，本院在此予以纠正。证据 2 的握把 30 受手的作用力，通过连动杆 60、拉杆 62 驱动两个接板 61，接板 61 牵动钢索，钢索拉动释放关节。因此，证据 2 的握把 30 所起的作用与本专利权利要求 1 中的按键相同，都是为了驱动其他部件进而牵动钢索以拉动释放关节。但证据 2 的握把 30 在工作

时是“拉”而不是“按”，其不具有“一压掣端以及一推掣端，并可于壳体内滑动”这一结构特征，因此证据2的握把30与本专利权利要求1中的按键的具体结构不同。原告认为握把30本身构成了壳体，当握把30整体移动时，可以看成握把30在其本身的壳体内滑动，往后拉本身也是往后的一种按动的诉讼主张，由于缺乏事实依据，本院不予支持。因此，证据2没有公开本专利权利要求1中的“一按键，该按键具有一压掣端以及一推掣端，并可于壳体内滑动”这一技术特征。

原告主张被告认定证据1的凸块351相当于权利要求1中的按键存在错误。证据1中的拨动片334应该相当于本专利的按键，而不是凸块351。本院认为，根据证据1的记载可知，只有当按凸块351后才能拨动拨动片334。因此，上述凸块351所起的作用与本专利权利要求7所提到的安全锁块的作用相同，都是为了防止意外的收合动作。而本专利权利要求1中的按键所起的作用是为了驱动其他部件进而牵动钢索以拉动释放关节。因此，凸块351与本专利权利要求1中的按键所起的作用不同，被告关于凸块351相当于本专利权利要求1中的按键的认定错误，本院在此予以纠正。证据1的拨动片334受手指的作用力，驱动转环33，使绕在转环33上的挠性线34收紧，拉动释放关节。因此，证据1的拨动片334所起的作用与本专利权利要求1中的按键相同，都是为了驱动其他部件进而牵动钢索以拉动释放关节。但证据1的拨动片334在工作时是“拨动”而不是“按”，拨动片334不是按动，而是转动，其不具有“一压掣端以及一推掣端，并可于壳体内滑动”这一结构特征，因此证据1的拨动片334与本专利权利要求1中的按键的具体结构不同。原告主张拨动片334在壳体内的转动实际上就是滑动，本院认为，所谓滑动是指整个部件相对于滑动面做整体移动，转动是指部件的一端不动，而其他部分相对于不动的一端转动，因此原告的上述诉讼主张没有事实依据，本院不予支持。综上，证据1没有公开本专利权利要求1中的“一按键，该按键具有一压掣端以及一推掣端，并可于壳体内滑动”这一技术特征。

2. 关于权利要求1、7是否具备新颖性

《专利法》第22条第2款规定，新颖性，是指在申请日以前没有同样的发明或者实用新型在国内外出版物上公开发表过、在国内公开使用过或者以其他方式为公众所知，也没有同样的发明或者实用新型由他人向国务院专利行政部门提出过申请并且记载在申请日以后公布的专利申请文件中。

原告主张证据2中的接板61相当于驱动杆，接板61铰接在把手杆上。接板61的连接钢索的部位相当于第一端，接板61连接拉杆62的部位相当于第二端。证据2的握把30相当于本专利的按键，接板61也大致位于握把30底部的上方。证据 2 与权利要求 1 的区别仅仅在于证据 2 的握把 30 通过其他部件间接地驱动接板 61，而权利要求 1 的按键则直接驱动驱动杆。由于权利要求 1 并未限定按键推动驱动杆的具体方式，因此，被告所认定的区别特征都已经在证据 2 中公开了。本院认为，根据证据 2 的记载可知，证据 2 的握把 30 受手的作用力，通过连动杆 60、拉杆 62 驱动两个接板 61，接板 61 牵动钢索，钢索拉动释放关节。因此，证据 2 的接板 61 所起的作用与本专利权利要求 1 中的驱动杆相同，都是铰接在把手杆上，将手的作用力转移给钢索，以拉动释放关节。但证据 2 的两个接板 61 是分别与手把横杆 111 两侧的推杆 11 铰接的，推杆 11 并不对应于本专利权利要求 1 中的把手，把手是用于手推的部分，证据 2 中相当于权利要求 1 中把手的部位是手把横杆 111，且证据 2 中接板 61 也不位于握把 30 的上方，因此证据 2 的接板 61 与本专利权利要求 1 中的驱动杆设置的具体位置不同。因此，证据 2 没有公开本专利权利要求 1 中的“一对驱动杆，该驱动杆主要以枢接的方式枢接于把手上，并分别具有第一端与第二端，且位于按键之上方，其中之第一端分别连接钢索”这一技术特征。

将证据 2 与本专利权利要求 1 对比，证据 2 没有公开本专利权利要求 1 中的①“一按键，该按键具有一压掣端以及一推掣端，并可于壳体内滑动”；②“一对驱动杆，该驱动杆主要以枢接的方式枢接于把手上，并分别具有第一端与第二端，且位于按键之上方，其中之第一端分别连接钢索”这两个区别技术特征。因此，本专利权利要求 1 符合《专利法》第 22 条第 2 款有关新颖性的规定。

由于独立权利要求 7 的技术方案中也包括上述区别特征①和②，因此基于与权利要求 1 相同的理由，该权利要求 7 相对于证据 2 也具有《专利法》第 22 条第 2 款规定的新颖性。

3. 关于权利要求 1、7 是否具备创造性

《专利法》第 22 条第 3 款规定，创造性，是指同申请日以前已有的技术相比，该发明有突出的实质性特点和显著的进步，该实用新型具有实质性特点和进步。

原告主张权利要求 1 与证据 1 的差别仅仅在于钢索的驱动部件是驱动杆而非转盘。钢索、驱动杆的驱动方式在证据 2 中已经被披露。对于本领域的技术人员来说，在对比文件 2 的启示之下，在对比文件 1 的壳体内设置 2 个转动部件的机构是显而易见的。本院认为，根据前面的评述可知，证据 1 没有公开上述区别技术特征①、②，因此，将证据 1 与本专利的权利要求 1 对比，证据 1 没有公开本专利权利要求 1 中的①“一按键，该按键具有一压掣端以及一推掣端，并可于壳体内滑动”；②“一对驱动杆，该驱动杆主要以枢接的方式枢

接于把手上，并分别具有第一端与第二端，且位于按键之上方，其中之第一端分别连接钢索”这两个区别技术特征。且上述区别技术特征①和②也没有被证据2公开，证据1、2的机械结构、技术方案与本专利有本质的区别。因此，权利要求1与证据1和证据2相比存在实质性的区别，且权利要求1的技术方案结构更加简单、操作更加方便省力。同时上述证据1和证据2亦没有给出任何启示以使所属领域的技术人员在上述证据的基础上显而易见地得到本专利权利要求1所述的技术方案。原告的上述诉讼主张缺乏事实依据，本院不予支持。因此，权利要求1符合《专利法》第22条第3款有关创造性的规定。

由于独立权利要求7的技术方案中也包括上述区别特征①和②，因此基于与权利要求1相同的理由，该权利要求7相对于证据1和2的结合也具有《专利法》第22条第3款规定的创造性。

综上，被告作出的第11728号决定认定事实虽然存在错误，但不影响案件处理结果，被告适用法律正确，审理程序合法，结论正确，因此对第11728号决定应予维持。原告的诉讼理由不能成立，对其诉讼请求，本院不予支持。依照《中华人民共和国行政诉讼法》第54条第（1）项之规定，本院判决如下：

维持被告国家知识产权局专利复审委员会作出的第11728号无效宣告请求审查决定。

贝斯特公司不服一审判决，提出上诉，请求撤销原审判决及第11728号决定，判令专利复审委员会重新作出行政决定。其理由是：1. 一审判决在认定行政决定的事实认定基本错误的情况下，以全新的理由驳回具体行政行为相对人的起诉，维持错误的行政决定，违反了行政诉讼法的基本原则，损害了当事人的程序权利。2. 一审判决认定事实错误，证据1公开了区别特征①，证据2公开了区别特征②，本专利权利要求1相对于证据1、2的结合不具备创造性。

专利复审委员会、隆成公司服从一审判决。

二审查明事实

二审查明的事实与一审相同。

二审审理结果

二审法院认为：

贝斯特公司在无效宣告请求审查程序中提出证据1中的拨动片334相当于本专利中的按键，证据2中的握把30也相当于本专利中的按键，专利复审委员会对此理由进行了审理并在第11728号决定中予以评述。贝斯特公司向一审法院起诉也陈述了同样的理由，原审判决针对其起诉理由进行审理，对专利复审委员会认定事实的错误予以纠正，由于该事实的认定不影响第 11728 号的维持本专利权有效的结论，因此，一审法院在此基础上作出维持第 11728 号决定的判决，程序上并无不当。

根据《专利法》第 22 条第 3 款的规定，实用新型的创造性是指同申请日以前已有的技术相比，该实用新型具有实质性特点和进步。

从第 11728 号决定中可以看出，专利复审委员会将证据 2 中的压板 44 认定为相当于本专利权利要求 1 中的按键，这是从该部件的结构特征本身来判断的，而原审判决将证据 2 中的握把 30 认定为相当于本专利的按键，而不是压板 44，这是从该部件与其他部件的连接关系和作用角度来判断的。第 11728 号决定和原审判决同样认为，根据证据 2 的记载可知，只有当按下压板 44 后才能推动握把 30，进而牵动钢索以拉动释放关节，以防止意外的收合动作伤害到婴儿。因此，专利复审委员会并没有否认压板 44 对握把 30 的控制以及握把 30 直接牵动钢索的连接关系，从这一点来看，第 11728 号决定与原审判决实质上认识是一致的，只是考虑问题的角度不完全一致。关于证据 1 的凸块 351 或拨动片 334 是否相当于本专利权利要求 1 中的按键的认定理由同上。

证据 2 的握把 30 不具有“一压掣端以及一推掣端，并可于壳体内滑动”这一结构特征，因此，其在工作时是通过“拉”的动作起到牵动钢索以拉动释放关节的作用。证据 1 的拨动片 334 在工作时是通过“拨动”的动作完成的，也不具有“一压掣端以及一推掣端，并可于壳体内滑动”这一结构特征，对于所属领域技术人员而言，滑动是指整个部件相对于滑动面做整体移动，转动是指部件的一端不动，而其他部分相对于不动的一端转动，因此证据 1 的拨动片 334 与本专利权利要求 1 中的按键结构不同，运动方式不同。

除以上区别之外，证据 1、2 也没有公开本专利权利要求 1 中的“一对驱动杆，该驱动杆主要以枢接的方式枢接于把手上，并分别具有第一端与第二端，且位于按键之上方，其中之第一端分别连接钢索”技术特征，证据 1、2 的机械结构、技术方案与本专利权利要求 1 有实质性的区别。本专利权利要求 1 的技术方案具有结构更加简单、操作更加方便省力的有益的技术效果。因此，所属领域技术人员结合证据 1 和证据 2，要想得到本专利权利要求 1 的技术方案仍需付出创造性的劳动。

基于与本专利权利要求 1 相同的理由，本专利权利要求 7 相对于证据 1 和 2 的结合也具备创造性。

综上所述，贝斯特公司的上诉理由均不能成立，其上诉请求本院不予支持。原审判决认定事实清楚，适用法律正确，应予维持。依照《中华人民共和国行政诉讼法》第61条第（1）项之规定，本院判决如下：

驳回上诉，维持原判。

一审案件受理费100元，由平湖市贝斯特童车有限公司负担。二审案件受理费100元，由平湖市贝斯特童车有限公司负担。

21. “冶金熔渣处理装置”实用新型专利权无效行政纠纷案

——中国冶金建设集团包头钢铁设计研究总院诉国家知识产权局专利复审委员会、张维田

原告（上诉人）：中国冶金建设集团包头钢铁设计研究总院
被告（被上诉人）：国家知识产权局专利复审委员会
第三人：张维田
案由：实用新型专利权无效行政纠纷

一审案号：北京市第一中级人民法院（2008）一中行初字第 1158 号
一审合议庭成员：姜颖、芮松艳、高伟
一审结案日期：2008 年 12 月 20 日
二审案号：北京市高级人民法院（2009）高行终字第 445 号
二审合议庭成员：刘辉、岑宏宇、谢甄珂
二审结案日期：2009 年 11 月 16 日

判决要旨

在评价专利的创造性时，如果权利要求与对比文件公开的内容有字面上的区别，还要基于所属技术领域的技术人员的理解，判断该区别是否属于实质性的区别。除对比文件明确公开的内容外，专利权利要求所记载的内容属于所属技术领域的技术人员有限的选择，则与对比文件相比，同样不具备实质性特点。

起诉与答辩

原告中国冶金建设集团包头钢铁设计研究总院（简称包头钢铁设计院）不服被告国家知识产权局专利复审委员会（简称专利复审委员会）于 2008 年 4 月 1 日作出的第 11288 号无效宣告请求审查决定（简称第 11288 号决定），在法定期限内向本院提起诉讼。包头钢铁设计院起诉称：（1）第 11288 号决定对本专利权利要求 5、6 具有创造性的认定错误。附件 3 中虽然没有明确公开在托辊上设置 U 型槽以及在轮鼓上相应的设置凸缘，但对本领域技术人员

来说根据附件 3 的教导想到在托辊上设置 U 型槽以及在轮鼓上相应的设置凸缘来避免转鼓产生轴向移动是显而易见的，并且上述技术手段也是本领域技术人员为解决转鼓产生轴向移动这一技术问题的必然选择之一。权利要求 6 记载的附加技术特征与权利要求 5 记载的附加技术特征矛盾，因此，权利要求 6 应该是对权利要求 4 的进一步限定，应该从属于权利要求 4，附件 1 公开了采用托辊与挡辊配合限制转鼓的轴向位移及托辊在水平面的位置可调地固于机架上。因此，本专利权利要求 5、6 不具备创造性。（2）上述决定与北京市高级人民法院作出的（2007）高行终字第 207 号行政判决书（简称第 207 号判决）相矛盾。综上，请求人民法院撤销第 11288 号决定。

被告专利复审委员会辩称：（1）被告坚持其在第 11288 号决定中关于本专利权利要求 5、6 具有创造性的意见。（2）从附件 3 中并不能导出在托辊上设置 U 型槽以及在轮鼓上相应的设置凸缘这一技术特征，原告也未证明采用上述的结构设置是所属领域技术人员的必然选择，且上述结构设置带来了有益的技术效果。（3）第207 号判决只是认定了本专利独立权利要求 1 与所提交的证据相比，其创造性体现在权利要求 1 包含区别技术特征（4），但是并未对从属权利要求的附加技术特征给出认定，因此上述决定与第 207 号判决并不矛盾。综上，第 11288 号决定认定事实清楚、适用法律正确，请求人民法院依法驳回原告的诉讼请求，维持第 11288 号决定。

第三人张维田述称：其同意被告的意见，第 11288 号决定认定事实清楚、适用法律正确，请求人民法院驳回原告的诉讼请求，维持第 11288 号决定。

一审查明事实

一审法院查明：本专利是名称为“冶金熔渣处理装置”的实用新型专利，申请日是 2000 年 11 月 10 日，授权公告日是 2001 年 9 月 19 日，专利号为 ZL00261532.0，专利权人为张维田。本专利授权公告的权利要求书如下：

“1. 一种冶金熔渣处理装置，包括有熔渣进口流道沟头、粒化器、脱水器、传动装置、受料斗和排气筒，所述粒化器包括有壳体和可转动地固定于壳体中的粒化轮，在所述粒化器的壳体上设有所述熔渣进口流道沟头，构成将高温熔渣导入粒化器的进口，在所述粒化器壳体内设有挡渣板；所述脱水器包括有脱水装置和水槽，所述脱水装置设于水槽内，水槽上设有水位调节装置，脱水装置为一可回转的轮鼓，其通过轴承支撑装置固支于机架上，其与所述传动装置相连接，在所述轮鼓上可拆卸地固有若干 V 型筛板，所述粒化器的壳体的出水端伸入到脱水器内，脱水器的上方设有所述的排气筒；所述受料斗的一端设于所述脱水器内，其另一端伸出脱水器与输出粒化熔渣的输出装置衔接；其特征在于：

所述粒化器中的粒化轮上设有的破碎齿为可拆卸直齿，齿上设有散热翅，在粒化轮的齿间设有折射盘，在粒化器的所述壳体内设有若干高压喷水嘴，所述喷水嘴设于壳体内的进口端的上部和下部，另外，在壳体的侧面和下部也设有喷水嘴，所述喷水嘴与一高压水箱连通；所述挡渣板设于粒化器壳体上出口处，其为空心结构，其朝向粒化轮一侧的表面可以为锯齿形状，在挡渣板上设有冷却水进出口，所述冷却水的出口可以设于所述锯齿形状表面的锯齿上朝下；所述熔渣进口流道沟头为空心结构，所述空心结构设于沟头的下部，其上设有冷却水进出口，所述沟头与粒化器的壳体连接；所述脱水装置的轮鼓与机架之间设有平衡调节装置；在所述排气筒上连接集气净化装置。

2. 根据权利要求 1 所述的装置，其特征在于：所述沟头与所述粒化器壳体的连接结构是固定式结构或摆动式结构。

3. 根据权利要求 1 所述的装置，其特征在于：所述脱水装置的轮鼓上所设有的 V 型筛板上可拆卸地设有筛片，其是梯形截面的直条筛片，由此构成的筛板其内侧筛片之间的间隙大于外侧筛片的间隙。

4. 根据权利要求 1 所述的装置，其特征在于：所述脱水装置的轮鼓与机架之间设有的平衡调节装置，其中包括设于轮鼓两侧并与轮鼓匹配抵触的托辊和/或挡辊。

5. 根据权利要求 1 所述的装置，其特征在于：所述托辊水平位置可调地固于机架上，所述托辊的圆周面上可以设有一 U 型槽，相对应地所述轮鼓上设有一凸缘，其设于托辊的 U 型槽中。

6. 根据权利要求 5 所述的装置，其特征在于：所述平衡调节装置包括托辊和挡辊，所述托辊为设于轮鼓两侧并与轮鼓的侧面相抵触的圆柱形辊，其在水平面的位置可调地固于机架上，所述挡辊是设于轮鼓两侧的其与轮鼓的端面相抵触的圆柱辊。

7. 根据权利要求 1 所述的装置，其特征在于：所述脱水器中的水槽下部的水位调节装置是设于其上回水管道上的调节阀。

8. 根据权利要求 7 所述的装置，其特征在于：所述调节阀是一翻板阀。

9. 根据权利要求 1 所述的装置，其特征在于：所述集气净化装置包括有冷凝装置、减压装置、净化洗气装置、水汽分离装置和冷凝水回收装置。

10. 根据权利要求 9 所述的装置，其特征在于：在所述排气筒上连接管径渐小的增压段，在其中设有喷嘴，增压段之后连接减压段，在减压段后连接气液分离器 13，在分离器的下部设有冷凝水回收器 16，分离器上部的溢气口连接管道与一引风机 14 的进口连接，引风机 14 的出口连接放气管 15。

11. 根据权利要求 10 所述的装置，其特征在于：在集气装置的管道上设有膨胀节，使管道可以在其温度变化时自由伸缩。”

针对本专利，莱芜钢铁股份有限公司（简称莱芜钢铁公司）于 2005 年 5 月 24 日向专利复审委员会提出了无效宣告请求，专利复审委员会于 2006 年 5 月 26 日作出了第 8392 号无效宣告请求审查决定（简称第 8392 号决定），认为本专利权利要求 1 与现有技术的区别技术特征在于（2）齿上设有散热翅、（4）所述熔渣进口流道沟头为空心结构，所述空心结构设于沟头的下部，其上设有冷却水进出口以及（7）在所述轮鼓上可拆卸地固有若干 V 型筛板，因此本专利权利要求 1 及其从属权利要求 2～11 具备创造性。莱芜钢铁公司不服，向本院提起诉讼，本院经审理作出（2006）一中行初字第 1201 号行政判决，认为为了提高热效率，在装置上加装散热翅片是常规技术手段，而权利要求 1 的 V 型筛板和证据中的筛斗只是文字表述上的差别，并无结构上的不同，而且解决了相同的技术问题，但认为专利复审委员会对于上述区别技术特征（4）的认定正确，故判决维持第 8392 号决定。莱芜钢铁公司不服，向北京市高级人民法院提起上诉，北京市高级人民法院经审理作出第 207 号判决，认为“正是而且仅仅基于区别技术特征（4）才使本专利权利要求 1 及其从属权利要求具备了实质性特点和进步，因而具备创造性”。故判决驳回上诉，维持原判。

针对本专利权，包头钢铁设计院于 2006 年 10 月 12 日向专利复审委员会提出无效宣告请求，理由是本专利不符合《专利法》第 22 条第 3 款，第 26 条第 3 款、第 4 款和《专利法实施细则》第 20 条第 1 款、第 21 条第 2 款的规定，并提交了 7 份附件，其中：

附件 1：《冶金设备》2000 年 2 月第 1 期，封面页、版权页、第 38～40 页，共 5 页复印件；附件 1 第 40 页记载了“借鉴回转窑托辊的结构特点，托辊设计成角移式托辊底座。通过调整托辊的水平角度来平衡轴向力，配合挡辊限制转鼓的轴向位移，以保证脱水器的正常运行”。

附件 3：冶金工业出版社 1994 年 11 月第 1 版第 1 次印刷的《炼铁设备及车间设计》封面页、版权页及第 1、186、187、192～194、234、235、238、239 页和封底页，共 13 页复印件；附件 3 第 238 页记载了“转鼓本体通过其两端的轮圈支撑在支座上面的两个托辊上，这种支撑结构不仅能使转鼓旋转平整，而且可以避免转鼓产生轴向移动”，但是并未提及在托辊上设置 U 型槽以及在轮鼓上相应的设置凸缘。

专利复审委员会于 2008 年 1 月 8 日举行了口头审理。在口头审理过程中，包头钢铁设计院明确其无效的理由、范围以及证据的使用情况为：本专利权利要求 1 相对于附件 1、2 和 7 不符合《专利法》第 22 条第 3 款的规定；权利要求 2 的附加技术特征被附件 1 公开；权利要求 3 的附加技术特征被附件 6 和 9 公开；权利要求 4 的附加技术特征被附件 1 和 3 公开；权利要求 5 的附加技术特征可以由附件 3 唯一确定；权利要求 6 的附加技术特征被附件 1 公开；权利要求 7、8 的附加技术特征被附件 1 公开；权利要求 9 ~ 10 的附加技术特征被附件 3 公开；权利要求 11 的附加技术特征是公知常识且被附件 15 公开，放弃其他的无效理由及没有使用过的附件。包头钢铁设计院当庭提交了附件 15，张维田放弃提交的所有证据。通过上述审理，专利复审委员会认为本案事实已经清楚，作出了第 11288 号决定。

专利复审委员会在该决定中认定：权利要求 1 相对于附件 1、附件 2 和附件 7 的结合不具备创造性，从属权利要求 2 ~ 4、7 ~ 11 也不具备创造性。对于权利要求 5、6 的创造性，专利复审委员会认为附件 3 中虽然公开了转鼓本体通过其两端的轮圈支撑在支座上面的两个托辊上，这种支撑结构不仅能使转鼓旋转平整，而且可以避免转鼓产生轴向移动，但是并未提及在托辊上设置 U 型槽以及在轮鼓上相应的设置凸缘，同时也没有证据证明上述结构是本领域技术人员容易想到的，而且本专利通过 U 型槽和凸缘的配合可以实现托辊在机架上的水平位置调节，通过对其调节可控制轮鼓径向的平衡，具有有益的效果。因此，权利要求 5 相对于附件 1 ~ 3、7 具备创造性。附件 1 中也没有公开托辊在水平位置可调地固于机架上，因此在权利要求 5 具备创造性的前提下，其从属权利要求 6 也具备创造性。专利复审委员会据此作出第 11288 号决定，宣告本专利权利要求 1 ~ 4、7 ~ 11 无效，在权利要求 5、6 的基础上维持本专利权有效。

上述事实有本专利授权公告文本、附件 1、附件 3、第 207 号判决、第 11288 号决定书、口头审理记录表以及当事人陈述等证据在案佐证。

一审审理结果

一审法院认为：

1. 权利要求 5、6 是否具备创造性

《专利法》第 22 条第 3 款规定，创造性，是指同申请日以前已有的技术相比，该发明有突出的实质性特点和显著的进步，该实用新型有实质性特点和进步。

原告主张附件 3 中虽然没有明确公开在托辊上设置 U 型槽以及在轮鼓上相应的设置凸缘，但根据其中记载的“转鼓本体通过其两端的轮圈支撑在支座上面的两个托辊上，这种支撑结构不仅能使转鼓旋转平整，而且可以避免转鼓产生轴向移动”的教导，对本领域技术人员来说采用在托辊上设置U型槽以及在轮鼓上相应的设置凸缘这一技术手段来避免转鼓产生轴向移动是显而易见的，并且上述技术手段是本领域技术人员为解决转鼓产生轴向移动这一技术问题的必然选择之一。本院认为，对本领域技术人员来说根据附件3中上述记载的内容可知，采用“转鼓本体通过其两端的轮圈支撑在支座上面的两个托辊上”这一技术手段，可以避免转鼓产生轴向移动。同时对本领域技术人员来说为解决转鼓产生轴向移动这一技术问题可以采用的技术方案很多，例如附件3中所公开的在转鼓本体的两端设置轮圈，在支座与轮圈之间设置两个托辊，进而增大转鼓在轴向上的摩擦力的方案，因此在托辊上设置U型槽以及在轮鼓上相应的设置凸缘并不是本领域技术人员为解决转鼓产生轴向移动这一技术问题的必然选择之一。因此，本领域技术人员在附件3的基础上并不能显而易见地导出上述技术手段，原告的上述诉讼主张缺乏事实依据，本院不予支持。

原告主张根据附件1中记载的“借鉴回转窑托辊的结构特点，托辊设计成角移式托辊底座。通过调整托辊的水平角度来平衡轴向力”，可以导出托辊在水平面的位置可调地固于机架上。本院认为，根据附件1中的上述记载的内容可知，其中的托辊设计成角移式托辊底座，托辊只是水平角度可以调节，并不是在水平面内整体移动托辊，其与“托辊在水平面的位置可调地固于机架上”是不同的，因此，附件1没有公开托辊在水平面的位置可调地固于机架上这一技术特征，且托辊设计成上述结构也不是本领域技术人员容易想到的。因此，原告的上述诉讼主张没有事实依据，本院不予支持。综上，上述附加技术特征均没有被公开，亦没有将附件1~3、7结合进而得到权利要求5的技术方案的启示，因此，权利要求5具备创造性。

原告主张权利要求6记载的附加技术特征与权利要求5记载的附加技术特征矛盾，因此，权利要求6应该是对权利要求4的进一步限定，应该从属于权利要求4，同时权利要求6记载的附加技术特征已经被附件1公开了。本院认为，《专利法》第56条第1款规定，发明或者实用新型专利权的保护范围以其权利要求的内容为准，说明书及附图可以用于解释权利要求。由本专利权利要求6记载的内容可知，其引用了权利要求5，因此，应当认定该权利要求为权利要求5的从属权利要求。在权利要求5相对于附件1~3、7的结合具备创造性的前提下，权利要求6具备创造性。原告基于权利要求6记载的附加技术特征与权利要求5记载的附加技术特征矛盾而主张权利要求6应该是对权利要求4的进一步限定，并无法律依据，对该诉讼主张，本院不予支持。

2. 关于第 11288 号决定与第 207 号判决是否存在矛盾

原告认为根据第 207 号判决，“正是而且仅仅基于区别技术特征（4）才使本专利权利要求 1 及其从属权利要求具备了实质性特点和进步，因而具备创造性”，因此本专利与现有技术的区别仅在于区别技术特征（4），在区别技术特征（4）已经被公开的前提下，本专利全部权利要求均不具备创造性。被告认定权利要求 5、6 具备创造性与该判决矛盾。本院认为，第 207 号判决上述记载的内容表示的意思是本专利权利要求 1 与现有技术的区别仅在于区别技术特征（4），因此，本专利权利要求 1 具备创造性，由于从属权利要求与现有技术相比也具有区别技术特征（4），因此也具备创造性。第 207 号判决并没有对从属权利要求的附加技术特征进行评述，而第 11288 号决定系在对从属权利要求 5、6 的附加技术特征进行评述的基础上得出上述两权利要求具备创造性的结论，因此该决定与第 207 号判决并不矛盾。原告的上述主张没有事实依据，本院不予支持。

综上，被告作出的第 11288 号决定认定事实清楚，适用法律正确，审理程序合法，应予维持。原告的诉讼理由不能成立，对其诉讼请求，本院不予支持。依照《中华人民共和国行政诉讼法》第 54 条第（1）项之规定，本院判决如下：

维持被告国家知识产权局专利复审委员会作出的第 11288 号无效宣告请求审查决定。

包头钢铁设计院不服一审判决，向本院提出上诉，请求撤销原审判决及专利复审委员会作出的第 11288 号决定中维持本专利权利要求 5、6 有效的部分，宣告本专利权全部无效，由专利复审委员会承担本案诉讼费用。其上诉理由是：原审判决对本专利权利要求 5、6 以及证据所公开的事实认定不清，本专利权利要求 5、6 不具备创造性。

专利复审委员会、张维田服从一审判决。

二审查明事实

二审法院查明事实与一审相同。

二审审理结果

二审法院认为：《专利法》第 22 条第 3 款规定，创造性是指同申请日以前已有的技术相比，该发明有突出的实质性特点和显著的进步，该实用新型有实质性特点和进步。本案争议的焦点是本专利权利要求 5、6 是否具备创造性。

从本专利权利要求书中可以看出，本专利权利要求5从属于权利要求1，附加的技术特征有：（1）所述托辊水平位置可调地固于机架上；（2）所述托辊的圆周面上可以设有一U型槽，相对应地所述轮鼓上设有一凸缘，其设于托辊的U型槽中。

关于特征（1），附件1即《冶金设备》2000年2月第1期的第40页记载了“借鉴回转窑托辊的结构特点，托辊设计成角移式托辊底座。通过调整托辊的水平角度来平衡轴向力，配合挡辊限制转鼓的轴向位移，以保证脱水器的正常运行”。附件1已经公开了托辊可在水平位置上做角移式调整，作用是平衡轴向力，与本专利托辊“对轮鼓起到径向调节平衡作用相同”。由于本专利权利要求5中的托辊是固定在机架上，必然有固定点，不可能整体移动，原审判决将该特征解释为“在水平面内整体移动托辊”理解有误。因此，特征（1）已被附件1公开。

关于特征（2），附件3即冶金工业出版社1994年11月第1版第1次印刷的《炼铁设备及车间设计》的第238页记载了“转鼓本体通过其两端的轮圈支撑在支座上面的两个托辊上，这种支撑结构不仅能使转鼓旋转平整，而且可以避免转鼓产生轴向移动”，要实现附件3所述的“使转鼓旋转平整、避免转鼓产生轴向移动”，在仅设置托辊，不设置挡辊的情况下，托辊必然要与转圈形成一定的限位关系，这种可能的限位关系本领域技术人员可以直接毫无疑义地采用每个托辊为L型，两个相对的L型构成限位，或者其中一个或两个托辊设置为U型，相应地，轮鼓上设有一凸缘，其设于托辊的U型槽中的技术方案，在这两种可能中选择一种，显然不需要付出创造性劳动。

基于以上理由，在本专利权利要求1不具备创造性的基础上，本专利权利要求5也不具备创造性。

综上所述，原审判决及第11288号决定对本专利权利要求5具备创造性的认定错误，应予纠正。包头钢铁设计院的上诉理由有事实和法律依据，其上诉请求本院予以支持。专利复审委员会作出的第11288号无效决定认定事实证据不足，应予撤销，该委应就本专利权重新作出无效宣告请求审查决定。原审判决认定事实不清，适用法律错误。依照《中华人民共和国行政诉讼法》第54条第（2）项第1目、第61条第（3）项之规定，判决如下：

（1）撤销北京市第一中级人民法院（2008）一中行初字第1158号行政判决；

（2）撤销国家知识产权局专利复审委员会作出的第11288号无效宣告请求审查决定；

（3）国家知识产权局专利复审委员会针对 ZL00261532.0 号“冶金熔渣处理装置”实用新型专利权重新作出无效宣告请求审查决定。

一审案件受理费 100 元，由国家知识产权局专利复审委员会负担。二审案件受理费 100 元，由国家知识产权局专利复审委员会负担。

22.“电池外壳的制造方法”发明专利权无效行政纠纷案

——深圳市比克电池有限公司诉国家知识产权局专利复审委员会、深圳华粤宝电池有限公司

原告（上诉人）： 深圳市比克电池有限公司
被告（被上诉人）： 国家知识产权局专利复审委员会
第三人： 深圳华粤宝电池有限公司
案由： 发明专利权无效行政纠纷

一审案号： 北京市第一中级人民法院（2007）一中行初字第 43 号
一审合议庭成员： 仪军、侯占恒、刘元霞
一审结案日期： 2007 年 9 月 20 日
二审案号： 北京市高级人民法院（2009）高行终字第 782 号
二审合议庭成员： 刘辉、岑宏宇、焦彦
二审结案日期： 2009 年 9 月 17 日

判决要旨

制造方法发明的技术方案包含的技术特征不仅有制造产品使用的装置，也包括制造工序。故在评价某一装置的作用时，要考虑该装置是在哪一个工序中起到作用的。对比文件中即使有相同的装置，但处于不同的工序中，所起到的作用也是不同的。

起诉与答辩

原告深圳市比克电池有限公司（简称比克公司）不服被告国家知识产权局专利复审委员会（简称专利复审委员会）于 2005 年 3 月 16 日作出的第 6990 号无效宣告请求审查决定（简称第 6990 号决定），于法定期限内向本院提起行政诉讼。原告比克公司起诉称：（1）专利复审委员会在第 6990 号决定中把本专利权利要求 1 中的限位装置解释为“具有 U 形结构的固定结构，该 U 形结构的两臂的内壁可以限制斜楔形滑块的运动极限位置”，既违反了《专利法》和《审查指南》的规定，也不符合本专利的实际情况。（2）专利复审

委员会认为附件 B2 没有公开限位装置这一技术特征，进而认定本专利权利要求 1 具有新颖性，属于认定事实错误。(3) 即使按照专利复审委员会对限位装置的解释，权利要求 1 也不具有创造性。综上所述，专利复审委员会作出的第 6990 号决定认定事实错误，适用法律不当，请求人民法院依法撤销该决定，并责令专利复审委员会重新作出宣告本专利全部无效的审查决定。

被告专利复审委员会坚持其在第 6990 号决定中的认定，并针对比克公司起诉的理由进一步辩称：首先，比克公司认为专利复审委员会将本专利权利要求 1 中的限位装置解释为“U 形结构的固定结构”与本专利的实际情况不符是不正确的，由于上述解释并未对 U 形结构两臂的内壁形状进行限定，因此上述解释并未仅局限于本专利附图 3 所示的结构形式。其次，附件 B2 并未覆盖权利要求 1 的全部技术特征，权利要求 1 相对于附件 B2 具有新颖性。据此，专利复审委员会在其作出的第 6990 号决定中认定事实清楚，适用法律正确，审理程序合法，比克公司的诉讼理由不能成立，请求人民法院驳回比克公司的诉讼请求，维持第 6990 号决定。

第三人深圳华粤宝电池有限公司（简称华粤宝公司）述称：本专利相对于附件 B2 具有新颖性。并且由于本专利的限位装置与比克公司所引用的滑动凸轮是基于完全不同的两种概念产生的完全不同的机械结构，二者所解决的技术问题和实现的技术效果完全不同，故本专利具有创造性。综上，华粤宝公司请求人民法院驳回比克公司的诉讼请求，维持第 6990 号决定。

一审查明事实

一审法院查明：名称为“电池外壳的制造方法”的发明专利由华粤宝公司于 2000 年 1 月 22 日向国家知识产权局提出申请，于 2003 年 9 月 17 日被授权公告，专利号为 ZL00114037. X。本专利授权公告的权利要求书包含 9 项权利要求，其中权利要求 1 为独立权利要求，权利要求 2 ~ 9 直接或间接从属于权利要求 1。权利要求 1 的内容为：

“1. 一种电池外壳的制造方法，其特征在于，包括以下步骤：制备预定长度的管通；用模具把所述管通向两边拉伸成所要求形状的筒体；在筒体的两端部通过焊接、粘接或机械变形方法加上两底板形成一筒形密封电池外壳，所述模具包括斜楔型上模和下模，所述下模主要由斜楔型滑块和限位装置组成。”

本专利说明书载明：“如图 1 所示，本发明提供的一种电池外壳的制造方法：首先把原材料管通切割成所需的高度，然后把原材料形状管通预压成扁状管通，再把该扁平椭圆通套入下模，用上模向下运动，把椭圆通拉伸为方通。所述下模主要由两块或一块滑块和限位装置组成。”

2003 年 12 月 3 日，比克公司以本专利权利要求 1、2、4、5、6 不符合《专利法》第 22 条第 2 款为由，向专利复审委员会提出无效宣告请求，并提供了附件 A1 作为证据。

2004 年 1 月 9 日，比克公司提出本专利不符合《专利法》第 22 条第 3 款、第 26 条第 4 款的无效理由，并补充提交了附件 A2 ~ A5。

2004 年 3 月 4 日，比克公司再次就本专利提出无效宣告请求，并提交了附件 B1 ~ B7，其中：

附件 B2 为特开平 6 - 333541A 号日本公开特许公报复印件，其公开日为 1994 年 12 月 2 日。该对比文件公开了一种矩形电池外壳和其制造方法及矩形电池外壳用矩形筒的成形装置，并具体公开以下技术内容（参见权利要求 2 ~ 4，说明书第 2 页第 14 行 ~ 第 5 页第 14 行以及附图 8，附图 8 见本判决附件 1）：该矩形电池外壳的制造方法包括在与筒轴垂直方向上施加拉力从而成形矩形筒的工序；切断上述矩形筒，使得该成形体与期望的矩形电池外壳的高度相等的工序；将底板嵌入到上述矩形筒的底部的工序；压延上述底板，使其嵌合在上述矩形筒的底部的工序；焊接上述矩形筒和上述压延后的底板的工序。该矩形电池外壳用矩形筒的成形装置包括一对找心架和自由滑动插入到该找心架间的楔形工具，上述一对找心架外形形状构成期望的矩形筒的内侧尺寸，通过使上述楔形工具滑动，使上述一对找心架在对筒体的筒轴垂直的方向上移动，成形期望的矩形筒。设置滑动凸轮，通过将上述楔形工具插入到上述一对找心架之间，在与该一对找心架打开的方向相反的方向上作用力，在筒体的成形结束的时候，用上述找心架和上述滑动凸轮，夹成形后的矩形电池外壳的短边侧侧面的两面。此外，该对比文件还公开了以下技术内容：“在箭头 A 方向上插入楔形工具 15，凸轮 26 就与楔形工具 15 联动，在箭头 A 方向上移动，利用凸轮 26，滑动凸轮 25 在箭头 B 方向上作用力，在筒管坯料 17 成形结束的时候，用找心架 14 和滑动凸轮 25 夹成形后的矩形电池外壳的短边侧侧面的两面。”

在 2004 年 6 月 30 日举行的口头审理中，比克公司放弃了附件 A1 ~ A5，明确其无效理由是权利要求 1、2 不具有新颖性，权利要求 1 ~ 9 不具有创造性，权利要求 1 ~ 9 不符合《专利法实施细则》第 20 条第 1 款的规定。口头审理结束之后，专利复审委员会根据案情需要决定扩大合议组，并于 2004 年 9 月 20 日进行了第二次口头审理。比克公司明确其无效理由为本专利不符合《专利法》第 22 条第 2 款、第 3 款，《专利法实施细则》第 20 条第 1 款，使用的证据为附件 B2 ~ B7，放弃使用第一次提出无效宣告请求时所使用的证据；权利要求 1 和 2 相对于附件 B2 不具有新颖性和创造性；权利要求 3 和 9 相对于附件 B2 结合公知常识或附件 B5 不具有创造性，权利要求 4 相对于附件 B2 结合公知常识或附件 B4 不具有创造性，权利要求 5 ~ 8 相对于附件 B2 不具有创造性；华粤宝公司认为限位装置是限定下模滑块的极限位置的装置；比克公司认为限位装置是限定电池外壳的尺寸的装置。

2005 年 3 月 16 日，专利复审委员会作出第 6990 号决定。专利复审委员会在该决定中认定：（1）比克公司关于本专利权利要求 1 ~ 9 不符合《专利法实施细则》第 20 条第 1 款的无效理由不能成立。（2）关于本专利是否具备新颖性。对权利要求中所述的限位装置的合理解释应当是一个用于限定下滑块向两侧运动的极限位置的模具的固定部件。由于滑块运动的对称性，该固定部件也应当设计成对称的结构，例如一个 U 形块。由于该部件在限制滑块向两侧运动的同时也从外部对成形电池外壳施加压力，因此，在限位的同时也起到了保证电池外壳精度的作用。对于上述理解，从说明书中所给出的唯一的实施例及其附图中可以得到进一步的支持。因此，本专利权利要求 1 中所述的限位装置应当解释为“具有 U 形结构的固定结构，该 U 形结构的两臂的内壁可以限制斜楔形滑块的运动极限位置”。本案争论的焦点在于附件 B2 中的滑动凸轮是否相当于权利要求 1 中的限位装置。根据附件 B2 中对滑动凸轮的说明，滑动凸轮并非是具有 U 形结构的固定件，而是作为与楔形工具联动的运动部件，其结构形式与权利要求 1 中的限位装置完全不同，因此，附件 B2 没有公开权利要求 1 中的特征“所述下模主要由斜楔型滑块和限位装置组成”，本领域技术人员也不能从附件 B2 中唯一导出具有上述结构的限位装置，因此附件 B2 并未覆盖权利要求 1 的全部技术特征，权利要求 1 相对于附件 B2 具有新颖性。附件 B4、B5 及 B6 均未公开权利要求 1 中有关模具的结构技术特征，附件 B7 未具体公开权利要求 1 中的特征 1 ~ 3 和 5，因此权利要求 1 相对于附件 B4 ~ B7 中均具有新颖性。在独立权利要求 1 相对于附件 B2、B4 ~ B7 具有新颖性的情况下，其从属权利要求 2 ~ 9 也具有新颖性。（3）关于本专利是否具备创造性。根据附件 B2 中对滑动凸轮的说明，滑动凸轮并非是具有 U 形结构的固定件，而是作为与楔形工具联动的运动部件，附件 B2 中的说明书并未清楚地说明滑动凸轮在该技术方案中所起的作用，从说明书披露的内容来看仅能得出该凸轮是在矩形筒成形之后再对该矩形筒两边进行挤压作用的“整平器”，本领域技术人员需要在附件 B2 公开内容的基础上付出创造性劳动设定合适的工作方式，才有可能将该滑动凸轮设置为能够限制找心架运动极限位置的 U 形固定限位装置结构。因此，由于该滑动凸轮与权利要求 1 中限位装置的结构不同，同时本领域技术人员在附件 B2 公开内容的基础上也不能得到与实现权利要求 1 中的 U 形固定限位装置有关的技术启示，故权利要求 1 相对于附件 B2

具有突出的实质性特点，由于本专利权利要求1的技术方案中所采用的限位装置具有结构简单的优点，因此相对于附件B2中的凸轮、找心架联动配合结构的复杂操作具有显著的技术进步，故权利要求1相对于附件B2具有突出的实质性特点和显著的进步，符合《专利法》第22条第3款关于创造性的规定。附件B4、B5和B6均未涉及电池外壳的制造工艺和模具，同样也没有给出权利要求1中关于模具的任何技术启示。附件B7未具体公开权利要求1中的特征1~3和5，也未给出关于权利要求1中上述技术特征的任何启示。综上所述，权利要求1相对于附件B2、B4~B7及其结合具有突出的实质性特点和显著的进步，符合《专利法》第22条第3款关于创造性的规定。在此基础上，权利要求2~9也具有创造性。专利复审委员会据此作出第6990号决定，维持本专利权有效。

第6990号决定作出后，比克公司不服，向我院提起诉讼，我院经审理认为本专利权利要求1不具有新颖性，故于2005年12月30日作出（2005）一中行初字第607号判决，撤销专利复审委员会作出的第6990号决定，并由专利复审委员会重新就本专利权作出无效宣告请求审查决定。一审判决作出后，专利复审委员会和华粤宝公司均提出上诉，北京市高级人民法院经审理认为，附件B2公开的“滑动凸轮”不是“U形结构的固定结构”，未公开本专利权利要求1的全部技术特征，我院认定权利要求1不具备新颖性是错误的。鉴于我院在（2005）一中行初字第607号判决中未对本专利是否具有创造性作出评价，故我院应当在本专利具备新颖性的前提下，对本专利是否具备创造性作出评价。2006年12月20日，北京市高级人民法院作出（2006）高行终字第179号裁定书，将本案发回我院重审。

上述事实有本专利说明书、第6990号决定、附件B2、（2005）一中行初字第607号判决、（2006）高行终字第179号裁定以及当事人陈述等证据在案佐证。

一审审理结果

一审法院认为：北京市高级人民法院在（2006）高行终字第179号裁定中认定附件B2公开的“滑动凸轮”不是“U形结构的固定结构”，我院应当在本专利具备新颖性的前提下，对本专利是否具备创造性作出评价，故本院将在上述认定的基础上对本专利是否具有创造性进行评价。

《专利法》第22条规定，发明专利的创造性，是指同申请日以前已有的技术相比，该发明有突出的实质性特点和显著的进步。

由附件B2权利要求、说明书以及附图公开的内容可知，虽然凸轮与楔形工具是联动的，但由凸轮与楔形工具位置关系和配合关系可以看出，附件 B2 的技术方案是利用找心架限定了相互的移动位置，而后再在筒管坯料成形结束的时候，用找心架和滑动凸轮夹成形后的矩形电池外壳的短边侧侧面，据此，正如专利复审委员会在第 6990 号决定中论述的，该滑动凸轮是在矩形筒成形之后再对该矩形筒两边进行挤压作用的“整平器”，但并不能实现限制找心架运动极限位置的功能，本领域技术人员也不能在附件 B2 技术方案的基础上显而易见地得到本专利的技术方案。同时，本专利相对于附件 B2 明显具有结构简单的优点，据此，本专利具有突出的实质性特点和显著的进步，符合《专利法》关于创造性的规定。

鉴于比克公司未对专利复审委员会涉及附件 B4 ~ B7 的评述部分提出异议，本院亦不持异议。

在权利要求 1 具有创造性的前提下，直接或间接从属于权利要求 1 的权利要求 2 ~ 9 也具有创造性。

综上，专利复审委员会作出的第 6990 号决定认定事实清楚，适用法律正确，比克公司请求撤销该决定的理由不成立，本院不予支持。依照《中华人民共和国行政诉讼法》第 54 条第（1）项之规定，本院判决如下：

维持被告国家知识产权局专利复审委员会作出的第 6990 号无效宣告请求审查决定。

比克公司不服一审判决，提出上诉，请求撤销原审判决及第 6990 号决定，责令专利复审委员会重新作出无效宣告请求审查决定，由专利复审委员会承担本案全部诉讼费用。上诉理由是：原审判决认定事实不清，关于“滑动凸轮”作用的认定是错误的，附件 B2 中楔形工具 15、凸轮 26 与滑动凸轮 25 三个部件是同时运动、同时停止的，滑动凸轮 25 的作用是对找心架 14 进行限位。本专利与附件 B2 中的滑动凸轮 25 相比，没有突出的实质性特点和显著的进步，不具备创造性。

专利复审委员会、华粤宝公司服从一审判决。

二审查明事实

二审法院查明的事实与一审相同。

二审审理结果

二审法院认为：《专利法》第 22 条第 3 款规定，发明专利的创造性，是指同申请日以前已有的技术相比，该发明有突出的实质性特点和显著的进步。

本专利是制造方法发明，其技术方案包含的技术特征不仅有制造产品使用的装置，也包括制造工序。根据本专利权利要求1的内容，模具是筒体成形工序时使用的装置，其中包括限位装置。而从由附件B2权利要求、说明书以及附图公开的内容可知，在箭头A方向上插入楔形工具15，凸轮26就与楔形工具15联动，在箭头A方向上移动，利用凸轮26，滑动凸轮25在箭头B方向上作用力，在筒管坯料17成形结束的时候，用找心架14和滑动凸轮25夹成形后的矩形电池外壳的短边侧侧面的两面。因此，滑动凸轮的作用是整平，而不是成形，与本专利权利要求1中的U形固定结构的限位装置结构不同、作用不同，并不能实现限制找心架运动极限位置的功能，本领域技术人员也不能在附件B2技术方案的基础上显而易见地得到本专利的技术方案。同时，本专利相对于附件B2明显具有结构简单的优点，据此，本专利具有突出的实质性特点和显著的进步，符合《专利法》关于创造性的规定。

在本专利权利要求1具有创造性的前提下，直接或间接从属于权利要求1的权利要求2~9也具有创造性。

综上所述，比克公司的上诉理由缺乏事实和法律依据，其上诉请求本院不予支持。原审判决认定事实清楚，适用法律正确。依照《中华人民共和国行政诉讼法》第61条第（1）项之规定，判决如下：

驳回上诉，维持原判。

一审案件受理费1 000元，由深圳市比克电池有限公司负担。二审案件受理费100元，由深圳市比克电池有限公司负担。

23. “牛仔裤表面工艺处理用橡胶裤套”实用新型专利权无效行政纠纷案

——陈镜钊诉国家知识产权局专利复审委员会、朱炽坡

原告（被上诉人）：陈镜钊
被告（上诉人）：国家知识产权局专利复审委员会
第三人（上诉人）：朱炽坡
案由：实用新型专利权无效行政纠纷

一审案号：北京市第一中级人民法院（2008）一中行初字第 1584 号
一审合议庭成员：彭文毅、江建中、唐晓君
一审结案日期：2008 年 12 月 20 日
二审案号：北京市高级人民法院（2009）高行终字第 643 号
二审合议庭成员：刘辉、岑宏宇、刘晓军
二审结案日期：2009 年 7 月 8 日

判决要旨

未出庭的证人出具的证言不能作为证据证明案件事实。一方当事人自行印制、发行的材料，应当提交其他证据辅助证明该材料印制及发行的时间，仅凭材料上载明的时间认定公开时间则证明力不足。

关于互联网上发布的信息，负责为他人提供信息发布空间服务的网站虽然载明信息由企业自行发布，但网站上载明的发布该信息的时间在通常情况下由计算机服务器自动生成，信息发布人难以对该发布时间进行更改。在没有证据证明该发布时间系由发布信息的企业随意选取以及发布信息的企业容易对该网站上载明的发布时间进行修改的情况下，被告以在实际生活中对网络数据实施变动的可操作性很强，网络信息资源处于极不稳定的状态为由，主张仅凭公证书不足以确定本专利申请日以前的真实的网络信息资源状态缺乏事实依据。

起诉与答辩

原告陈镜钊不服被告国家知识产权局专利复审委员会（简称专利复审委

员会）于2008年7月2日作出的第12010号无效宣告请求审查决定（简称第12010号决定），诉称：（1）证据1和补充证据1~4组成一个完整的证据链证明牛仔裤表面工艺处理用橡胶裤套已被公开，被告对此不予认定是错误的。证据1是力翔公司的产品宣传画册原件，该宣传画册上完全公开“牛仔裤表面工艺处理用橡胶裤套”，在该宣传画册的第4页右下角印有“于2004年10月份第一次印刷”。同时，为了证实该证据的真实性，原告提交了补充证据1~4，其中补充证据1是力翔公司出具的证明，证明证据1是该公司委托创益公司于2004年10月印刷的，上面有该公司公章。补充证据3是创益公司证明该宣传画册为力翔公司委托其印制，且印制时间为2004年10月，上面盖有该公司的公章。补充证据2和3为力翔公司和创益公司的主体资格证明，以上证据足可以证实证据1印制时间为2004年10月。同时，被告认定“由于宣传画册不是正规出版物”显然是错误的。（2）网站www.jrxt.com（今日新塘）于2006年8月31日发布公开了产品“供应立式移动马骝机（胶裤/胶衣/胶裙三款）”及图，其公开日在本专利申请日之前，本专利不具有新颖性和创造性。证据2中部分链接页面非常清楚地示出产品“供应立式移动马骝机（胶裤/胶衣/胶裙三款）”及图，发布时间为2006年8月31日。首先，该马骝机可适用于牛仔服装、休闲服装的手擦、手抹及喷马骝适用，其用途与本专利完全相同，属于同一技术领域。其次，通过网页图示可以看出，管状橡胶裤套一端固定于马骝机上，在充气状态下呈现为一端较小的锥形，由上至下逐渐收小，与一般的裤型相适配，以达到良好的支撑效果，避免磨砂、手擦或上色等工艺处理过程中出现局部起皱等现象。由此可见，本专利权利要求1的全部技术特征已被证据2所揭露，故不具备新颖性和创造性，违反了《专利法》第22条第2款及第3款的规定。被告认为公证书上的网络产品及图的发布时间“不足以确定本专利申请日以前的真实的网络信息资源状态”是错误的。首先，“今日新塘”网站已依法备案，是合法经营的网站，这一点被告也认可，原告在一个合法经营的网站上找到一个发布时间早于本专利申请日的产品及图，这就好比在一本公开发行的刊物上有早于本专利申请日的产品及图发表一样，被告对此不予采信是错误的。本专利权利要求2仅对橡胶主体的规格进行限制，在服装加工领域中，对于所属技术领域的技术人员来说，橡胶主体的规格都是根据需要的尺寸进行定制的，这早已是非常常见的公知技术，因此，权利要求2的技术特征已被证据2结合公知常识所揭露，是显而易见的，故不具备创造性，违反了《专利法》第22条第3款的规定。综上，被告作出的第12010号决定认定事实和适用法律有着重大的错误或偏差，因此，原告请求人民法院判令撤销被告作出的第12010号决定并判决第三人拥有的本专利权无效。

被告专利复审委员会辩称：（1）证据 1 的补充证据 1、3 属于企业法人代表出具的书面证言，不符合《审查指南》的相应规定，并且缺少其他证据佐证其所要证明事实的真实性，故对其真实性不予考虑，证据 1 的补充证据 2、4 属于企业法人营业执照副本，故不能证明补充证据 1、3 的真实性；证据 1 的印刷日期可以任意修改，因此证据 1 的补充证据 1～4 不足以证明证据 1 宣传画册的公开日期。对于无法表明或者证明其公开或出版时间的宣传画册不属于专利法意义上的出版物，因此证据 1 不属于符合《审查指南》规定的出版物公开。在第 12010 号决定中，针对本案中宣传画册的印刷日期可以任意修改的情形认定“宣传画册不是正规出版物”，是完全正确的。（2）关于证据 2，网站是否依法备案、合法经营与是否在本专利申请日前公开本专利技术方案无关，根据证据 2 仅能知道公证时该网站的公开内容，无法确定本专利申请日前该网站的公开内容，原告也未能提交其他证据进行佐证，故证据 2 不能证明本专利技术方案在其申请日前公开。原告在起诉书中举例并不恰当，公开发行的刊物能够表明或者证明其公开发表或者出版的时间，并且其内容是稳定的，与本案不同。综上所述，被告认为，第 12010 号决定认定事实清楚，适用法律正确，原告的诉讼请求不能成立。请求人民法院依法驳回原告的诉讼请求，维持第 12010 号决定。

第三人朱炽坡述称：（1）证据 1 和补充证据 1～4 无法构成完整的证据链来证明本专利在申请日以前已被公开。补充证据 1 和补充证据 3 是企业法人代表出具的证人证言，但是没有法人代表的签章，不符合法人单位出具证据的形式要件，且法人代表未在口头审理时出庭作证和经当事人质证，因此不应被认可。补充证据 2 和补充证据 4 无法证明补充证据 1 和补充证据 3 的真实性，补充证据 1～4 不能证明证据 1 的真实性。（2）证据 2 无法证明本专利在申请日以前已被公开，本专利具有新颖性和创造性。证据 2 只能证明在公证日今日新塘网站的网络信息，无法确定本专利申请日以前的真实的网络信息，因此，无法证明本专利在申请日以前已被公开，本专利具有新颖性和创造性。被告作出的第 12010 号决定认定事实清楚，适用法律正确，请求人民法院予以维持。

一审查明事实

一审法院查明：本案涉及国家知识产权局于 2007 年 9 月 12 日授权公告，申请日为 2006 年 9 月 4 日，名称为“牛仔裤表面工艺处理用橡胶裤套”的第 ZL200620063788.1 号实用新型专利（简称本专利），本专利的专利权人为朱炽坡。本专利授权公告的权利要求书的内容如下：

“1. 一种牛仔裤表面工艺处理用橡胶裤套，包括管状橡胶主体（1），其特征是所述的橡胶主体（1）为一端较小的锥形管。

2. 根据权利要求1所述的牛仔裤表面工艺处理用橡胶裤套，其特征是橡胶主体（1）的小端周长为8cm～70cm，大端周长为20cm～100cm，橡胶主体（1）的长度为130cm～150cm。”

针对本专利，陈镜钊于2008年1月8日向专利复审委员会提出无效宣告请求，认为本专利权利要求1不符合《专利法》第22条第2款和第3款的规定，权利要求2不符合《专利法》第22条第3款的规定，并同时提交了下列证据：证据1. 陈镜钊声称为力翔公司的产品对外宣传画册的原件共4页，第4页右下角印有“于2004年10月份第一次印刷”字样。陈镜钊认为，证据1公开了权利要求1的全部技术特征，所以权利要求1没有新颖性。权利要求1相对于本专利背景技术结合公知常识不具备创造性。在权利要求1不具备创造性的前提下，权利要求2也不具备创造性。2008年2月5日，陈镜钊提交了下列证据：证据2. 广州市公证处出具的（2008）穗证内经字第13905号公证书原件共20页。证据2的公证书载明原告的代理人登录今日新塘网站（网址为http：//www.jrxt.com）浏览并打印该网站相关网页的过程，该公证书显示，新塘网站的网页中有“供应立式移动马骝机（胶裤/胶衣/胶裙三款）(图)”的相关内容，载明的发布时间是2006年8月31日14：13，公司为力翔公司，该内容左侧有一幅图片，同时有规格、市场价、优惠价、联系人、电话、传真、地址及邮编等信息。网页下部载明：以上信息由企业自行发布，该企业负责信息内容的真实性、准确性和合法性。今日新塘对此不承担任何保证责任。

2008年5月27日，专利复审委员会进行了口头审理。在口头审理过程中，陈镜钊提交了补充证据1～5：补充证据1为盖有红章的力翔公司证明原件1页，载明：兹证明主题为“卧式马骝专用机（手扫马骝机）”的宣传画册为我公司于2004年10月委托创益公司印刷。出证日期为2008年5月16日。证据1中没有自然人签名。补充证据2为盖有公司红章的力翔公司企业法人营业执照副本复印件。补充证据3是盖有公司红章的创益公司的证明原件1页，载明：兹证明主题为“卧式马骝专用机（手扫马骝机）”的宣传画册为力翔公司委托我公司印刷，该画册的印刷时间为2004年10月。出证日期为2008年5月16日。补充证据3没有自然人签名。补充证据4为盖有公司红章的创益公司企业法人营业执照副本复印件共1页。补充证据5为今日新塘网站备案公共信息查询结果打印页1页，载明今日新塘网站的备案/许可证号为粤ICP备06033170号，网站首页网址为www.jrxt.com。同时，陈镜钊明确其无效理由为：本专利权利要求1不符合《专利法》第22条第2款的规定；权利要求1、

2 不符合《专利法》第 22 条第 3 款的规定。证据的使用方式为：证据 1 与补充证据 1 ~ 4 组成的证据链用于证明权利要求 1 不具有新颖性，证据 2 与补充证据 5 组成的证据链用于证明权利要求 1 不具有新颖性。陈镜钊明确在权利要求 1 不具备新颖性的情况下，权利要求 1 不具有创造性。陈镜钊明确以本专利说明书背景技术内容结合公知常识证明权利要求 1、2 不具有创造性。朱炽坡表示没有证据证明上述背景技术内容在本专利申请日之前作为现有技术被公开，因此不能用来结合公知常识来评价本专利的创造性。2008 年 7 月 2 日，专利复审委员会作出第 12010 号决定。专利复审委员会在该决定中认定：（1）关于证据。证据 1 是广州市力翔机电设备有限公司（简称力翔公司）的产品对外宣传画册原件，第 4 页右下角印有“于 2004 年 10 月份第一次印刷”字样。朱炽坡对证据 1 的真实性有异议，并提交了附件 1B 作为反证，证明宣传册的印刷日期可以任意修改。陈镜钊所提交的补充证据 1 和补充证据 3 是企业法人代表所出具的书面证言，但上述法人代表未在口头审理时出庭作证和经当事人质证，并且没有其他证据佐证，根据《审查指南》第 4 部分第 8 章第 4.2 节的规定，未能出席口头审理作证的证人出具的书面证言不能单独作为认定案件事实的依据，所以其不能作为定案的依据。补充证据 1 和补充证据 3 所证明的事实，陈镜钊没有提交证明上述事实的印刷合同、印刷发票或印刷收据等证据来证明补充证据 1 和补充证据 3 所证明的事实确实存在，故专利复审委员会对补充证据 1 和补充证据 3 的真实性不予认可。补充证据 2 是力翔公司的企业法人营业执照的副本，上面盖有该公司公章。补充证据 4 是增城市新塘创益彩印有限公司（简称创益公司）企业法人营业执照副本，上面盖有该公司公章。朱炽坡对补充证据 2 和补充证据 4 的真实性没有异议，所以认可补充证据 2 和补充证据 4 的真实性。陈镜钊提交补充证据 1 ~ 4 是为了证明证据 1 是在本专利申请日之前的 2004 年 10 月份第一次印刷的，由于对补充证据 1 和补充证据 3 的真实性不予认可，故补充证据 2 和补充证据 4 只能证明上述两个执照上的企业是具有企业法人资格（依《公司登记管理条例》第 3 条规定），无法证明补充证据 1 和补充证据 3 的真实性，因此补充证据 1 ~ 4 无法构成完整的证据链来证明牛仔裤表面工艺处理用橡胶裤套已被现有技术证据公开。由于宣传画册不是正规出版物，无法确认该宣传画册的公开日期是否是画册上印刷的 2004 年 10 月。证据 2 是（2008）穗证内经字第 13905 号公证书原件共 20 页，公证日是 2008 年 2 月 4 日。陈镜钊在口头审理中当庭提交了补充证据 5 来证明公证书上所载明的网站的合法性，由于上述证据是陈镜钊用来证明证据 1 的真实性的补强证据，因此予以接受。其中补充证据 5 是今日新塘网站备案公共信息查询结果共 1 页。朱炽坡对该证据的真实性没有异议。所以专利复审委员会认可证据 2 和补充证据 5 的真实性。但是，专利复审委员会认为，由于在实际生活中对网络数据实施变动的可操作性很强，网络信息资源处于不稳定的状态，且公证书的公证日期在本专利申请日后，公证的内容是通过网络追溯以前的事实，因此仅凭公证书不足以确定本专利申请日以前的真实的网络信息资源状态，补充证据 5 只能证明公证书中所涉及的“今日新塘”网站已依法备案，是合法经营的网站，所以证据 2 和补充证据 5 在没有其他证据佐证的情况下，不足以证明在本专利申请日之前已于 2006 年 8 月 31 日在网站“今日新塘”的网页上已经公开发表与本专利权利要求 1 相同的牛仔裤表面工艺处理用橡胶裤套。(2) 关于新颖性。因陈镜钊提供的证据不能证明权利要求 1 的全部技术特征已被公开，因此权利要求 1 具有新颖性。(3) 关于创造性。陈镜钊认为相对于本专利说明书所记载的背景技术和公知常识的结合不具有创造性。但其没有提交相关的证据证明本专利说明书所记载的背景技术内容属于现有技术，所以本专利的背景技术不能作为现有技术的证据使用，不能用来评价本专利的创造性。因陈镜钊所提交的证据无法作为现有技术证据使用，所以权利要求 1、2 具有创造性。综上，专利复审委员会作出第 12010 号决定，维持本专利权有效。

在本案诉讼过程中，原告主张证据 2 中的发布时间是自动生成的时间。被告主张公司在发布一个新的图片后，会对发布时间进行修改。

上述事实，有本专利授权公告说明书、第 12010 号决定、证据 1、证据 2 和补充证据 1～5、口头审理记录表以及当事人陈述等证据在案佐证。

一审审理结果

一审法院认为：首先，关于原告提交的证据 1 和补充证据 1～4 是否形成了有效的证据链用以证明本专利权利要求 1 已经丧失了新颖性以及权利要求 2 已经丧失了创造性。补充证据 1 和补充证据 3 的性质均属于证人证言，其中没有提供证言的证人的签字，证人也没有出席被告举行的口头审理，当事人无法对证人证言进行有效的质证，以确定该证言是否真实，被告因此没有采纳补充证据 1 和补充证据 3 并无不当。原告提交的补充证据 2 和 4 只能证明力翔公司与创益公司的存在，无法证明补充证据 1 和 3 的真实性。原告提交的证据 1 是原告声称的力翔公司的宣传画册，由于该画册属于力翔公司自行印制的宣传材料，无须相关主管部门的批准，其形成具有较大的随意性，虽然其中载明了于 2004 年 10 月份第一次印刷，但在没有其他证据佐证的情况下，不足以证明该宣传画册确系于 2004 年 10 月份第一次印刷且在当时即处于公众能够得知的状态。被告认为无法确认该宣传画册的公开日期是否是画册上印刷的 2004 年 10

月并无不当，本院予以支持。综上，原告提交的证据 1 和补充证据 1～4 无法形成有效的证据链用以证明本专利权利要求 1 已经丧失了新颖性，也无法证明权利要求 2 已经丧失了创造性。

其次，关于证据 2 和补充证据 5 组成的证据链是否能够证明权利要求 1 不具有新颖性以及权利要求 2 不具有创造性。补充证据 5 能够证明今日新塘网站存在，其网址为 www. jrxt. com。证据 2 中原告所浏览的网站为新塘网站，该网站已经发布有“供应立式移动马骝机（胶裤/胶衣/胶裙三款）（图）”的相关信息，并附有图片，其中载明的发布时间为 2006 年 8 月 31 日 14：13，并有规格、市场价、优惠价、联系人、电话、传真、地址等信息，并在公司一栏中载明为力翔公司。从今日新塘网站发布的内容来看，该网站为他人提供信息发布空间服务，虽然该网站载明信息由企业自行发布，但网站上载明的发布该信息的时间在通常情况下由计算机服务器自动生成，信息发布人难以对该发布时间进行更改。在没有证据证明该发布时间系由发布信息的企业随意选取以及发布信息的企业容易对该网站上载明的发布时间进行修改的情况下，被告以在实际生活中对网络数据实施变动的可操作性很强，网络信息资源处于极不稳定的状态为由，主张仅凭公证书不足以确定本专利申请日以前的真实的网络信息资源状态缺乏事实依据，本院不予支持。证据 2 和补充证据 5 可以证明 2006 年 8 月 31 日今日新塘网站上发布了“立式移动马骝机”的图片。由于该图片的发布时间在本专利的申请日之前，可以作为本专利的对比文件评价本专利的新颖性和创造性，被告应当在此基础上对该图片是否影响本专利的新颖性和创造性作出评价。

综上所述，被告作出的第 12010 号决定认定事实不清，适用法律错误，依法应当予以撤销。被告应当重新作出决定。原告请求本院判决撤销被告作出的第 12010 号决定具有事实依据，本院予以支持。原告请求判决本专利无效缺乏法律依据，本院不予支持。依照《中华人民共和国行政诉讼法》第 54 条第（2）项第 1、2 目之规定，本院判决如下：

（1）撤销被告国家知识产权局专利复审委员会作出的第 12010 号无效宣告请求审查决定；

（2）被告国家知识产权局专利复审委员会就原告陈镜钊针对第 200620063788. 1 号专利权提出的无效宣告请求重新作出审查决定。

专利复审委员会、朱炽坡不服一审判决，提出上诉。

专利复审委员会的上诉理由是：网址为 www. jrxt. com 的今日新塘网站是地区性信息平台，目的是企业和个人的信息共享和交流，且该网站声明对该网站上的信息由企业自行分布，由企业对信息的真实性、准确性、合法性负责，该网站不承担保证责任，其信誉度不高。即使信息分布人难以对发布时间进行更改，但陈镜钊未提交证据证明在今日新塘网站上的图片未进行更改，也未提交证据证明在本专利申请日前访问今日新塘网站可以链接到包含涉案图片的页面，仅能证明今日新塘网站在分布时间发布了网页信息中的文字内容，但专利复审委员会对涉案公证书所附的 2008 年 2 月 4 日访问的网页信息中图片是否与本专利申请日前访问的网页信息中图片相一致存在合理怀疑。在没有其他证据佐证的情况下，仅凭证据 2 和补充证据 5 不能认定本专利申请日之前在今日新塘网站上已经公开发表与本专利权利要求 1 相同的牛仔裤表面工艺处理用橡胶裤套的事实。请求撤销一审判决，维持第 12010 号无效决定。

朱炽坡的上诉理由是：在计算机网络上的信息存在太大的不确定性是众所周知的事实，证据 2 是计算机网络上的信息，在足够的经济利益的驱使下，是一定可以和可能实施网络数据变动的。陈镜钊在今日新塘网站上实施了数据变动，将证据 2 中的图片所附带的信息全部改变了。本专利是实用新型专利，不是外观设计专利，一幅图是不能披露本专利权利要求的内容的。请求撤销一审判决；维持专利复审委员会第 12010 号无效决定；判令陈镜钊承担诉讼费。

陈镜钊服从一审判决。

二审查明事实

二审法院除一审查明的事实外，在本院审理本案过程中，专利复审委员会、朱炽坡、陈镜钊对补充证据 5 的真实性均无异议。陈镜钊主张证据 2 所附的网页打印件上显示的生成时间是计算机网络服务器自动生成的。专利复审委员会、朱炽坡主张生成时间可以进行修改，且生成后，网页的内容也可以进行修改，但生成时间也不会改变。

二审审理结果

二审法院认为：本案当事人争议的焦点是证据 2 能否被采信。诉讼中，当事人应对自己的主张提供证据予以支持。陈镜钊向专利复审委员会提交的证据 2 是利用广州市公证处的计算机从今日新塘网站上下载打印的包含有关“供应立式移动马骝机（胶裤/胶衣/胶裙三款）（图）”的信息的网页，该网页上记载的生成时间是 2006 年 8 月 31 日 14：13，该网页除图片外，还包括规格、市场价、优惠价、联系人、电话、传真、地址等信息，并在公司一栏中载明为力翔公司。陈镜钊向专利复审委员会提交补充证据 5 可以证明网站为 www. jrxt. com 的今日新塘网站是经合法备案的网站。陈镜钊向专利复审委员会提交的补充证据 2 能够证明力翔公司的存在。因此，对于力翔公司在今日新塘网站上发布了包含有关“供应立式移动马骝机（胶裤/胶衣/胶裙三款）（图）”的信息，包含上述信息的网页生成时间是 2006 年 8 月 31 日 14：13 的事实，陈镜钊已经尽到举证责任。专利复审委员会、朱炽坡如主张上述事实不真实，应提供相反的证据予以证明，即举证责任已经移转至专利复审委员会和朱炽坡。专利复审委员会、朱炽坡主张今日新塘网站上包含涉案信息的网页生成时间可能是经过改变或者生成时间未经改变，但其他内容可能经过改变，应提交相应的证据予以证明，即证明今日新塘网站上包含涉案信息的网页生成时间可能是经过改变或者生成时间未经改变，但其他内容可能经过改变的举证责任在专利复审委员会和朱炽坡。现专利复审委员会、朱炽坡未提交今日新塘网站相关网页生成时间进行过改变或者生成时间未经改变，而网页内容进行过改变的任何证据，仅以存在改变的可能性来支持其前述主张，因此，即使存在改变的可能性，但如果无证据支持，其主张仍难以得到支持。一审法院认定证据 2 和补充证据 5 可以证明 2006 年 8 月 31 日在今日新塘网站上发布了“立式移动马骝机”的图片并无不当。

由于一审判决仅认定前述图片发布时间在本专利申请日前，可以作为本专利的对比文件评价本专利的新颖性和创造性，而并未对本专利相对于前述图片是否具备新颖性、创造性进行评价，故前述图片能否影响本专利的新颖性、创造性并非本院审理本案的范围，因此，朱炽坡所提本专利是实用新型专利，不是外观设计专利，一幅图是不能披露本专利权利要求的上诉理由，本院尚无法进行评述。

专利复审委员会、朱炽坡的上述理由均不能成立，其上诉主张本院不予支持。

综上，一审判决认定事实清楚，适用法律正确。依据《中华人民共和国行政诉讼法》第 61 条第（1）项的规定，判决如下：

驳回上诉，维持原判。

一审案件受理费 100 元，由国家知识产权局专利复审委员会负担；二审案件受理费 100 元，由国家知识产权局专利复审委员会负担 50 元，由朱炽坡负担 50 元。

24. “一种下水管返水装置”实用新型专利侵权纠纷案

——田樽吉诉北京玉美家园建材市场有限公司、北京六防康家科技发展有限公司

原告（上诉人）：田樽吉
被告（被上诉人）：北京玉美家园建材市场有限公司
被告（被上诉人）：北京六防康家科技发展有限公司
案由：侵犯实用新型专利权纠纷

一审案号：北京市第二中级人民法院（2009）二中民初字第05191号
一审合议庭成员：何暄、周晓冰、樊晓东
一审结案日期：2009年9月8日
二审案号：北京市高级人民法院（2009）高民终字第5390号
二审合议庭成员：刘辉、岑宏宇、焦彦
二审结案日期：2009年12月9日

判决要旨

在判断两个技术方案的相互关系时，要对两个技术方案的相应必要技术特征逐一进行比对。在比较两个相应的必要技术特征是否采用了等同技术手段时，要侧重分析二者实现的功能是否相同；如相同，还要进一步分析在实现同一功能时，产生的技术效果是否有明显区别；如果区别是明显的，那么，即使是为实现同一功能，两个技术特征采用的技术手段也不等同。

起诉与答辩

原告田樽吉诉称：原告系“一种下水管返水装置”实用新型专利权人，2008年12月，原告发现由被告六防康家公司制造、被告玉美家园公司销售的“六防”牌防臭地漏产品侵犯了原告上述专利权，故诉至法院，请求判令二被告停止侵权行为，被告六防康家公司销毁侵权产品及加工工具；被告六防康家公司赔偿原告经济损失及因本案支出的费用共522 500元；二被告向原告公开赔礼道歉、消除影响，并承担本案的诉讼费用。

被告北京玉美家园建材市场有限公司（简称玉美家园公司）辩称：我方与商户签订了合同，商户的经营行为合法。

被告北京六防康家科技发展有限公司（简称六防康家公司）辩称：根据我方提供的检索报告，涉案专利不具备创造性，应为无效专利；涉案专利年费的交费人并非为专利权人田樽吉，应视为田樽吉未缴纳年费，专利权终止；我公司拥有自己的专利，并依据该专利生产产品，不构成侵权；我公司产品的技术方案与涉案专利技术方案不同；原告的索赔数额缺乏依据；我方已向国家知识产权局提出了宣告涉案专利权无效的申请，本案应中止诉讼。综上，不同意原告的诉讼请求。

一审查明事实

一审法院查明：2003 年 11 月 10 日，田樽吉、孙君辉向国家知识产权局申请了“一种下水管返水装置”实用新型专利，2004 年 11 月 10 日，上述专利被授权公告，专利号为 ZL200320103049.7。2008 年 8 月 12 日，田樽吉、孙君辉以无偿方式将上述专利权转让给田樽吉，2008 年 8 月 18 日，田樽吉、孙君辉向国家知识产权局提出专利著录项目变更申请，请求变更专利权人为田樽吉，2008 年 9 月 12 日，国家知识产权局核准了上述申请。

上述专利的权利要求 1 为：一种下水管返水装置，其特征在于，该下水管返水装置由下水管杯形补芯，齿形隔栅蓄水槽组成；下水管杯形补芯上端为一有沿口的杯形管，下端为一截管芯，杯形管与管芯光滑连接；齿形隔栅蓄水槽上端为齿形隔栅，下部底端为半球体形状；齿形隔栅蓄水槽各齿端与杯形补芯的外端焊接为一个整体。

2008 年 12 月 11 日，田樽吉在位于北京市丰台区玉泉营的东方家园建材北厅，以 75 元的价格购买了地漏一个，北京市首佳公证处对上述购买过程进行了公证，并出具了（2008）京首佳内民证字第 2748 号公证书。

上述地漏产品外包装上标注有“北京六防康家科技发展有限公司荣誉出品，地址：北京市昌平区回龙观，客服：400－810－9698，网址：www.fangchoudilou.com；六防牌地漏 全方位防臭；节能 环保 防臭；防臭气 防蟑螂 防病毒 防返水 防堵塞 防干涸；产品型号：ZXG100A”等字样。包装盒内的产品说明书标注有六防康家公司名称及联系方式，包装盒内的合格证上标注有联系方式，标注生产日期为 2008 年 9 月 12 日。上述地漏产品上有“六防”商标，并粘贴有标注了六防康家公司名称及客服电话的防伪标签。

上述地漏产品的下水管返水装置的技术特征与涉案专利技术特征相比，存在以下两点差异：（1）涉案专利技术中，下水管杯形补芯上端为一有沿口的杯形管，下端为一截管芯，杯形管与管芯光滑连接；涉案地漏产品的下水管返水装置的相应部分的上端为一个有沿口的大杯形管，该杯形管底部紧密嵌套另一有沿口的小杯形管，小杯形管下端为一截管芯，小杯形管与管芯光滑连接，小杯形管及其连接的管芯可与大杯形管分离。（2）涉案专利技术中，齿形隔栅蓄水槽上端为齿形隔栅，齿形隔栅蓄水槽各齿端与杯形补芯的外端焊接为一个整体；涉案地漏产品的下水管返水装置的蓄水槽上端一半开口，构成油提形结构，该蓄水槽上端未开口侧与大杯形管的外端焊接为一个整体。

田樽吉主张涉案地漏产品的下水管返水装置的上述两个技术特征与其专利的相应技术特征等同，六防康家公司主张涉案地漏产品的下水管返水装置的上述两个技术特征与涉案专利的相应技术特征不同，并主张涉案地漏产品的下水管返水装置的上述两个技术特征与涉案专利的相应技术特征相比，产生了以下技术效果：（1）小杯形管及其连接的管芯可与大杯形管分离，可以拆卸清洗，便于地漏的清洗养护；（2）与齿形隔栅结构相比，蓄水槽上端一半开口，可以防止毛发和丝织物等污物堵塞出水口，由于水流方向单一，水流冲击力大，配合半球形底部对水流的反冲作用，可实现自动清理蓄水槽底污物的目的，进而实现排水快的目的。

2008 年 8 月 1 日，田樽吉、孙君辉以普通实施许可方式许可北京施耐博科技发展有限责任公司（简称施耐博公司）在中国境内使用上述专利，合同有效期为 2008 年 8 月 1 日至 2013 年 8 月 1 日，使用费总额为 100 万元。

施耐博公司成立于 2007 年 12 月 5 日，经营范围为技术开发、转让、咨询、服务；销售建筑材料、五金交电、电子产品、机械电器设备。田樽吉曾为施耐博公司的法定代表人。田樽吉主张，施耐博公司自 2008 年 8 月 1 日开始生产涉案专利产品，年产量约为 15 万个，产品平均成本每个约为 20 元，销售价格每个为 50 ~ 60 元。

2007 年 11 月 22 日，六防康家公司向国家知识产权局申请了“环保节能型自清式内置密闭水封防臭地漏”实用新型专利，2008 年 10 月 1 日，上述专利被授权公告，专利号为 ZL200720190316.7。六防康家公司主张，其于 2008 年初开始，依据该专利生产地漏产品 2 000 多个，产品成本约为每个 30 元，销售价格约为每个 50 元；涉案型号的地漏产品仅生产、销售了 50 多个，没有获利。六防康家公司主张，涉案地漏产品名称为“环保节能型自清式内置密闭水封防臭地漏”，型号为 TG100A，田樽吉对此不予认可。田樽吉主张六防康家公司在全国有 100 多家经销商，六防康家公司主张其在全国有 50 ~ 60 家经销商。

玉美家园公司向本院提供了其与李志民就市场一层 123 - 1 号摊位签订的

租赁经营合同及李志民的身份证复印件。为证明其产品来源，玉美家园公司向本院提交了六防康家公司的营业执照副本、税务登记证副本、六防康家公司授权玉泉营东方家园建材城123－1号铺面为“六防”牌地漏特约经销商的授权书，及国家建筑材料测试中心针对六防康家公司送检的“环保节能型自清式内置密闭水封防臭地漏”产品的检验报告的复印件。玉美家园公司主张李志民自2008年6月开始销售涉案地漏产品，但无法提供进货数量及销售数量。

六防康家公司主张其在本案审理期间向国家知识产权局专利复审委员会提出了宣告涉案专利权无效的请求，国家知识产权局专利复审委员会于2009年4月2日收取了1 500元受理费用。经本院核实，国家知识产权局专利复审委员会并未受理上述申请。

田樽吉因本案诉讼支出公证费2 500元，律师费2万元。

一审审理结果

一审法院认为：田樽吉经国家知识产权局授权取得了涉案实用新型专利权，其所享有的专利权受法律保护。依照我国《专利法》的规定，他人未经许可，不得为生产经营目的制造、使用、许诺销售、销售、进口其实用新型专利产品。六防康家公司主张涉案专利不具备创造性，应为无效专利，并主张涉案专利年费的交费人并非为专利权人田樽吉，应视为田樽吉未缴纳年费，专利权终止，上述主张依据不足，本院不予采信。同时，鉴于国家知识产权局专利复审委员会并未受理六防康家公司提出的宣告涉案专利权无效的请求，六防康家公司提出的中止本案诉讼的请求，本院亦不予支持。

根据田樽吉提交的涉案地漏产品、包装盒、产品说明书、合格证上标注的信息，以及玉美家园公司提交的六防康家公司的营业执照副本、税务登记证副本、授权书、检验报告复印件等证据，并结合本案的具体情况，本院认定，涉案地漏产品系六防康家公司制造、销售的产品。

六防康家公司制造、销售的涉案地漏产品的下水管返水装置的技术特征与涉案专利技术特征相比，存在以下两点差异：（1）涉案专利技术中，下水管杯形补芯上端为一有沿口的杯形管，下端为一截管芯，杯形管与管芯光滑连接；涉案地漏产品的下水管返水装置的相应部分的上端为一个有沿口的大杯形管，该杯形管底部紧密嵌套另一有沿口的小杯形管，小杯形管下端为一截管芯，小杯形管与管芯光滑连接，小杯形管及其连接的管芯可与大杯形管分离；（2）涉案专利技术中，齿形隔栅蓄水槽上端为齿形隔栅，齿形隔栅蓄水槽各齿端与杯形补芯的外端焊接为一个整体；涉案地漏产品的下水管返水装置的蓄水槽上端一半开口，构成油提形结构，该蓄水槽上端未开口侧与大杯形管的外端焊接为一个整体。对于上述区别，本院认为，鉴于每一个技术方案都是由若干个必要技术特征组合实现的，因此，在判断两个技术方案的相互关系时，要对两个技术方案的相应必要技术特征逐一进行比对。在比较两个相应的必要技术特征是否采用了等同技术手段时，要侧重分析二者实现的功能是否相同；如相同，还要进一步分析在实现同一功能时，产生的技术效果是否有明显区别；如果区别是明显的，那么，即使是为实现同一功能，两个技术特征采用的技术手段也不等同。六防康家公司制造、销售的涉案地漏产品的下水管返水装置的上述两部分结构，与涉案专利的相应结构相比，从形式上看，二者采用的技术手段有区别，实现的技术功能基本相同，即都是为了实现导流、返水的功能，但是从技术效果上看，六防康家公司制造、销售的涉案地漏产品的下水管返水装置产生了便于清洗、加大水流反冲力、防止毛发堵塞等实质性的、更好的效果。故六防康家公司制造、销售的涉案地漏产品的下水管返水装置的上述两个技术特征，与涉案专利的相应技术特征不同，六防康家公司制造、销售的涉案地漏产品的下水管返水装置的技术方案未落入田樽吉涉案专利权的保护范围，上述地漏产品并非是侵犯田樽吉涉案专利权的产品。

综上，田樽吉提出的玉美家园公司、六防康家公司的涉案行为构成对其专利权的侵犯的诉讼主张不能成立，其要求二被告承担停止侵权、公开赔礼道歉、消除影响的民事责任，要求被告六防康家公司承担销毁侵权产品及模具、赔偿经济损失的民事责任的诉讼请求，缺乏事实与法律依据，本院不予支持。依照《专利法》第11条第1款、第56条第1款和《最高人民法院〈关于审理专利纠纷案件适用法律问题的若干规定〉》第17条的规定，判决如下：

驳回田樽吉的诉讼请求。

田樽吉不服一审判决，提起上诉，请求撤销原审判决，改判六防康家公司、玉美家园公司停止侵权，销毁已经生产的侵权产品以及加工工具；六防康家公司赔偿田樽吉经济损失以及因本案诉讼支出的费用共计522 500元；六防康家公司、玉美家园公司公开向田樽吉赔礼道歉、消除影响；六防康家公司、玉美家园公司承担本案全部诉讼费用。其主要理由为：原审判决认定事实不清，适用法律错误，其认定被控侵权产品在排水效果上优于涉案专利与事实不符，不可能产生便于清洗、加大水流反冲力、防止毛发堵塞等实质性的、更好的技术效果；六防康家公司是专利产品的经销商，对专利技术有充分的了解，生产出被控侵权产品不需要付出创造性劳动，故被控侵权产品与本专利构成等同。

玉美家园公司、六防康家公司服从一审判决。

二审查明事实

二审法院查明：涉案专利是名称为“一种下水管返水装置”的实用新型专利，申请日为 2003 年 11 月 10 日，2004 年 11 月 10 日由国家知识产权局公告授予专利权，专利号为 ZL200320103049.7，专利权人是田樽吉、孙君辉。2008 年 9 月 12 日，经国家知识产权局公告，专利权人变更为田樽吉。

涉案专利权利要求 1 为：“一种下水管返水装置，其特征在于，该下水管返水装置由下水管杯形补芯，齿形隔栅蓄水槽组成；下水管杯形补芯上端为一有沿口的杯形管，下端为一截管芯，杯形管与管芯光滑连接；齿形隔栅蓄水槽上端为齿形隔栅，下部底端为半球体形状；齿形隔栅蓄水槽各齿端与杯形补芯的外端焊接为一个整体。”

2008 年 12 月 11 日，田樽吉在位于北京市丰台区玉泉营的东方家园建材北厅，以 75 元的价格购买了地漏一个，北京市首佳公证处对上述购买过程进行了公证，并出具了（2008）京首佳内民证字第 2748 号公证书。

上述地漏产品外包装上标注有“北京六防康家科技发展有限公司荣誉出品，地址：北京市昌平区回龙观，客服：400 - 810 - 9698，网址：www.fangchoudilou.com；六防牌地漏 全方位防臭；节能 环保 防臭；防臭气 防蟑螂 防病毒 防返水 防堵塞 防干涸；产品型号：ZXG100A”等字样。包装盒内的产品说明书标注有六防康家公司名称及联系方式，包装盒内的合格证上标注有联系方式，标注生产日期为 2008 年 9 月 12 日。上述地漏产品上有“六防”商标，并粘贴有标注了六防康家公司名称及客服电话的防伪标签。

上述地漏产品的下水管返水装置的技术特征与涉案专利技术特征相比，存在以下两点差异：（1）涉案专利技术中，下水管杯形补芯上端为一有沿口的杯形管，下端为一截管芯，杯形管与管芯光滑连接；涉案地漏产品的下水管返水装置的相应部分的上端为一个有沿口的大杯形管，该杯形管底部紧密嵌套另一有沿口的小杯形管，小杯形管下端为一截管芯，小杯形管与管芯光滑连接，小杯形管及其连接的管芯可与大杯形管分离；（2）涉案专利技术中，齿形隔栅蓄水槽上端为齿形隔栅，齿形隔栅蓄水槽各齿端与杯形补芯的外端焊接为一个整体；涉案地漏产品的下水管返水装置的蓄水槽上端一半开口，构成油提形结构，该蓄水槽上端未开口侧与大杯形管的外端焊接为一个整体。

玉美家园公司提交了其与李志民就市场一层 123 - 1 号摊位签订的租赁经营合同及李志民的身份证复印件。为证明其产品来源，玉美家园公司提交了六防康家公司的营业执照副本、税务登记证副本、六防康家公司授权玉泉营东方家园建材城 123 - 1 号铺面为“六防”牌地漏特约经销商的授权书，及国家建筑材料测试中心针对六防康家公司送检的“环保节能型自清式内置密闭水封防臭地漏”产品的检验报告的复印件。玉美家园公司主张李志民自2008年6月开始销售涉案地漏产品，但无法提供进货数量及销售数量。

六防康家公司在本案审理期间向国家知识产权局专利复审委员会提出了宣告涉案专利权无效的请求，国家知识产权局专利复审委员会于2009年8月20日向该公司发出《无效宣告请求受理通知书》。

二审审理结果

二审法院认为：田樽吉是涉案专利的权利人，在法定期限内，其享有的专利权受法律保护，他人未经许可，不得为生产经营目的制造、使用、许诺销售、销售、进口涉案专利产品。

六防康家公司对生产及销售被控侵权产品、玉美家园公司对销售被控侵权产品的事实均不持异议。各方当事人对于涉案专利的技术方案与被控侵权产品存在两个区别技术特征亦无争议。故本案争议的焦点是：被控侵权产品的技术方案与本专利技术方案是否构成等同。

被控侵权产品的下水管返水装置的技术特征与涉案专利技术特征相比，存在以下两点差异：（1）涉案专利中，下水管杯形补芯上端为一有沿口的杯形管，下端为一截管芯，杯形管与管芯光滑连接；涉案地漏产品的下水管返水装置的相应部分的上端为一个有沿口的大杯形管，该杯形管底部紧密嵌套另一有沿口的小杯形管，小杯形管下端为一截管芯，小杯形管与管芯光滑连接，小杯形管及其连接的管芯可与大杯形管分离；（2）涉案专利技术中，齿形隔栅蓄水槽上端为齿形隔栅，齿形隔栅蓄水槽各齿端与杯形补芯的外端焊接为一个整体；涉案地漏产品的下水管返水装置的蓄水槽上端一半开口，构成油提形结构，该蓄水槽上端未开口侧与大杯形管的外端焊接为一个整体。

根据《最高人民法院〈关于审理专利纠纷案件适用法律问题的若干规定〉》，专利权的保护范围应当以权利要求书中明确记载的必要技术特征所确定的范围为准，也包括与该必要技术特征相等同的特征所确定的范围，而等同特征是指与所记载的技术特征以基本相同的手段，实现基本相同的功能，达到基本相同的效果，并且本领域的普通技术人员无须经过创造性劳动就能够联想到的特征。实用新型专利保护的是产品的形状、构造或者其结合的技术方案，即使产品功能、技术效果基本相同，如果采取不同技术手段即产品的形状、构造不同，而本领域普通技术人员不付出创造性劳动不能够实现等同替换，二者也不构成等同。涉案专利都具有水封防臭的功能，但由于产品构造不同，产生了不同的技术效果。关于区别特征1，被控侵权产品分为大、小两个杯形管，清洗时可将连接管芯的小杯形管单独取出，而不必将装置整体取出，与涉案专利相比具有不同的技术效果；关于区别特征 2，根据涉案专利说明书的记载，涉案专利设计为齿形隔栅的目的是阻拦住头发、织物等污物，而被控侵权产品设计成半开口，目的是加大水的冲击力，将污物冲出蓄水槽，二者发明目的不同、技术效果也不同。因此，涉案专利与被控侵权产品的技术方案不构成等同，一审法院认定被控侵权产品没有落入涉案专利的保护范围是正确的。

综上所述，田樽吉的上诉理由缺乏事实和法律依据，其上诉请求本院不予支持。原审判决认定事实清楚，适用法律正确。依照《中华人民共和国民事诉讼法》第 153 条第 1 款第（1）项之规定，判决如下：

驳回上诉，维持原判。

一审案件受理费 9 025 元，由田樽吉负担；二审案件受理费 9 025 元，由田樽吉负担。

25. “底端带有夯扩头的混凝土桩的施工设备”发明专利侵权纠纷案

——北京波森特岩土工程有限公司诉北京中航勘地基基础工程总队

原告（被上诉人）：北京波森特岩土工程有限公司

被告（上诉人）：北京中航勘地基基础工程总队

案由：发明专利权纠纷

一审案号：北京市第二中级人民法院（2009）二中民初字第3436号

一审合议庭成员：何暄、宋光、梁立君

一审结案日期：2009年3月19日

二审案号：北京市高级人民法院（2009）高民终字第3023号

二审合议庭成员：刘辉、焦彦、谢甄珂

二审结案日期：2009年7月24日

判决要旨

为生产经营目的使用不知道是未经专利权人许可而制造并售出的专利产品，只有证明其产品有合法来源的，才不承担赔偿责任。而要证明产品有合法来源，使用者至少应证明涉案专利产品是通过合法的渠道，经过连贯的过程流转到自己手里。

起诉与答辩

原告北京波森特岩土工程有限公司（简称波森特公司）诉称：波森特公司是“底端带有夯扩头的混凝土桩的施工设备”发明的专利权人，经调查发现在位于北京市丰台区六圈的道丰科技园商务区东区的地基基础施工中，有使用与原告专利相同的设备的行为，施工人是被告中航勘总队。波森特公司认为中航勘总队的行为侵犯了其专利权，故提起诉讼，请求判令：（1）中航勘总队停止涉案侵权行为；（2）中航勘总队赔偿波森特公司经济损失50万元。

被告北京中航勘地基基础工程总队（简称中航勘总队）辩称：（1）本案被控侵权设备与专利有明显区别，表现在专利技术的框架是门架式结构，被控

侵权设备是栅格状结构；被控侵权设备不具备专利技术中的护筒扶正器、护筒提升器和伸缩式支杆；从施工现场照片上无法比较设备底盘、行走方式、锤的形状及连接方式。(2) 中航勘总队将地基工程分包给了沧州市机械施工有限公司（简称沧州市机械公司）和北京欣程信达建设工程有限公司（简称欣程信达公司），在现场使用的被控侵权设备一部分是沧州市机械公司享有专利权的设备，一部分是欣程信达公司从河北省新河县华泰桩工机械有限公司（简称河北省华泰公司）购买的。(3) 中航勘总队不是被控侵权设备的直接使用者，依法不应承担赔偿责任。因此，不同意波森特公司提出的诉讼请求。

一审查明事实

波森特公司是“底端带有夯扩头的混凝土桩的施工设备”发明专利（简称本专利）的权利人，专利申请日是 1998 年 4 月 8 日，专利授权公告日是 2001 年 9 月 5 日，专利号是 ZL98101332.5。原专利权人是王继忠，2004 年 6 月 8 日专利权人由王继忠变更为波森特公司。本专利年费已交至 2009 年 3 月 16 日。本专利权利要求 1 记载的内容为：“一种底端带有夯扩头的混凝土桩施工设备，其包括夯扩重锤和护筒，该设备包括底盘，该底盘前端沿与其垂直的方向设置有框架，该框架通过倾斜支撑部件支撑于底盘上，在底盘上固定有快放式主卷扬机，在框架的顶端设置有滑轮机构，从上述主卷扬机伸出的绳索绕过上述滑轮机构而悬吊上述夯扩重锤，从而通过该夯扩重锤护筒内部的垂直运动，可实现对桩孔底部的夯击，其特征在于在该框架上设置有护筒控制装置。”

根据本专利权利要求 1 记载的内容，本专利包含的全部必要技术特征为：a. 一种混凝土桩施工设备，底端带有夯扩头；b. 带有夯扩重锤和护筒；c. 该设备包括底盘；d. 该底盘前端沿与其垂直的方向设置有框架；e. 该框架通过倾斜支撑部件支撑于底盘上；f. 在底盘上固定有快放式主卷扬机；g. 在框架的顶端设置有滑轮机构；h. 从主卷扬机伸出的绳索绕过上述滑轮机构悬吊上述夯扩重锤；i. 该框架上设置有护筒控制装置。

中航勘总队系从事专业承包的地基基础工程施工单位。2007 年 12 月 8 日，北京中关村丰台道丰科技商务园建设发展有限公司（发包人）与中航勘总队（承包人）签订了《道丰科技商务园东区 34 号地块工程地基处理建设工程施工合同》，根据该合同的约定，由中航勘总队负责该工程的施工，合同价款为 370 万元。2008 年 1 月 30 日，中航勘总队分别与沧州市机械公司和欣程信达公司签订了《工程劳务作业合同》，双方约定由沧州市机械公司和欣程信达公司对中航勘总队承包的道丰科技商务园东区 34 号地块工程地基处理建设工程提供劳务，承包方式为“包工、包机械”。中航勘总队应支付给沧州市机械公司的劳务作业费为50.96万元，应支付给欣程信达公司的劳务作业费为51.3208万元。

2008年2月28日，在北京市国信公证处公证员的监督下，波森特公司代理人来到道丰科技商务园东区34号地块地基工程施工现场，对现场正在使用的夯机设备进行了拍照取证。现波森特公司指控该施工设备为本案被控侵权产品。

庭审中，结合公证书中的照片，对被控侵权产品与本专利的必要技术特征进行了比较，被控侵权产品具备本专利的全部必要技术特征。

波森特公司提出的赔偿额计算依据为：（1）人工机械费。根据目前市场价格，钻孔夯扩挤密桩的人工机械费约为25元/延米，约占单桩价格的30%，即人工机械费为370万元（总价款）×30% =111万元。（2）材料费。根据目前市场价格，钻孔夯扩挤密桩的材料费约为20元/延米，约占单桩价格的25%，即材料费为370万元×25% =92.5万元。（3）工程管理费。根据目前市场价格，工程管理费约占工程总金额的5%，即工程管理费为370万元×5% =18.5万元。（4）税金。根据目前市场价格，税金约占工程总金额的3%，即税金为370万元×3% =11.1万元。扣减上述费用后，中航勘总队获利应为136.9万元。中航勘总队对波森特公司提出的上述赔偿额计算依据未提出反驳意见。

另查，沧州市机械公司系ZL200520122934.9号“桩基础多功能施工设备”实用新型的专利权人，该专利申请日为2005年11月1日。该专利的权利要求1记载为，一种桩基础多功能施工设备，包括有桩机平台、滑道以及桩机平台上的动力装置、操作控制台、配电箱，其特征在于：滑道为垂直平行的双滑道，滑道上均活动连接有施工装置，施工装置通过绳索与动力装置连接；桩机平台设有支腿，下方连接有旋转齿圈，旋转齿圈下为承台，承台的地轮位于轨道上。根据上述记载的内容，其全部必要技术特征为：A. 一种桩基础多功能施工设备，包括有桩机平台、滑道以及桩机平台上的动力装置、操作控制台、配电箱；B. 滑道为垂直平行的双滑道，滑道上均活动连接有施工装置；C. 施工装置通过绳索与动力装置连接；D. 桩机平台设有支腿，下方连接有旋转齿圈；E. 旋转齿圈下为承台，承台的地轮位于轨道上。

结合公证书中的照片，以被控侵权产品与ZL200520122934.9号“桩基础多功能施工设备”实用新型专利的全部必要技术特征进行比较，被控侵权产品不具备该专利的B特征以及A特征中的操作控制台；被控侵权产品上还具有滑轮机构、底盘上固定有快放式主卷扬机、有护筒控制装置等技术特征。

在中航勘总队提交的三份收据中，其中两份证明购买了一台夯机，购买人是“李德海”，价格为 17.5 万元，购买日期是 2006 年 10 月。另一份收据证明购买了一台夯机，购买人是“赵玉静”，价格为 18.6 万元，购买日期是 2006 年 5 月 10 日。销售单位均为河北省华泰公司。

一审审理结果

一审法院认为：原告波森特公司作为“底端带有夯扩头的混凝土桩的施工设备”发明的专利权人，其依法享有的专利权合法有效，受专利法的保护。对于被告中航勘总队所辩称的被控侵权产品中有一部分是由沧州市机械公司提供且对其享有专利权一节，根据被控侵权产品与沧州市机械公司享有专利权的“桩基础多功能施工设备”实用新型专利存在的差异，二者不属于同一技术方案。鉴于被控侵权产品具备本专利的全部必要技术特征，即落入了本专利的保护范围，属于侵犯原告波森特公司专利权的产品。

根据《专利法》的有关规定，为生产经营目的使用不知道是未经专利权人许可而制造并售出的专利产品，只有证明其产品有合法来源的，才不承担赔偿责任。本案侵权产品为涉案地基工程的施工机械，被告中航勘总队作为该工程的承包方，系侵权产品的使用者。中航勘总队称侵权产品来自于欣程信达公司，并提供了欣程信达公司购买夯机的收据，但是从三张收据上看，均不能反映出购买人是欣程信达公司，因此，被告中航勘总队的上述抗辩理由不成立。另外，鉴于被控侵权产品与沧州市机械公司享有专利权的“桩基础多功能施工设备”实用新型专利不属于同一技术方案，据此也无法认定本案侵权产品与沧州市机械公司有关。综上，本院认为被告中航勘总队未能证明其使用的侵权产品有合法来源，故应依法承担相应的法律责任。本院对原告波森特公司请求判令被告中航勘总队停止涉案侵权行为，并赔偿损失的请求予以支持。对损失的认定数额，本院将参照本专利的创造高度、施工合同金额、侵权产品在工程中发挥的作用等项因素予以酌定。

本院依照《专利法》第 11 条第 1 款、第 56 条第 1 款，第 63 条第 2 款，《中华人民共和国民法通则》第 134 条第（1）项、第（7）项，《最高人民法院〈关于审理专利纠纷案件适用法律问题的若干规定〉》第 21 条之规定，判决如下：

（1）北京中航勘地基基础工程总队于本判决生效之日起，停止侵犯北京波森特岩土工程有限公司第 ZL98101332.5 号“底端带有夯扩头的混凝土桩的施工设备”发明专利的涉案行为。

（2）北京中航勘地基基础工程总队于本判决生效之日起 10 日内，赔偿北京波森特岩土工程有限公司损失 40 万元。

(3) 驳回北京波森特岩土工程有限公司的其他诉讼请求。

中航勘总队不服原审判决，提出上诉，请求撤销原审判决，发回重审或依法改判，驳回波森特公司的诉讼请求。中航勘总队的上诉理由是：(1) 一审判决违反法定程序。波森特公司超过原审法院指定的举证期限增加、变更诉讼请求，原审法院根据增加、变更后的请求判决中航勘总队承担 40 万元赔偿责任的做法，违反法定程序。(2) 原审法院在中航勘总队已经提供分包合同、分包单位联系方式、设备购买收据等证明材料后，仍然认定中航勘总队是设备的使用者，认定中航勘总队未能证明设备的合法来源，属认定事实不清。(3) 原审法院认定被控侵权产品具备本专利的全部必要技术特征，认定事实错误。原审法院仅将照片中的一台设备与本专利进行了对比，并将比较情况推及其他所有设备，对现场设备之间的明显差异视而不见，是错误的，且被控侵权产品中并不包括本专利必要技术特征中的“护筒控制装置”。(4) 原审法院对赔偿额的认定，也属认定事实不清。中航勘总队在涉案工程中的利润仅为 35 496.37 元，且中航勘总队对波森特公司的利润计算方式明确表示不同意，并不是没有提出反驳意见。

波森特公司服从原审判决。

二审查明事实

二审法院查明的事实与原审相同。另外，二审期间，中航勘总队还补充提交了《复合地基处理工程预算》，该预算显示工程最终报价 370 万元，利润 35 496.37元。波森特公司以该预算是单方计算没有任何依据为由不予认可。

另查，波森特公司起诉状中写明的索赔数额是 15 万元，一审庭审发表起诉意见时，当庭将索赔数额增加到 50 万元。中航勘总队虽然向一审法院提出了答辩期申请，但在当庭也对案件进行了实体答辩。而且，中航勘总队就索赔数额当庭表示“再调查一下”，但庭后并未就此发表任何意见。

二审审理结果

二审法院认为：《最高人民法院关于适用〈中华人民共和国民事诉讼法〉若干问题的意见》中规定，在案件受理后，法庭辩论结束前，原告增加诉讼请求，被告提出反诉，第三人提出与本案有关的诉讼请求，可以合并审理的，人民法院应当合并审理。根据该规定，波森特公司有权在法庭辩论结束前当庭增加诉讼请求。原审法院准许波森特公司当庭增加索赔数额的诉讼请求并未违反该规定。波森特公司是在现有证据基础上对索赔数额的增加，且中航勘总队已经对案件进行了实体答辩，其诉讼权利已经得以行使。就增加的赔偿数额，中航勘总队当庭表示“再调查一下”，但其庭后并未就此向原审法院作出补充陈述。因此，原审法院允许波森特公司当庭增加索赔数额，并未影响中航勘总队行使其诉讼权利。

现中航勘总队虽然提出被控侵权产品中不包括本专利必要技术特征中的 i——护筒控制装置，但波森特公司从被控侵权产品照片中指出了该护筒控制装置，中航勘总队又未提出反证推翻波森特公司的指认，故中航勘总队的该项上诉理由本院不予支持。原审法院关于被控侵权产品具备本专利的全部必要技术特征，落入了本专利的保护范围，是侵犯波森特公司专利权的产品的认定正确。

就原审法院有关中航勘总队是被控侵权产品使用者的认定，本院认为，中航勘总队是道丰 34 号工程的承包方，施工现场的设备均是为完成道丰 34 号工程的施工任务而使用的，在没有相反证据的情况下，应认定中航勘总队是施工现场设备的使用者。中航勘总队虽然与欣程信达公司签订有《工程劳务作业合同》，但该合同中并未约定所使用的设备名称，中航勘总队提交的收据、出厂合格证、用户手册均不能显示与涉案侵权产品的对应关系。仅凭欣程信达公司证人当庭的指认，尚不足以证明涉案侵权产品确系欣程信达公司提供并使用的。在现有证据情况下，原审法院关于中航勘总队作为该工程的承包方系侵权产品使用者的认定并无不当。中航勘总队作为侵权产品的使用者，不能证明其使用的侵权产品有合法来源，应当依法承担相应的法律责任。就具体的赔偿数额，因现有证据不足以证明中航勘总队所主张的利润数额，故原审法院参照本专利的创造高度、施工合同金额，以及侵权产品在工程中发挥的作用等项因素，酌定 40 万元的赔偿数额，尚属合理，应予维持。

因波森特公司明确其只针对框架式设备主张权利，故中航勘总队与沧州市机械公司的合同关系，以及沧州市机械公司拥有的专利内容，均与本案无关，本院对此不再涉及。

综上，中航勘总队的上诉请求证据不足，本院不予支持。一审判决认定事实清楚，适用法律正确，依法应予维持。依据《中华人民共和国民事诉讼法》第 153 条第 1 款第（1）项之规定，判决如下：

驳回上诉，维持原判。

一审案件受理费 8 800 元，由北京波森特岩土工程有限公司负担 800 元，由北京中航勘地基基础工程总队负担 8 000 元；二审案件受理费 8 800 元，由北京中航勘地基基础工程总队负担。

26. “瓶贴（清茶无糖－PET500）”外观设计专利权无效行政纠纷案

——统一企业（中国）投资有限公司诉国家知识产权局专利复审委员会、顶益（开曼岛）控股有限公司

原告（上诉人）：统一企业（中国）投资有限公司

被告（被上诉人）：国家知识产权局专利复审委员会

第三人：顶益（开曼岛）控股有限公司

案由：外观设计专利行政纠纷

一审案号：北京市第一中级人民法院（2007）一中行初字第1358号

一审合议庭成员：任进、邢军、郝建欣

一审结案日期：2008年9月27日

二审案号：北京市高级人民法院（2009）高行终字第1号

二审合议庭成员：刘继祥、刘晓军、谢甄珂

二审结案日期：2009年5月7日

判决要旨

在判断外观设计是否相同或者相近似时，应当基于被比设计产品的一般消费者的知识水平和认知能力进行评价。根据整体观察、综合判断的原则。

起诉与答辩

原告统一企业（中国）投资有限公司（简称统一公司）诉称：本专利与对比文件1比较，本专利主视图是由两个基本相同的图形单元组成，构成本专利的主体图案，而使用状态下只能露出一个图形单元，这一点与对比文件1构成近似。另外，二者均具有纵向深色条形图案，在条形图案中均有浅色文字图案，条形图案的上下方都分别配有浅色茉莉花、浅色花叶图案和文字图案，在条形图案的两侧都有茉莉花枝蔓，上下两边均为横向花边。区别仅在于茉莉花和产品标识位置在条形图案上下的简单对换以及条形图案中文字大小的细微差别，二者属于相近似的外观设计。最后，国家知识产权局专利复审委员会

（简称专利复审委员会）第 10107 号决定书后附的附图有误，并不是本专利，而是另一注有“清茶低糖”的专利图。综上，请求撤销被告作出的第 10107 号决定。

被告专利复审委员会辩称：本专利与对比文件 1 相比，相同点仅在于都有纵向长条色块和茉莉花，顶部和底部均有带状花边图案。而不同点是：（1）纵向长条图案不同，字形线条不同。本专利字形线条粗细不一，且多处溢出纵向长条色块边沿，有舒展跳跃的视觉感受；而对比文件 1 的字形线条粗细一致，图形均摆放在纵向长条色块内，视觉感觉比较工整。（2）图案布局不同。本专利下部位于长条色块左右有盛开和含苞的茉莉花，相互呼应，而对比文件只有一朵茉莉花饰于字形图案上部。本专利印章位于纵向长条色块下部花的上方，对比文件印章位于纵向长条色块下部“clear”之下。通过整体观察，综合判断，二者上述差异对一般消费者而言能够产生显著的视觉影响，因此属于不相同和不近似的外观设计。另外，我委已于 2007 年 10 月 16 日发出《变更处分通知书》对第 10107 号决定书后附图错误予以更正并公告，统一公司已经收到更正文本。故此，我委所作决定认定事实清楚、适用法律准确、程序合法，请求驳回原告的诉讼请求，维持第 10107 号决定。

第三人顶益（开曼岛）控股有限公司（简称顶益公司）同意第 10107 号决定，称：（1）将文字作为图案设计对待，本专利为“茉莉花茶”，对比文件 1 为“ヅヤスミン茶”，本专利画面上、中、下位置均有茉莉花装饰图案，而对比文件 1 则只有一朵花，故两设计存在明显不同，只是图案布局都为纵向长条方案，属于为瓶体使用考虑的结果，是常规设计方案，不是显著性所在，尽管两者在此相同，但仍不属于近似设计。总之，在整体观察下，两者存在明显差异，是非近似的外观设计。（2）第10107 号决定书后附图有误，专利复审委委员会已于 2007 年 10 月 16 日发出《变更处分通知书》予以更正。综上，我公司请求维持第 10107 号决定。

一审查明事实

一审法院查明：名称为“瓶贴（清茶无糖 - PET500）”外观设计专利（简称本专利）的申请日为 2005 年 3 月 11 日，授权公告日为 2005 年 11 月 30 日，专利号为 ZL200530005522.2，专利权人为顶益公司。本专利授权公报公开了产品的主视图和使用状态图，未请求保护色彩。本专利瓶贴为长方形，其顶部和底部有一行由波浪线、位于波浪线的一侧间隔的圆点构成的带状图案；瓶贴的背景图案为四组沿纵向延伸的茉莉花枝，该茉莉花枝为弯曲形，且花枝上有花瓣及花叶；瓶贴的中部左侧有两组相同的图案，每组图案的上方绘有

“康师傅”三字，中间为与其他部分具有明显亮度区别的纵长条，该纵长条上绘有纵向排列的“茉莉清茶”四个大字，该文字图案的线条粗细不一，并且图案的线条多处溢出纵长条边界；在纵长条右下侧绘有一朵盛开的茉莉花，在纵长条左下侧稍向上的位置有一朵茉莉花骨朵与盛开的茉莉花相呼应，在纵长条的右侧依次排列竖排文字和印章；在两组图案之间有“花清香茶新味”构成的图案；瓶贴的右侧为若干说明性文字（授权公告图片见本专利附图）。

2006年5月31日，统一公司以本专利不符合《专利法》第23条之规定为由，请求专利复审委员会宣告本专利无效，并提交了附件1～6作为对比文件，并认为本专利与各附件均构成相似外观设计。其中：

附件1系2004年7月在日本出版的《Beverage Guide 2004》杂志封面和第147页的复印件（即对比文件1）。对比文件1是一张带有瓶贴的饮料瓶照片彩图，图中显示瓶贴的顶部和底部有一行由花、花叶间隔构成的带状图案；瓶贴中部上方为一朵盛开的茉莉花，花的下方为与其他部分具有明显颜色区别的纵长条，在纵长条上为日文的产品名称，文字图案的线条粗细均等，且均在纵长条边界内；纵长条下方标有“clear”字母图案，字母图案的下方为方形印章；纵长条的左右两侧各有一行竖排文字，其他另有细小文字排列（详见对比文件1附图）。

附件2系名称为“瓶贴（绿茶）”中国外观设计专利俯视图（即对比文件2），该外观设计专利的授权公告日为2003年12月24日。对比文件2公开了瓶贴产品俯视图，其瓶贴为长方形，瓶贴的背景图案由飘散的叶片构成；瓶贴的左、右两侧各有一组相同的图案，每组图案的上方为“统一”两字，中间为竖排的“绿茶”两个大字，字下方图案由带花纹的茶碗、茶盘及茶叶搭配构成；图案两侧各有若干竖排说明性文字（详见对比文件2附图）。

附件3系名称为“标贴（统一绿茶）”中国外观设计专利主视图（即对比文件3），该外观设计专利的授权公告日为2004年9月1日。对比文件3公开了瓶贴产品主视图，其瓶贴为长方形，瓶贴的背景图案由连绵的群山构成。瓶贴的左侧和中部各有一组相同的图案，每组图案的上方为“统一”两字，中间为纵长条框，在该纵长条框的对角线方向上绘有“绿茶”两个大字，在该纵长条框的右上角上绘有一茉莉花叶片，纵长条框的下方为一横排文字图案。两组图案之间为四行竖排文字图案。瓶贴右侧为若干说明性文字（详见对比文件3附图）。

附件5为“三得利清茶”的产品包装瓶彩色打印图片（即对比文件5）。

专利复审委员会受理上述无效宣告请求后，于2007年2月5日举行口头审理。在口头审理中，顶益公司对统一公司提交的附件1的真实性及其译文的准确性均无异议，顶益公司认可附件 2、附件 3 的真实性，对附件 4 ~6 的真实性表示异议，统一公司未提交附件 4、附件 6 的原件。

2007 年 6 月 22 日，专利复审委员会作出第 10107 号决定。专利复审委员会在该决定中认定：附件 1 ~3 的授权公告日均早于本专利的申请日，属于《专利法》第 23 条规定的出版物，且与本专利用途相同，属于同类产品，可以作为在先设计适用本案。附件 4、附件 6 因缺乏原件无法认定其真实性，附件 5 仅凭其打印图片无法确定该产品的公开销售时间，亦无法确定其真实性，故对附件 4 ~6 不予采纳。将本专利与对比文件 1 比较，二者图案的相同点主要是均有纵长条和茉莉花以及瓶贴顶部和底部均有带状图案，二者的不同点主要是纵长条上的文字不同和图案布局不同，该差别对一般消费者而言能够产生显著的视觉影响，故二者为不相同且不相似的外观设计。将本专利与对比文件 2 比较，二者的相同点在于瓶贴均为长方形，均包括两组相同图案，二者的不同点主要是背景图案不同和构图方式的不同，该差别对一般消费者而言能够产生显著的视觉影响，故二者为不相同且不相似的外观设计。将本专利与对比文件 3 比较，二者的相同点是瓶贴均为长方形，均有两组相同图案，二者的不同点主要在于背景图案不同和构图方式的不同，该差别对一般消费者而言能够产生显著的视觉影响，故二者为不相同且不相似的外观设计。综上，统一公司的证据不能支持其所主张的本专利不符合《专利法》第 23 条规定的无效宣告请求理由。专利复审委员会在第 10107 号决定中决定：维持本专利有效。

统一公司不服第 10107 号决定，在法定期限内向原审法院提起本案诉讼，请求撤销第 10107 号决定。统一公司起诉的主要理由是，本专利与对比文件 1 应属于相似外观设计，第 10107 号决定的附图错误。

2007 年 10 月 16 日，专利复审委员会就第 10107 号决定书后附的本专利附图“瓶贴（清茶无糖 - PET500）”错为“清茶低糖”附图一事发出《变更处分通知书》予以更正。统一公司对此表示认可。

上述事实有第 10107 号决定、ZL200530005522. 2 号外观设计专利、《变更处分通知书》、三份对比文件、口头审理记录表、庭审笔录及当事人陈述等证据在案佐证。

一审审理结果

一审法院认为：依照《专利法实施细则》第 2 条第 3 款的规定，专利法所称的外观设计，是指对产品的形状、图案或者其结合以及色彩与形状、图案的结合所作出的富有美感并适于工业应用的新设计。

本案涉及的是瓶贴设计，当以图案要素为主，由此必然应对图案构成施以关注，包括注意字形、纵向长条色块、花卉图案、上下花边图案装饰、印章图案及其组成等内容。同时比对时还应考虑所述设计在使用状态下消费者的一般感受和关注内容，被告据此进行比对判断，符合判断规则。原告反对上述比对方式，主张比对设计构思与创意，并以此作为判别外观设计是否相同或者近似的前提，缺乏法律依据，对其主张本院不予支持。

根据本专利与对比文件 1 的比对结果可见，两者之间存在字形、图案以及布局组成上的诸多差异，该差异对一般消费者而言带来了显著不同的视觉效果影响，即两者不构成相同或近似，属于不同的外观设计。

第 10107 号决定存在后附本专利附图与决定中的相关文字表述不符情况，属于文书制作方面的疏忽，尚不属于实体裁判错误，应予更正，并予公告。现专利复审委员会已经作出更正，统一公司据此请求本院撤销被告作出的第 10107 号决定没有法律依据，本院不予支持。

综上所述，本院认定专利复审委员会作出的本专利符合《专利法》第 23 条之规定的认定正确。其所作第 10107 号决定认定事实清楚，适用法律正确，程序合法，依照《中华人民共和国行政诉讼法》第 54 条第（1）项之规定，本院判决如下：

维持被告国家知识产权局专利复审委员会作出的第 10107 号无效宣告请求审查决定。

统一公司不服一审判决，提起上诉。其上诉理由是：本专利与对比文件 1 已构成相似外观设计，一审判决认定事实不清，适用法律错误。

专利复审委员会和顶益公司服从一审判决。

二审查明事实

二审法院查明的事实与一审相同。

二审审理结果

二审法院认为：根据我国《专利法》第 23 条的规定，授予专利权的外观设计，应当同申请日以前在国内外出版物上公开发表过的外观设计不相同和不相近似。在判断外观设计是否相同或者相近似时，应当基于被比设计产品的一般消费者的知识水平和认知能力进行评价。将本专利与对比文件 1 进行比较，二者的不同点主要在于纵长线条上文字图案的不同和图案布局的不同。具体说来，本专利的纵长线条上文字图案线条粗细不一，并且图案的线条多处越出纵长条边界，而对比文件 1 的纵长条上的文字图案线条粗细均等且均在纵长线条边界之内；本专利的纵长条右下侧盛开的茉莉花与左下侧花骨朵相呼应，而对比文件1单朵盛开的茉莉花位于纵长条的上方。此外，本专利一行横排文字在纵长条上方，对比文件1若干行横排文字在纵长条下方；本专利的印章位于纵长条右下侧茉莉花之上，而对比文件1的印章位于“clear”字母图案的下方。本专利与对比文件1的相同点在于二者均有纵长条和茉莉花以及瓶贴顶部和底部均有带状图案。根据整体观察、综合判断的原则，本专利与对比文件1所具有的差异足以对二者的整体视觉效果产生显著影响，二者应为既不相同也不相似的外观设计。上诉人有关本专利与对比文件1构成相似外观设计的上诉理由不能成立，其上诉请求本院不予支持。

综上，上诉人统一公司的上诉理由因缺乏事实及法律依据不能成立，本院不予支持。一审判决认定事实清楚，适用法律正确，应予维持。依据《中华人民共和国行政诉讼法》第61条第（1）项之规定，判决如下：

驳回上诉，维持原判。

一、二审案件受理费各100元，均由统一企业（中国）投资有限公司负担。

27. “镶嵌硬质合金块的高耐磨叶片”实用新型专利侵权纠纷案

——林记元诉北京玉泰福机械配件厂

原告（上诉人）：林记元
被告（上诉人）：北京玉泰福机械配件厂
案由：侵犯实用新型专利权纠纷

一审案号：北京市第一中级人民法院（2009）一中民初字第 2438 号
一审合议庭成员：侯占恒、江建中、刘颖杰
一审结案日期：2009 年 6 月 17 日
二审案号：北京市高级人民法院（2009）高民终字第 04471 号
二审合议庭成员：刘辉、岑宏宇、焦彦
二审结案日期：2009 年 10 月 30 日

判决要旨

如果受他人委托加工产品，没有证据证明受托人明知或者应知所加工的产品系被控侵权产品的，受托人不承担侵权责任。但是如果受托人没有按照委托人提供的技术方案进行加工，而是自行设计技术方案并予以实施的，应当认定受托人是制造销售被控侵权产品行为，与委托人无关。

起诉与答辩

原告林记元诉称：原告为 ZL200520144748.5 号“环保节能生石灰消化器”实用新型专利和 ZL200620113956.3 号“镶嵌硬质合金块的高耐磨叶片”实用新型专利的专利权人。2009 年 1 月 9 日，原告发现被告生产的产品使用了原告的上述两项专利技术，原告发现该情况后到现场进行拍照和录像取证，并据被告的职工说上述产品是他人委托生产的。原告认为被告非法使用原告的专利技术制造专利产品，并且在明知侵权的情况下将侵权产品销售，已构成侵权，故请求法院判令：（1）被告停止生产侵权产品的行为；（2）被告赔偿损失 443 858 元；（3）被告赔礼道歉；（4）被告承担原告因本案支出的其他诉讼费用。

被告北京玉泰福机械配件厂（简称玉泰福厂）辩称：（1）玉泰福厂没有

使用原告的专利技术制造专利产品，也没有将玉泰福厂自己研制的生石灰消化系统进行销售。该生石灰消化器是由于四川德胜集团钢铁有限公司提出改造要求，由北京江延顺通商贸有限公司出资，玉泰福厂组织技术人员到四川德胜集团钢铁有限公司炼铁厂进行实物考察，回厂后根据考察结果并结合其他厂商生产的生石灰消化器工作原理进行改造的。玉泰福厂自主改造的生石灰消化系统与原告的专利产品相比有区别，在改造过程中没有使用原告的专利技术。（2）原告提供的照片所拍摄的实物是玉泰福厂还未组装成的生石灰消化系统，到目前为止，玉泰福厂仅为北京江延顺通商贸有限公司改造两套生石灰消化系统，并将生石灰消化系统运往四川德胜集团钢铁有限公司炼铁厂做实验，该生石灰消化系统未上市交易，不存在销售交易行为。（3）原告提供的照片，不能证实玉泰福厂改造两套生石灰消化系统的内容结构构成情况及使用了原告的专利技术。综上，玉泰福厂不构成专利侵权，请求驳回原告诉讼请求。

一审查明事实

一审法院查明：林记元为第 ZL200620113956.3 号“镶嵌硬质合金块的高耐磨叶片”实用新型专利（简称原告专利 1）和第 ZL200520144748.5 号“环保节能生石灰消化器”实用新型专利（简称原告专利 2）的专利权人。

第 ZL200620113956.3 号专利的申请日为 2006 年 5 月 15 日，授权公告日为 2007 年 6 月 27 日，该专利共 5 项权利要求，其中权利要求 1 为独立权利要求，内容为：

“1. 一种镶嵌硬质合金块的高耐磨叶片，包括叶片本体，其特征在于：该叶片本体的外边缘上嵌装有至少一个硬质合金块，硬质合金块的顶部凸出于叶片本体的外边缘。”

第 ZL200520144748.5 号专利的申请日为 2005 年 12 月 26 日，授权公告日为 2006 年 8 月 9 日，该专利共 6 项权利要求，其中权利要求 1 为独立权利要求，内容为：

“1. 一种环保节能生石灰消化器，包括消化器，消化器壳体中装有螺旋搅拌器，该螺旋搅拌器与传动装置连接，其特征在于：消化器尾部设有除尘设备，该除尘设备由水箱和负压产生装置构成，负压产生装置安装在水箱的顶部，所述消化器壳体的后端顶部的排尘口通过连接管与水箱上部的入口连通，该水箱入口装有筛管。”

2009 年 1 月 9 日，林记元发现玉泰福厂生产的产品涉嫌使用了其上述两项专利技术，即到玉泰福厂进行现场拍照和录像取证。

为证明其诉讼请求，林记元共向本院提交如下 8 份证据：证据

1. ZL200620113956.3号专利证书及该专利的《权利要求书》、《说明书》、附图；证据2. ZL200520144748.5号专利证书及该专利的《权利要求书》、《说明书》、附图；证据3. 上述两专利2008年的专利收费收据；证据4. 原告在玉泰福厂内拍摄的生石灰消化器的照片8张；证据5. 原告在玉泰福厂内拍摄的生石灰消化器的录像；证据6. 酒钢集团榆中钢铁有限责任公司与北京艾瑞机械厂于2008年6月19日签订的《技术服务合同》，该合同所附报价单所涉及的专利号为ZL200520011633.9；证据7. 酒钢集团榆中钢铁有限责任公司出具的发票3张；证据8. 北京艾瑞机械厂30T消化器材料明细单。其中，证据1～3用于证明林记元为两专利的专利权人，且该两专利处于有效状态；证据4、5用于证明玉泰福厂生产了侵权产品；证据6～8用于证明林记元因被侵权受到的损失。

对于林记元提交的上述证据，玉泰福厂对证据1～7的真实性没有异议，但认为证据6《技术服务合同》与本案无关，因为专利权人是个人，而不是艾瑞机械厂，同时该合同中所附报价单上的专利号与本案涉及专利的专利号不同，并对证据8不予认可。

在庭审中，玉泰福厂认可涉案的8张照片拍摄于该厂，所拍摄的产品是其生产的，对于照片的拍摄和录像的过程没有异议，但认为其所生产的高耐磨叶片所采用的是金刚石，与原告专利1的材质不同，并且其叶片边缘是平的，也不同于原告专利1。

在对录像的勘验过程中，玉泰福厂认可录像中显示的产品包括消化器主体，消化器里面有螺旋搅拌器，螺旋搅拌器连接有传动装置，除尘装置是由水箱和负压装置组成的，有排尘口设置在上部，与水箱的入口连接，消化器的壳体后端顶部的除尘口与水箱入口管连接，水箱入口有筛管。同时，玉泰福厂辩称，其对产品的改进在于消化器和除尘器连接关系与原告专利2不同，虽然录像中产品的消化器的壳体后端顶部的除尘口与水箱入口管连接，水箱入口处有筛管，但在原告与该厂交涉后，该厂就撤掉了筛管，在给四川德胜集团钢铁有限公司发货的产品没有使用筛管，换成了两层筛板，作用与筛管相同，但效果更好，其他部分和录像中的产品相同。

在庭审中，林记元放弃其起诉书中所列的第3项赔礼道歉的诉讼请求，并明确其在诉讼中支出的费用只有诉讼费。

上述事实，有林记元提交的证据1～8及庭审笔录等在案佐证。

一审审理结果

一审法院认为：

1. 被告生产的产品是否落入原告专利 1 的保护范围

从原告林记元提供的照片可以看出，被告玉泰福厂生产的生石灰消化器中有一个叶片，该叶片包括叶片本体，上镶嵌有三块与叶片不同材质的金属块，该金属块与叶片的边缘平齐。在庭审过程中，被告称该产品也是高耐磨叶片，但该产品没有使用硬质合金块，而是使用的金刚石。

由此可知，被控侵权产品与原告专利 1 权利要求 1 所要求保护的技术方案相比，仅存在两个区别技术特征：（1）原告专利 1 的叶片边缘镶嵌的是硬质合金块，被控侵权产品叶片边缘镶嵌的是金刚石；（2）原告专利 1 叶片边缘镶嵌的硬质合金块凸出于叶片本体边缘，而被控侵权产品叶片边缘镶嵌的金刚石与叶片本体边缘平齐。

关于区别技术特征 1，原告专利 1 在叶片本体边缘镶嵌硬质合金块是由于硬质合金块的硬度较高，可以提高叶片的耐磨度。而金刚石是一种公知的硬度较高的材质，用金刚石代替原告专利 1 中的硬质合金块，对于本领域普通技术人员而言无须经过创造性的劳动就能够联想到，而且可以实现基本相同的功能，达到基本相同的效果。因此，将硬质合金块换为金刚石仅是一种等同替换。

关于区别技术特征 2，被控侵权产品的叶片本体中镶嵌的金刚石虽然与叶片边缘是平齐的，但在使用中随着叶片边缘的磨损，金刚石就会凸出于叶片边缘，从而防止叶片边缘的进一步磨损。被控侵权产品将金刚石设置于与叶片边缘平齐，并没有产生不同于原告专利 1 的效果，而且还需在叶片边缘磨损一定程度后才能防止磨损。因此，金刚石和叶片边缘平齐与原告专利 1 的技术方案并无本质区别。

2. 被告生产的产品是否落入原告专利 2 的保护范围

根据录像中反映的内容及庭审时被告确认的事实，被控侵权产品包括消化器，消化器壳体中装有螺旋搅拌器，螺旋搅拌器连接有传动装置，消化器尾部设有除尘设备，除尘设备由水箱和负压装置组成，负压产生装置安装在水箱顶部，排尘口设置在消化器壳体的顶部，通过连接管与水箱的入口连接，水箱入口处有筛管。可见，被控侵权产品覆盖了原告专利 2 权利要求 1 的全部技术特征。虽然被告辩称其对产品进行了改进，撤掉了筛管，换成了两层筛板，但其并没有提供相应的证据加以证实，在原告提供的照片和录像中明显可以看出水箱入口处采用的是筛管。因此，对于被告的上述辩称，本院不予支持。

综上，被告生产的产品落入了原告两专利的保护范围。被告未经原告许可，制造、销售原告专利产品，构成对原告专利权的侵犯，应依法承担停止侵权、赔偿损失的民事责任。

关于损失赔偿的数额，原告主张按照其与案外人酒钢集团榆中钢铁有限责任公司的技术服务合同所附的报价单中的报价计算，但该报价单中所列专利号与原告两专利的专利号均不相同，而从该合同内容中也不能确认与原告两专利的关联性，因此对于原告的上述主张本院不予支持。本院将综合考虑原告专利的类别、数量、被告侵权行为的性质和情节等因素确定本案的具体赔偿数额。

综上所述，依照《中华人民共和国民法通则》第118条，《中华人民共和国专利法》第11条第1款、第57条第1款，《最高人民法院〈关于审理专利纠纷案件适用法律问题的若干规定〉》第17条、第21条之规定，本院判决如下：

（1）被告北京玉泰福机械配件厂于本判决生效之日起立即停止制造侵犯原告林记元第ZL200620113956.3号和第ZL200520144748.5号实用新型专利权的产品的行为；

（2）被告北京玉泰福机械配件厂于本判决生效之日起十日内赔偿原告林记元经济损失8万元；

（3）驳回原告林记元的其他诉讼请求。

林记元、玉泰福厂均不服一审判决，提出上诉。

林记元的上诉理由是：一审判决玉泰福厂赔偿林记元经济损失8万元的数额明显过低。请求判决玉泰福厂赔偿林记元经济损失443 858元。

玉泰福厂的上诉理由是：玉泰福厂没有使用林记元的涉案专利制造、销售产品。玉泰福厂自主设计的生石灰消化系统特点与专利2根本不同。玉泰福厂与专利1有本质的区别。一审判决认定被控侵权产品覆盖了专利2权利要求1的区别技术特征有误。林记元提交的照片拍摄的是玉泰福厂还未组装的自主研发的试验品，不能称之为产品。林记元提交的照片和录像，不能证明玉泰福厂研究设计二套生石灰消化系统内部结构构成情况即使用了林记元的涉案专利。假设玉泰福厂的行为构成侵权，一审判决赔偿数额过高。玉泰福厂申请委托司法鉴定机构对其研究设计的二套生石灰消化系统进行鉴定，以查明玉泰福厂研制的生石灰消化系统是否构成侵权。请求撤销一审判决，依法驳回林记元的诉讼请求。

二审查明事实

除一审法院查明的事实外，二审法院另查明：在本院审理本案过程中，林记元提交了北京艾瑞机械厂与莱芜钢铁集团银山型钢有限公司于2009年5月26日签订的编号为2015－0621－20090526－01的《工业品买卖合同》

和落款为“酒钢集团榆中钢铁有限责任公司生产指挥中心”并盖有“酒钢集团榆中钢铁有限责任公司生产控制中心”印章的《证明》。《工业品买卖合同》买卖的产品名称是“生石灰消化器”。用以证明其销售涉案专利产品的价格。《证明》的内容是：我公司订购的环保型生石灰消化器专利产品的专利号是 ZL200520144748.5。用以证明其销售的是涉案专利产品。玉泰福厂对《工业品买卖合同》真实性无异议，但主张与本案无关并主张《证明》与该厂无关。玉泰福厂提交了北京江延顺通商贸有限公司与该厂于 2008 年 12 月 1 日签订的《委托书》、北京江延顺通商贸有限公司与四川德胜集团钢铁有限公司炼铁厂签订的《加工改造委托书》、玉泰福厂的改造简易图及玉泰福厂自行拍摄的产品局部照片 4 张。林记元对上述证据的真实性无异议，但主张与本案无关。

二审审理结果

二审法院认为：实用新型专利权被授予后，任何单位或者个人未经专利权人许可，都不得实施其专利，即不得为生产经营目的制造、使用、许诺销售、销售、进口其专利产品或者使用其专利方法以及使用、许诺销售、销售、进口依照该专利方法直接获得的产品。

玉泰福厂虽主张其是为四川德胜集团钢铁有限公司炼铁厂改造的被控侵权产品，但是，玉泰福厂并非按照四川德胜集团钢铁有限公司炼铁厂的技术方案，而是按照自己的技术方案制造的被控侵权产品，因此，被控侵权产品是玉泰福厂制造的。由于玉泰福厂提交的证据不能证明其已经改变了涉案产品的技术方案，因此，应以林记元提交的照片和录像中显示的被控侵权产品与专利 1 和专利 2 进行对比。

林记元提交的照片和录像可以清楚地显示被控侵权产品内部结构，可以与专利 1 和专利 2 进行比较。将被控侵权产品与专利 1 权利要求 1 相比较，存在两个区别技术特征：（1）专利 1 权利要求 1 记载的叶片边缘镶嵌的是硬质合金块，被控侵权产品叶片边缘镶嵌的是金刚石；（2）专利 1 权利要求 1 记载的叶片边缘镶嵌的硬质合金块凸出于叶片本体边缘，被控侵权产品叶片边缘镶嵌的金刚石与叶片本体边缘平齐。

在叶片本体边缘镶嵌硬质合金块是由于硬质合金块的硬度较高，可以提高叶片的耐磨度。而金刚石是一种公知的硬度较高的材质，用金刚石代替专利 1 权利要求 1 中的硬质合金块，对于本专利所属技术领域的普通技术人员而言无须经过创造性劳动即可得到。用金刚石代替硬质合金块可以实现基本相同的功能，达到基本相同的效果，因此，此种替换属于等同替换。

专利1权利要求1记载的叶片边缘镶嵌的硬质合金块凸出于叶片本体边缘。被控侵权产品的叶片本体中镶嵌的金刚石虽然与叶片边缘是平齐的，但在使用中随着叶片边缘的磨损，金刚石就会凸出于叶片边缘，从而防止叶片边缘的进一步磨损。被控侵权产品将金刚石块设置于与叶片边缘平齐，但其叶片本体与金刚石块的硬度不同，叶片本体在被控侵权产品运行一段时间后，金刚石块就会突出于叶片本体，因此，其所起的作用及所要达到的效果与专利1权利要求1所记载的叶片边缘镶嵌的硬质合金块凸出于叶片本体边缘这一技术方案所要达到的作用和效果并无不同，两者并无本质区别。

根据林记元提交的照片和录像及一审法院口头审理时玉泰福厂认可的事实，被控侵权产品包括消化器，消化器壳体中装有螺旋搅拌器，螺旋搅拌器连接有传动装置，消化器尾部设有除尘设备，除尘设备由水箱和负压装置组成，负压产生装置安装在水箱顶部，排尘口设置在消化器壳体的顶部，通过连接管与水箱的入口连接，水箱入口处有筛管。与专利2权利要求1相比较，被控侵权产品覆盖了专利2权利要求1的全部技术特征。玉泰福厂虽主张其对产品进行了改进，撤掉了筛管，换成了两层筛板，但其未提供相应的证据支持其主张。

玉泰福厂虽主张其是为四川德胜集团钢铁有限公司炼铁厂改造的被控侵权产品，但该厂自行制造被控侵权产品，且收取四川德胜集团钢铁有限公司炼铁厂支付的价款，因此，玉泰福厂的行为是销售被控侵权产品的行为。

玉泰福厂制造、销售的被控侵权产品落入了专利1和专利2的保护范围，该厂的行为构成对林记元所有的涉案专利权的侵犯，应承担停止侵权、赔偿损失的侵权责任。

林记元向本院提交的《工业品买卖合同》不能证明所涉产品是否使用了涉案专利；出具《证明》的并非酒钢集团榆中钢铁有限责任公司，其与该公司是何关系不清楚，且《证明》落款名称与加盖的印章名称不符，亦无单位负责人的签名或者盖章。因此，林记元向本院提交的证据不能予以采信。由于林记元向一审法院提交的其与酒钢集团榆中钢铁有限责任公司的技术服务合同及报价单不能确定与专利1和专利2的关联性。故一审法院根据林记元涉案专利的类别、数量、玉泰福厂侵权行为的性质和情节等因素确定本案的具体赔偿数额并无不当。

鉴于现有证据能够证明本案的事实，因此，玉泰福厂所提鉴定请求本院不予采纳。

综上，林记元、玉泰福厂的上诉理由均不能成立，其上诉请求本院不予支持。一审判决认定事实清楚，适用法律正确。依据《中华人民共和国民事诉讼法》第 153 条第 1 款第（1）项的规定，判决如下：

驳回上诉，维持原判。

一审案件受理费 7 958 元，由林记元负担 6 158 元，由北京玉泰福机械配件厂负担 1 800 元；二审案件受理费 8 553 元，由林记元负担 6 753 元，由北京玉泰福机械配件厂负担 1 800 元。